楼笛晴 陈刚 著

地方人大
与乡村振兴

基 于 湖 北 省 的 经 验 观 察

THE RELATIONSHIP BETWEEN
THE LOCAL PEOPLE'S CONGRESSES
AND RURAL REVITALIZATION

社会科学文献出版社
SOCIAL SCIENCES ACADEMIC PRESS (CHINA)

谨以此书献给心系乡村、扎根乡村、服务乡村的
湖北省各级人大工作人员和人大代表

贫生于不足，不足生于不农，不农则不地著，不地著则离乡轻家，民如鸟兽，虽有高城深池，严法重刑，犹不能禁也。……故务民于农桑，薄赋敛，广畜积，以实仓廪，备水旱，故民可得而有也。

——（西汉）晁错《论贵粟疏》

前　言

本书的写作始于 2018 年 6 月，当时我们组队承接了湖北省社会科学基金重点项目"发挥人大职能，推进湖北乡村振兴战略实施研究"（负责人楼笛晴，首席专家楼笛晴、陈刚、朱海英），本书就是此项目的最终成果。虽然朱海英因为种种原因没有参与书稿的撰写，但她全程参与了我们的调研，并给了我们相当多的帮助和建议。

为确保课题研究"有的放矢"，我们曾专门举行过一次项目开题论证会，邀请理论界和实务界的专家参加。在会上，湖北省人大常委会代表工作委员会副主任王宇平、武汉市人大法制委员会副主任委员戴丰善、华中师范大学政治与国际关系学院教授吴理财（现为安徽大学社会与政治学院教授）、中南财经政法大学公共管理学院教授孔凡义、武汉大学政治与公共管理学院教授刘伟、湖北省人大常委会代表工作委员会办公室副主任汪紫菲等先后给我们提供了非常好的意见，使我们受益良多。

在开题论证会结束之后，我们就开始了一年多紧张而充实的调研。除湖北省人大外，我们的调研对象还包括了湖北省所有 12 个地级市、恩施土家族苗族自治州、3 个省直管县级市和神农架林区的人大，其中对武汉市的调研包括了 6 个郊区（东西湖区、蔡甸区、江夏区、黄陂区、新洲区、汉南区）的人大。其间我们还前往了江苏省南京市高淳区人大，学习省外经验。在绝大多数地方，人大的同志都帮我们组织了有人大代表和政府涉农部门干部参加的座谈会，并陪同我们考察了当地的乡村振兴示范点，以让我们获得更直观的经验感受。对此，我们深表谢意。同时，我们还要特别感谢中共湖北省委宣传部、湖北省人大常委会为课题组开具介绍信，使我们的调研活动能顺利开展；也感谢各地宣传部门及各市、县、乡人大为调研提供的各种便利。另外，本课题也是"湖北省乡村人才建设研究"（项目号HBSNYJ-2018-03）和"乡镇人大助推乡村振兴研究"（项目号HBRDYJKT2019137）项目的一部分，课题组也得到了中共湖北省委农村工作部和湖北省人大常委会的支持，在这里一并表示感谢。

由于还承担了繁重的教学、科研任务，我们在每个地方的调研时间都不算长，这是非常遗憾的。不过，调研中我们接触到了200多名各级人大常委会委员和人大代表，他们的观点和他们讲述的故事为我们的写作提供了很多素材和灵感。这些人大的同志非常重视乡村振兴战略，并围绕它做了大量细致的工作。他们对工作认真负责的态度让人钦佩，而他们对农业、农村、农民问题的关心更让人感动。我们相信，这样一批知农懂农爱农的人，必定能使人大职能行使与乡村振兴战略有效地结合起来，进而推动湖北走上农业强省之路！

最后，因为我们的调研具有时效性，为尽早把调研中的收获转化为文字并分享给大家，我们邀请了自己的研究生参与书稿的写作，具体分工为：第一章由楼笛晴、刘颖撰写，第二章由楼笛晴、张亚鹏撰写，第三章由陈刚、雷婕撰写，第四章由陈刚、徐崇倚撰写，第五章和第六章由楼笛晴、黄茹萍撰写，第七章由楼笛晴、伍凤撰写。因此，本书是集体成果的结晶，非常感谢他们的付出。

楼笛晴　陈刚

2020年1月6日

目录
CONTENTS

第一章　绪论 / 1

　　第一节　研究背景和研究意义 / 2

　　第二节　文献综述 / 12

　　第三节　研究方法 / 27

　　第四节　篇章结构 / 36

第二章　加强基层人大建设，推进乡村振兴战略实施 / 39

　　第一节　我国基层人大组织建设的历史和现状 / 40

　　第二节　实施乡村振兴战略对基层人大组织的需求 / 43

　　第三节　基层人大组织建设取得的成效 / 46

　　第四节　湖北省基层人大组织建设中的难点与存在的问题 / 53

　　第五节　湖北省基层人大组织建设的完善之策 / 59

　　第六节　结语 / 67

第三章　用足地方立法权，推进乡村振兴战略实施 / 69

　　第一节　地方立法权概说 / 69

　　第二节　地方立法权在乡村振兴中的作用 / 75

第三节　近年来湖北省各级人大以立法权促乡村发展的举措 / 81

第四节　湖北省各级人大在以立法权促乡村发展上存在的不足 / 91

第五节　完善地方人大立法权行使以促进湖北省乡村振兴的建议 / 99

第六节　结语 / 107

第四章　用活重大事项决定权，助推乡村振兴战略实施 / 109

第一节　人大的重大事项决定权概说 / 109

第二节　地方人大的重大事项决定权在乡村振兴中的作用 / 114

第三节　近年来湖北省各级人大以重大事项决定权促乡村发展的探索 / 118

第四节　湖北省各级人大在行使重大事项决定权上存在的不足及其原因 / 127

第五节　完善地方人大重大事项决定权行使以促进湖北省乡村振兴的建议 / 137

第六节　结语 / 146

第五章　充分行使人大监督权，助推乡村振兴战略实施 / 148

第一节　人大监督权概说 / 148

第二节　地方人大监督权在乡村振兴中的地位和作用 / 152

第三节　近年来湖北省各级人大以监督权促进乡村发展的探索 / 154

第四节　湖北省地方人大在以监督权促乡村发展中存在的不足 / 171

第五节　完善地方人大监督权行使，促进湖北省乡村振兴 / 178

第六节　结语 / 187

第六章　推进人大代表工作，助推乡村振兴战略实施 / 189

第一节　人大代表的"代表性"概说 / 189

第二节　代表工作在乡村振兴中的地位和作用 / 191

第三节　近年来湖北省各级人大推进代表工作，促进乡村发展的
　　　　探索 / 195

第四节　湖北省各级人大在推进代表工作中存在的不足 / 204

第五节　推进人大代表工作，促进湖北省乡村振兴 / 210

第六节　结语 / 222

第七章　地方人大在湖北省乡村振兴中的角色
　　　　——基于问卷调查结果的分析 / 224

第一节　地方人大助推乡村振兴的情况 / 226

第二节　村民在乡村振兴战略中的基本情况 / 256

第三节　调研发现 / 264

第四节　结语 / 277

附录　人大助推乡村振兴调查问卷 / 279

参考文献 / 291

后　记 / 308

第一章

绪　论

　　由此可见，乡村振兴是包括产业振兴、人才振兴、文化振兴、生态振兴、组织振兴的全面振兴，是"五位一体"总体布局、"四个全面"战略布局在"三农"工作的体现。我们要统筹推进农村经济建设、政治建设、文化建设、社会建设、生态文明建设和党的建设，促进农业全面升级、农村全面进步、农民全面发展。

　　实施乡村振兴战略，首先要按规律办事。在我们这样一个拥有近14亿人口的大国，实现乡村振兴是前无古人、后无来者的伟大创举，没有现成的、可照抄照搬的经验。我国乡村振兴道路怎么走，只能靠我们自己去探索。

——《习近平谈治国理政》第3卷，外文出版社，2020，第259页。

　　40年来，地方人大及其常委会坚持党的领导、人民当家作主、依法治国有机统一，履职尽责，开拓进取，为地方改革发展稳定工作作出了重要贡献。

　　新形势新任务对人大工作提出新的更高要求。地方人大及其常委会要按照党中央关于人大工作的要求,围绕地方党委贯彻落实党中央大政方针的决策部署,结合地方实际,创造性地做好立法、监督等工作,更好助力经济社会发展和改革攻坚任务。要自觉接受同级党委领导,密切同人民群众的联系,更好发挥人大代表作用,接地气、察民情、聚民智,用法治保障人民权益、增进民生福祉。要加强自身建设,提高依法履职能力和水平,增强工作整体实效。

——《习近平谈治国理政》第 3 卷,外文出版社,2020,第 290 页。

第一节　研究背景和研究意义

一　乡村振兴战略

2017 年 10 月,党的十九大报告提出:"要坚持农业农村优先发展,按照产业兴旺、生态宜居、乡风文明、治理有效、生活富裕的总要求,建立健全城乡融合发展体制机制和政策体系,加快推进农业农村现代化。"[①] 由此,乡村振兴战略被正式提出。

乡村振兴是相对于乡村衰落而言的。党的十八大以来,农民的生产生活发生了显著变化,我国农业农村发展取得了历史性成就,农村亦成为更加美丽宜居的生产生活新空间。但是我国"三农"发展仍存在短板,面临不少困难。首先,农村耕地、水资源不断减少,有的地方水资源甚至枯竭,环境污染问题日趋严重。农业比较优势也随着农业生产成本的不断上升而逐步减弱,农业发展受到制约。其次,农村"空心化"问题突出。2010 年我国农村自然村数量为 2729820 个,到 2015 年减少为

[①] 习近平:《决胜全面建成小康社会　夺取新时代中国特色社会主义伟大胜利——在中国共产党第十九次全国代表大会上的报告》,人民出版社,2017,第 32 页。

2644620 个，5 年间自然村减少 85200 个。① 在城市化进程中，大量农村青壮年劳动力外出打工，妇女、老人、儿童留守农村，农村发展乏力，影响了农村现代化的实现。最后，农民收入水平较低。对于普通农户来说，单家单户难以应对市场经济的风险，"谷贱伤农"现象仍存在，农民完全依靠农业难以获得足够的收入。总之，由于历史欠账，农村发展不充分的问题逐渐显现，城乡发展不平衡问题突出，而农民是其中受影响最大的群体。

在中国特色社会主义新时代，要实现全面小康，就必须让广大农民共享发展成果，缩小城乡发展差距。国家将乡村振兴战略作为国家发展的重大战略之一，以解决工业化、城镇化进程中的农村衰落问题，为农业农村发展注入动力。2018 年 3 月，习近平总书记在参加十三届全国人大一次会议山东代表团审议时，提出要推进乡村"五个振兴"，即产业振兴、人才振兴、文化振兴、生态振兴和组织振兴，明确了乡村振兴的重点任务。② 相比较"社会主义新农村建设"，乡村振兴战略在前者的基础上拓展了农村农业发展的内涵与外延，为新时期做好"三农"工作提供了明确的行动纲领。具体来说，乡村振兴的总要求中，产业兴旺突出了产业发展在乡村振兴中具有的基础性作用，一二三产业融合发展是不可逆转的趋势；生态宜居将生态文明建设和农村发展相结合，推动农村的可持续发展；乡风文明意味着乡村振兴是乡村文化与农民素质的全面提升，社会资本的积淀会为乡村持续发展带来不竭动力；治理有效强调乡村治理并非简单地统筹安排，需要完善、变革治理结构，创新治理机制，提升治理高效性和有效性；生活富裕表明了实施乡村振兴战略，要以生活富裕为根本，努力提高农民群众的生活水平。

---

① 项继权、周长友：《"新三农"问题的演变与政策选择》，《中国农村经济》2017 年第 10 期。
② 中共山东省委理论学习中心组：《推动"五个振兴" 全力打造乡村振兴齐鲁样板》，《求是》2018 年第 11 期。

2018年9月，中共中央、国务院印发《乡村振兴战略规划（2018—2022年）》，从构建乡村振兴新格局、加快农业现代化步伐、发展壮大乡村产业、建设生态宜居的美丽乡村、繁荣发展乡村文化、健全现代乡村治理体系、保障和改善农村民生、完善城乡融合发展政策体系等几大方面，对实施乡村振兴战略细化了工作要求。

随着一系列举措紧密衔接，乡村振兴的顶层设计逐渐完善，政治和组织保障不断强化。乡村振兴如何落地不仅考验国家治理能力，即制度执行能力，而且也对地方政府提出了挑战，面对已有的制度安排和地方治理结构，地方政府如何推动乡村振兴战略有效实施？这需要由省到市县再到乡镇，各级政府根据农村发展实情和方向，挖掘、调动一切资源，进一步谨慎决策，提出有利于乡村振兴的原则、规范和政策。

2018年2月，为推进湖北省乡村振兴战略的实施，根据《中共中央 国务院关于实施乡村振兴战略的意见》精神，中共湖北省委、湖北省人民政府根据湖北省实际，提出《关于推进乡村振兴战略实施的意见》，以加快推进乡村治理体系和治理能力现代化，加快推进农业农村现代化，建设农业强省，推动农业全面升级、农村全面进步、农民全面发展，谱写湖北省乡村振兴新篇章。中部的地理位置，以及农业大省向农业经济强省转变的战略，使得湖北省成为了实现乡村振兴战略的重要省份。

2019年2月，湖北省发布《湖北省乡村振兴战略规划（2018—2022年）》。作为湖北省实施乡村振兴战略的第一个五年规划，该规划因地制宜，体现了明显的"荆楚特色"。比如，规划将湖北省分为三大片区来精准施策，进而将乡村振兴的五大任务细化成了73项具体的工程。根据规划，湖北省还将实施乡村振兴"65432"重大行动：产业方面涉及现代农业产业、特色农业产业链、全域旅游和农村电商；生态方面涉及生态村、美丽乡村等；乡风文明方面则包括特色文化村、少数民族特色村镇和传统村落的保护和改造等方面；治理方面强调了村庄的集体经济经营性收入和湖北省"雪亮工程"电子政务共享平台的全域覆盖、全网共享、全时可用、全程可控；生活富裕方面聚焦于农民人均可支配收入和社会保障卡持卡人口覆盖。

2020年1月17日，湖北省十三届人大三次会议表决通过了《湖北省乡村振兴促进条例》，这也是全国第一部全面促进乡村振兴战略实施的地方性法规，为推动湖北省农业农村发展提供了重要的法律保障和制度保障。事实上，从2017年开始，湖北省武汉市面对工业化、城镇化进程中的发展失衡问题，开始了"三乡工程"的探索。从2018年开始，为有效实现城乡融合发展，推进农业供给侧结构性改革，实现农业农村现代化，武汉市"三乡工程"在湖北省推广铺开。以"市民下乡、能人回乡、企业兴乡"为抓手，湖北省各地积极创新政策手段，促进城乡资源要素流动，扎实推进乡村振兴。作为乡村振兴的重要抓手，"三乡工程"不仅为湖北省乡村振兴的实施积累了宝贵的经验，而且也为后期的规划和落实推进打好了政策基础。

湖北省在"三乡工程"实施过程中涌现出了一批地方样板。比如，武汉市积极调动新农村建设中"人"这个关键因素，以政策宣传吸引了大量市民、能人、企业家返乡创业，带领家乡人民脱贫致富，盘活了大量农村闲置资源，有力推动了以城带乡、以工促农、城乡融合的发展模式，"武汉样本"迅速在全省乃至全国推广。除此之外，为进一步盘活农村资源，2018年起湖北省12个县市还开始农村宅基地"三权分置"改革试点工作，征集农村土地管理改革的建议，助力乡村振兴战略的实施。

二　新时代的人大工作

党的十八大以来，以习近平同志为核心的党中央高度重视、全面加强了党对人大工作的领导。习近平总书记关于坚持和完善人民代表大会制度的重要论述是习近平新时代中国特色社会主义思想的重要组成部分。习近平总书记关于坚持和完善人民代表大会制度的重要论述和发展社会主义民主政治的系列讲话，不仅拓展了人民代表大会制度的内涵，也标志着中国共产党对人民代表大会制度和社会主义民主政治发展的规律性认识达到了新高度。2018年3月21日，全国人大常委会委员长栗战书在主持十三届全国人大常委会第一次会议时指出："十三届全国人大常委会的任期，正好在'两个一百年'奋斗目标的历史交汇期，这给人大工作提出新的更高要求，赋予重大的历史责任。要深入学习贯彻习近平总书记在十三届全国人大一次会议上的重要讲话精神，不忘初心、牢记使命，弘扬伟大民族精神，始终把人民放在心中最高位置，始终全心全意为人民服务，始终为人民利益和幸福而努力工作。"① 人民代表大会制度始终是与"以人民为中心"紧密相连的，坚持和完善人民代表大会制度应当作为中国共产党带领全国人民实现"两个一百年"奋斗目标的重要保障。要推动新时代的人大工作更上新台阶，需要将其与国家治理体系和治理能力紧密结合，始终坚持以人民为中心，聚焦于释放地方人大的发展活力，从而推动人大的制度性成长。

首先，新时代的人大工作应与国家治理体系和治理能力紧密结合。习近平总书记强调："人民代表大会制度是中国特色社会主义制度的重要组成部分，也是支撑中国国家治理体系和治理能力的根本政治制度。"②"要按照总结、继承、完善、提高的原则，推进人民代表大会制度理论和实践创新，推动人大工作提高水平。"③ 全国人大常委会委员长栗战书在纪念地方人大设立常委会40周年座谈会上也强调，要"深入学

---

① 《栗战书：长期坚持不断完善人民代表大会制度》，中国人大网，http://www.npc.gov.cn/zgrdw/npc/xinwen/2018-03/22/content_2052440.htm，最后访问日期：2020年11月24日。
② 中共中央文献研究室编《习近平关于全面建成小康社会论述摘编》，中央文献出版社，2016，第85页。
③ 习近平：《在庆祝全国人民代表大会成立60周年大会上的讲话》，人民出版社，2014，第13页。

习贯彻习近平新时代中国特色社会主义思想，认真学习贯彻习近平总书记关于坚持和完善人民代表大会制度的重要思想，总结40年来地方人大及其常委会工作取得的成就和经验，增强'四个意识'，坚定'四个自信'，做到'两个维护'，强化责任担当，在以习近平同志为核心的党中央集中统一领导下，发挥各级人大职能作用，全面提升新时代人大工作水平"。[1] 一方面，经过60多年的发展演进，人民代表大会制度在国家治理体系中，承担着供给根本制度要素的关键作用；另一方面，在新时代，人民代表大会要进一步明确其治理地位和功能，创新治理方式，拓展其制度生长空间，协调促进国家整体治理能力的提升。

其次，新时代的人大工作应和现代化治理体系紧密结合。不论是从人大制度、人大实际工作、人大组织建设等方面还是从历史经验方面进行思考和分析，都会发现，实现国家治理现代化必须依法规范、全面、有效地行使人大权力和职能。第一，加快发展人民民主是国家治理现代化的必然要求。"人大职权行使实现了人民性、民主性、法治性和程序性的统一，与国家治理的内涵和基本要求有本质上的一致性和同体性。"[2] 第二，人大是最重要的反映民意、整合利益的平台。现代化的本质是以"人"为中心的现代化，人民代表大会制度对于维护最广大人民群众的根本利益提供了重要的制度保证。第三，国家治理体系现代化需要回应究竟什么是好的制度模式、价值体系等重大问题，人大在此过程中如何定位，如何与其他政治机构互动，人大制度如何为中国民主政治提供根本保障等问题至关重要。第四，国家治理能力现代化意味着制度执行能力向高效化、民主化、透明化迈进。要进一步利用好宪法赋予各级人大的职权，促进国家治理能力现代化。总之，"人大必须积极适应国家治理体系

---

[1] 栗战书：《在纪念地方人大设立常委会40周年座谈会上的讲话》，中国人大网，http://www.npc.gov.cn/npc/c30834/201908/bac44a501a3344c79c4c7baab6df541e.shtml，最后访问日期：2020年11月24日。

[2] 潘国红：《国家治理现代化与人大民主发展》，《学术论丛》2014年第3期。

和治理能力现代化的要求,更加有效地履行宪法和法律赋予的权力和职能,推进国家治理制度化、民主化、法治化、效率化、协调化等现代化目标的实现"。①

最后,新时期人大工作的焦点在于地方人大的制度成长,即人大如何用足制度空间。地方人大是地方国家权力机关,是地方政治参与和民主治理的主要渠道;同时,其"在性质上可以进一步解析为上级政权意志的执行保证机关和地方民意的形成和保证机关"。② 地方人大的这一双重性质决定了,地方人大在协调国家意志与地方民意方面起着重要作用。在地方党委的领导下,保证国家意志的执行,反映地方民意,这给地方人大的制度安排提出了许多挑战。事实上,全国各地基层人大已经在制度创新上有了许多实践,比如浙江省温岭市首创的"民主恳谈会"、陕西省镇坪县建立的县镇人大工作绩效标准、浙江省宁海县的民生项目票决制、"丹阳模式"下的代表履职积分制、湖北省自2017年开始实施的"聚力脱贫攻坚、五级代表在行动",以及全国各地正逐步推广的代表联系选民、代表述职制等。

三 人大助力"乡村振兴"战略实施

作为支撑中国国家治理体系和治理能力的根本政治制度,人民代表大会制度对于保障乡村振兴战略的实施具有重要意义。第一,人民代表大会作为最广泛的利益整合平台,可以凝聚共识,为建立健全城乡融合发展体制机制和政策体系提供法律保障,也为加快推进农业农村现代化提供制度保障,从而推动国家治理体系更加成熟。同时,在这一根本政治制度体系下,乡村振兴战略的执行和实施会更加有效、透明和公平,能提高乡村社会治理绩效,实现制度功效的最大化和最优化。

---

① 潘国红:《国家治理现代化与人大权力行使》,中国社会科学出版社,2016,"序言"第1页。
② 何俊志:《中国地方人大的三重属性与变迁模式》,《政治学研究》2016年第5期。

第二，在中央的整体战略部署下，乡村振兴战略如何在基层落地，是乡村振兴战略能否顺利实施的关键。实现乡村振兴战略的基础是基层治理结构和治理场域，核心在基层治理主体以及各主体的能动作用。基层乡村治理是实现国家治理体系和治理能力现代化的重要组成部分。应从根本上完善地方治理结构。作为我国的权力机关，人大在地方治理结构中起着重要的作用，是不可忽视的治理主体。同时，在创新基层治理体系、激活乡村政策潜力方面，人大起着不可替代的制度保障作用。党的十八大以来，以习近平同志为核心的党中央高度重视、全面加强党对人大工作的领导，推动人大工作取得历史性成就。那么，人大在基层治理中应当如何发挥主体作用？人大职能的发挥和人大具体工作如何助推地方乡村振兴战略的实施？这些问题不仅对地方实施乡村振兴战略提出了挑战，也为新时期的人大理论研究和乡村治理研究提供了新的思路。

结合人大在新时期的定位、职能和人大在基层治理中发挥的作用，人大助推"乡村振兴"战略的实施，至少可以从以下几个方面着手。第一，要明确在完善地方治理结构、助推乡村振兴战略实施过程中，人大是重要的治理主体之一。为了发挥人大在乡村振兴战略中的主体能动作用，在新时期应当进一步激活宪法赋予人大的四大职能。第二，基层人大是地方最重要的公共利益整合平台，决定着分配的正义性，承载着基层民主政治发展重任，攸关乡村振兴战略的稳步实施。要进一步围绕基层人大组织建设去优化地方权力结构，创新制度设计和治理方式，释放基层人大制度成长空间。第三，省级人大、各地级市人大、新扩容设区市人大，以及少数民族自治地方人大，要在明确立法权限的基础上，用足人大立法权，输出与乡村社会有关的制度规范，并协调基层社会治理的各项制度安排，促进良性乡村治理体系的生成。第四，各级人大要紧紧抓住涉及农业产业发展规划、农民权利权益维护、农村民生建设项目和基础工程等方面的重大事项的决定权,提高决定、决议的主动性、可操作性、可落实和可追踪性。第五,各级人大能否用好人大监督权是决定乡村振兴战略的各项制度规范和政策输出能否顺利执行的关键。人大要进一步向组织专业化、监督程序规范化方向迈进,切实发挥监督作用。第六,通过人大代表工作推进乡村振兴战略的实施,还具有充分的制度创新空间。各级人大,特别是基层人大要充分利用好人大代表这一资源,提供组织激励,推进人大代表工作。

四 理论意义和实践意义

从理论价值层面来看,本研究力求全面系统地考虑将人大的立法职能、重大事项决定职能、监督职能、代表工作和基层人大建设与湖北省乡村振兴战略实施过程中的各种具体需求对接起来,对人大在乡村振兴战略中的主体作用作理论和现实上的探讨,为乡村振兴战略的实施提供阶段性的实证研究和治理主体方面的理论贡献,并在丰富地方政府乡村合作治理理论的同时,为人大职能在乡村的实现、人大治理地位的提升,以及厘清人大与党委、政府的关系提供科学的理论分析,从而促进对人大体制机制的有益探索。在学术理论方面,本研究也有较大的突破,特别是在人大立法权、人大重大事项决定权、人大监督权、人大代表工作和基层人大建设等几大领域中,在现有研究的基础上有较大提升。本研究力争促进国家和省级乡村振兴战略实施的理论研究和实践研究,推动乡村治理理论的发展,为人大研究向纵深方向发展积累基础,以开拓新的政治理论领域。

本研究在理论上的创新包括三个方面。

第一,选题具有较强的创新性、实用性和可行性。选题聚焦于湖北省乡村振兴战略的实施,落地于地方农村的治理,所关注问题富有时代意义和实践价值。另外,本研究从人大的角度切入,探讨人大与乡村治理之间的关系，探究如何发挥人大职能以促进乡村振兴战略的实施，既丰富了我国地方多元主体参与的乡村合作治理理论，又对我国完善党委领导、政府负责、民主协商、社会协同、公众参与、法治保障、科技支撑的现代乡村社会治理体制具有重要意义。

第二，研究方法多样且科学性强。本课题采取实证分析方法，通过历时一年多的实地调研、深度访谈，借助问卷调查、案例分析等多种数据处理方式，获得了几十万字的一手田野文字资料，以及政策文件和图片影像资料等。借助专业数据存储、处理和分析工具，运用科学研究手段，于"在地"的研究观察中总结提炼观点，推进已有理论的进步，并形成务实有效的政策建议。

第三，本研究由高校科研部门与实务部门合作完成。课题组依托武汉大学政治与公共管理学院智库，得到了中共湖北省委宣传部、中共湖北省委农村工作部、湖北省人大等单位的课题支持。在课题组实地调研过程中，湖北省各地区人大常委会、人大财经委、城环委和人大常委会的代工委，以及政府农办、人社局等实务工作部门同志，提供了宝贵的素材和建议，增强了课题研究成果的应用性、针对性和可操作性。

本研究于实践层面的创新包括两个方面。第一，本研究聚焦于湖北省乡村振兴战略的实施，因此可以为湖北省及湖北省各县市政府提供有关乡村发展方面的战略指导。通过本研究总结的不同地方的成功经验和教训，各县市可以借鉴，以共同提高湖北省域乡村发展的整体水平。第二，本研究从各级人大的角度出发探讨乡村振兴战略的实施，可以为湖北省人大和各县市人大有效发挥重大事项决定权、监督权，完善代表工作，促进乡镇人大建设，以及部分州市充分发挥立法权，积极参与和协同推进乡村振兴战略的实施，提供一些可行的政策建议和决策参考。第三，本研究也力求将对湖北省的研究成果推广到其他与湖北省类似的地区，为基层人大促进乡村振兴战略的实施提供理论支持和经验借鉴，以推动乡村振兴战略在地方落地。

第二节 文献综述

一 乡村振兴的相关研究

乡村振兴战略是一项全国性的战略，对于该战略的酝酿、制定、出台，以及具体要求和思路，学者结合当前我国农村农业发展情况进行了研究。王亚华、苏毅清把乡村振兴战略与过去的重要农村战略相联系，认为实施乡村振兴战略是符合我国国情的。[①] 蒋和平对实施乡村振兴战略的总要求进行了梳理，提出了这一战略应关注的重点——产业发展、政府支持、人才培养、资金投入、项目落实以及深化农村综合改革的其他方面。[②] 张军以乡村价值为切入点，梳理了乡村振兴的中国实践，指出随着中国经济社会发展进入新时代，尤其是中国社会主要矛盾发生变化后，乡村发展的宏观与微观环境发生了变化，乡村发展的重要性和价值得到了提升，这为乡村振兴创造了条件。[③] 叶兴庆指出，党的十九大报告以"实施乡村振兴战略"统领关于"三农"工作的部署，既保持了思路、目标的连续性，又根据新时代的要求，在思路上进一步拓宽，在目标上进一步提高；思路上的拓宽体现在明确提出要建立健全城乡融合发展的体制机制和政策体系，目标上的提高则主要体现在提出要加快推进农业农村现代化。[④] 郭晓鸣等指出乡村振兴战略作为关乎中国农业农村发展前景和国民经济发展方向的重大战略，具有系统性、长期性、融合性、差异性等特性，需要把握几个重要的关系，即城市与乡村的关系、政府与

---

① 王亚华、苏毅清：《乡村振兴——中国农村发展新战略》，《中央社会主义学院学报》2017年第6期。
② 蒋和平：《实施乡村振兴战略及可借鉴发展模式》，《农业经济与管理》2017年第6期。
③ 张军：《乡村价值定位与乡村振兴》，《中国农村经济》2018年第1期。
④ 叶兴庆：《新时代中国乡村振兴战略论纲》，《改革》2018年第1期。

市场的关系、发展与保护的关系、当前与长远的关系、试点与推广的关系。①

乡村振兴战略的实施涉及政策执行,即地方如何使乡村振兴战略落地。一项全国性的战略或政策要落地,不仅需要地方因地制宜输入政策并改造再输出,还需要充分调动促进农村发展的内部和外部积极性。

那么,实现乡村振兴的动力机制有哪些?大部分学者形成了这样的共识:乡村振兴离不开内部建设和外部促进,二者应当相互配合,只有这样才能实现乡村繁荣。张丙宣和华逸婕认为外生性发展和内生性发展是乡村发展和振兴的两条道路。通过外部资源输入推动的外生性发展是必要的,但是乡村的内生动力是乡村振兴的关键资源。新时代的乡村振兴应以人民为中心,从实现乡村的全面发展来设计激励结构,建设包容性制度和乡村内生能力,实现乡村资源禀赋结构的升级,走乡村内生性发展道路。②

内部建设,即激发农村内生动力,促进乡村振兴。"乡村建设学派"代表人物梁漱溟曾指出:"乡村问题的解决,第一固然要靠乡村人为主力;第二亦必须靠有知识、有眼光、有新的方法、新的技术(这些都是乡村人所没有的)的人与他合起来,方能解决问题。……没有第二条件,乡村问题亦不能解决。"③ 不少学者也对实施乡村振兴战略可能存在的内生动力不足问题作了总结。比如王卫星指出,乡村振兴中,市场机制和社会力量的作用发挥不够,政府主导有余、农民参与不足的现象比较普遍,以致乡村振兴出现"上热下冷""外热内冷"的现象,农民的积极性没有充分调动起来,农村"等靠要"思想严重。④ 另外,实现农

---

① 郭晓鸣、张克俊、虞洪、高杰、周小娟、苏艺:《实施乡村振兴战略的系统认识与道路选择》,《农村经济》2018 年第 1 期。
② 张丙宣、华逸婕:《激励结构、内生能力与乡村振兴》,《浙江社会科学》2018 年第 5 期。
③ 梁漱溟:《乡村建设理论》,商务印书馆,2015,第 57~98 页。
④ 王卫星:《美丽乡村建设:现状与对策》,《华中师范大学学报》(人文社会科学版)2014 年第 1 期。

业现代化、切实提高农民收入是全面建成小康社会的基本保障,然而农村地区受剩余劳动力转移的影响人才流失严重,现有从业农民不能很好地担负起农业现代化的历史使命。[1] 这可能是由于城乡二元结构的长期存在,而中国乡村人口的"非农化"和向城市的转移又很不彻底,进一步导致了乡村"空心化"或村庄人气不旺。[2] 内部动力不足还体现在乡村文化凝聚力受到制约。虽然我国农家书屋、文化站的数量大幅度增长,但是总体而言农村的公共文化产品供给内容单一,缺乏自身特色,乡村公共文化缺乏吸引力,很难引起村民认同、共鸣及情感共融,制约了文化的凝聚力。[3] 如何解决农村发展动力不足的问题,其他国家和地区农村农业发展经验给我们带来了启发。比如,美国学者格拉德温(Gladwin)等针对北佛罗里达农村企业家作了一项研究,发现农民创业精神可以促进农民自身得到更好的发展,在锻炼市场经营能力、提高农民自身综合素质方面具有积极作用。[4] 张立回顾了韩国、日本等东亚国家的乡村发展历程,指出无论是发达地区还是贫困落后地区,都要做到培养村民的参与意识,做到自下而上和自上而下的机制相结合,这是一种发展乡村以及培养农村地区内部人才的有效途径。[5] 陈润羊认为,日韩乡村建设值得中国借鉴之处在于,乡村建设的成功需要具备一些前提条件,应循序渐进地推进,充分尊重农民利益。乡村建设政策应根据时势变化不断调整,其中乡村内生动力就包括职业农民等数量的提高。[6] 除此之外,钟钰从

---

[1] 刘义臣、史冉、孙文博:《供给侧改革背景下农村人才的管理创新研究》,《经济问题》2016 年第 8 期。
[2] 黄祖辉:《准确把握中国乡村振兴战略》,《中国农村经济》2018 年第 4 期。
[3] 欧阳雪梅:《振兴乡村文化面临的挑战及实践路径》,《毛泽东邓小平理论研究》2018 年第 5 期。
[4] Christian H. Gladwin, Burl F. Long, Emerson M. Babb, Lionel J. Beaulieu, A. Moseley, David Mulkey and D. J. Zimet, "Rural Entrepreneurship: One Key to Rural Revitalization," *American Journal of Agricultural Economics* 71, No. 5 (1989): 1305 – 1314.
[5] 张立:《乡村活化:东亚乡村规划与建设的经验引荐》,《国际城市规划》2016 年第 6 期。
[6] 陈润羊:《美丽乡村建设研究文献综述》,《云南农业大学学报》(社会科学版)2018 年第 2 期。

中国农村发展的实际出发,强调了乡村文化对振兴农村、农业发展的激励作用,要逐步树立文明的乡风,推动形成积极向上的社会风气和生活方式,复兴农耕乡土文化,提倡农耕"文化自觉",要让乡情情感回归,发挥亲情、乡情和友情的情感纽带作用。[1]

外部促进,即创造良好的外部条件,推动实现乡村振兴。约翰森(Johnson)认为发展农村金融是农村振兴的关键所在,农村金融得到有效发展可以为农村地区发展营造良好的外部环境,促进人才流入。[2] 赵庆海和费利群对日本、美国、德国的农村改革和农村建设作了总结,指出我国乡村建设必须重视基础设施的建设,这可以改变城乡之间的时空格局,打破农村的封闭落后状态,提高城乡经济交流的频率和速度,加强农村与外界的联系,为乡村发展创造有利条件。[3] 陈美球和廖彩荣认为农村集体经济组织对农村发展十分关键。实施好乡村振兴战略,就是要抓住关键,让"人""地""钱"等核心关键要素充分流动起来。要以维护广大农民根本利益为出发点,鼓励资本下乡,加强对乡村振兴战略的金融支持,引导社会资本积极参与乡村振兴战略。要推动城乡自然资本增殖,让城市与乡村融合发展。[4] 此外,乡村振兴战略需要充分依靠科技的力量、市场的力量,充分激发和释放实施乡村振兴战略的动力。刘海洋指出信息是现代商业运营过程中的重要资源,在大数据、互联网发展的背景下,要推进乡村产业信息化,构建农产品市场信息传递通道,帮助农户了解农业市场需求并传播特色农产品信息,推动农业实现现代化。[5]

---

[1] 钟钰:《实施乡村振兴战略的科学内涵与实现路径》,《新疆师范大学学报》(哲学社会科学版) 2018 年第 5 期。

[2] Thomas G. Johnson, "Entrepreneurship and Development Finance: Keys to Rural Revitalization: Discussion," *American Journal of Agricultural Economics* 71, No. 5 (1989): 1324–1326.

[3] 赵庆海、费利群:《国外乡村建设实践对我国的启示》,《城市问题》2017 年第 2 期。

[4] 陈美球、廖彩荣:《农村集体经济组织:"共同体"还是"共有体"?》,《中国土地科学》2017 年第 6 期。

[5] 刘海洋:《乡村产业振兴路径:优化升级与三产融合》,《经济纵横》2018 年第 11 期。

雷广元、范志宏和韩芳在调研山西省 Y 县的基础上，总结经验，指出乡村治理的实现要创新财政资金支持机制，政府可通过财政倾斜、资金整合来利用财政资金的杠杆作用，通过担保、贴息、发行债券、以奖代补、小额信贷等方式撬动金融资本投入。①

除了动力机制，在具体的实现路径上，学者们普遍认为，城乡一体化、城乡融合是乡村振兴以及乡村人才建设取得进展的实践基础。王春光利用实证的方法研究了农村流动人口的社会认同与城乡融合的关系，认为对于新生代农村流动人口，应加快城乡社会结构变革，逐渐地满足通过外出务工经商离开农村的要求，在城镇社会留出一定的社会空间让他们立身落脚，改变他们长期"居无定所"的流动局面，使他们成为城镇社会新的居民。② 这实际上体现了城乡一体化的思想。张强认为，城乡一体化的实质是要消除由制度因素造成的城乡差距，实现现代社会城乡公平的目标。城乡一体化发展，就是要将乡村置于和城市等同的地位，重新认识乡村发展的多元价值特征，坚持城乡协调发展，实现资源互补。③ 付翠莲和黎文宇认为，可以通过深化承包地"三权分置"改革、承包地退出改革、宅基地退出改革和集体经营性建设用地入市改革等，以土地制度改革为重点改革动力机制，从城市为乡村区域带来动力强劲的社会资本，实现农村要素与城市资本下乡间的高效对接。通过土地要素的进一步市场化，推动城乡融合发展。④ 与此同时，贺雪峰也曾尖锐地指出："乡村振兴战略尤其不是及不能是为资本下乡、城市富人下乡提供市场通道。"他认为，乡村振兴扶持政策要向中西部一般农业型农

---

① 雷广元、范志宏、韩芳：《乡村有效治理面临的困境及对策——基于山西省 Y 县乡村治理规划调研工作的思考》，《河北农业科学》2019 年第 2 期。
② 王春光：《新生代农村流动人口的社会认同与城乡融合的关系》，《社会学研究》2001 年第 3 期。
③ 张强：《中国城乡一体化发展的研究与探索》，《中国农村经济》2013 年第 1 期。
④ 付翠莲、黎文宇：《城乡发展一体化面临的机遇、瓶颈及对策——基于舟山城乡一体化的调查》，《通化师范学院学报》2017 年第 7 期。

村地区倾斜，为缺少进入城市机会和能力的农民提供在农村生产生活的保障。① 因此，如何保障乡村振兴战略实施过程的公平、公正，也是地方政府针对各地方实际，规划和实施乡村振兴战略时需要考虑的重要方面。

二 人大与乡村治理

在基层治理过程中，"合作"是一种重要的价值。② 公共部门在制定和执行政策时，应当首先理解宪法和地方法律，从而更好实现公众参与和合作治理。因此，代议机关和行政机关，以及司法部门之间的协调与合作至关重要。③

在我国乡村治理的研究中，有关如何推进三者间的合作，特别是将人大与乡村治理以及乡村振兴相结合的研究较少。尽管人大承担着在基层合作治理中实现民主价值的重要功能，但是它并未被拿出来与推进乡村治理一起纳入政治学以及公共管理的研究视野中。通常，人大与其他政府机构以及党委一起被统称为"政府"。但正如上一节所言，要实现乡村振兴政策目标，需要强调合作价值和民主价值，也需要各行动主体发挥各自的制度功效与作用，在权力共享机制中形成有效的治理网络。在地方治理的理论背景下，政府的概念是流动的也是具体的。党委、人大、政府机构、司法部门等虽共同构成了"大政府"的概念，但其中的每一部分都被置于不同的制度框架中，承担着不同的治理功能，因此在乡村治理和乡村振兴政策制定和执行中发挥着各不相同的作用。比如，蔡定剑指出，人大及其常委会作为代议机关，

---

① 贺雪峰：《关于实施乡村振兴战略的几个问题》，《南京农业大学学报》（社会科学版）2018年第3期。
② Blomgren L. Amsler, "Collaborative Governance: Integrating Management, Politics, and Law," *Public Administration Review* 76, No. 5 (2016): 700–711.
③ David H. Rosenbloom, "Public Administrative Theory and the Separation of Powers," *Public Administration Review* 43, No. 3 (1983): 219–227.

其权力特性是表达权、创制权、集合权、会议权和程序权，这些权力与行政权和司法权具有不同的价值目标和任务，人大应了解自己的权力特性，发挥不同的功能作用。① 杨光斌和尹冬华从民主价值的角度，认为人民代表大会制度是实质民主与程序民主的统一体，其理论基础相应包括作为实体民主的人民主权论和作为程序民主的代表制理论和协商民主理论。② 因此，我们认为，作为提供根本制度供给和法律保障、承担实现基层治理中民主价值的中国地方人大，在乡村治理网络中具有重要的位置，人大与乡村治理、乡村振兴之间的关系亟待更多的关注和研究。

将人大与实现有效的乡村治理、达成乡村振兴的政策目标联系起来具有重要的现实意义。宪法赋予了人大较为广泛的职能。学者们通过研究指出：第一，人大机构和人大制度有助于解决乡镇管理与村民自治二元并存的内在矛盾问题，③ 它们能推动农民的政治参与，帮助广大农村选民表达意愿、实现有序政治参与、维护自己的合法权益；④ 第二，输出制度规范，即通过法定职责整合乡村社会权威，协调乡村社会治理制度（国家的和基层的）并输出与乡村社会密切相关的制度规范；⑤ 第三，监督政府；⑥ 第四，管理农村经济、教育等，通过代表的带动，使更多

---

① 蔡定剑：《论代议机关权力的特性》，《中国人大》2000 年第 4 期。
② 杨光斌、尹冬华：《我国人民代表大会制度的民主理论基础》，《中国人民大学学报》2008 年第 6 期。
③ 金太军、董磊明：《近年来的中国农村政治研究》，《政治学研究》1999 年第 4 期；罗春燕：《矛盾博弈中的"草根民主"——浅析村民自治与乡镇政府的矛盾及建议》，《东南大学学报》（哲学社会科学版）2008 年第 1 期；殷焕举、胡海、李毅弘：《民主合作制：中国农村基层民主建设的制度创新》，《马克思主义研究》2010 年第 2 期。
④ 岳茂良：《县乡基层人大代表在推进社会主义新农村建设中的作用》，《毛泽东思想研究》2006 年第 6 期。
⑤ 侯选明、李青：《基层人大在乡村社会治理中应开拓民间法的政治资源》，《人大研究》2006 年第 11 期；樊清华：《浅论我国乡村法治权力的构建》，《求实》2005 年第 4 期。
⑥ 王雅林：《农村基层的权力结构及其运行机制——对黑龙江省昌五镇的个案研究》，《中国社会科学》1998 年第 5 期。

农民掌握经营管理知识,加大职业培训力度,用市场经济的大环境把农民锻炼成为高素质的新型农民。①

具体来说,人大通过监督权、重大事项决定权、任免权以及设区的市及以上级别的人大的立法权等职能的发挥,能够对乡村振兴战略的实施起到一个更加全面的推动作用。同时,人大作为社会公众与政府之间的桥梁,其职能的有效发挥,可以起到国家与社会、政府与公民之间"缓冲器"的作用,有利于解决在乡村振兴战略实施过程中出现的各种矛盾,提高社会公信力和人们对国家的信心。此外,从基层治理结构的角度来看,人大是一个不可忽视的主体。将人大这一主体纳入国家治理议题的讨论中,特别是纳入中国地方政府治理能力的讨论中,有利于补充政府、市场、社会这种"三位一体"的治理结构的不足,推动多元治理,打造共建共治共享的治理体系,有利于建立健全党委领导、政府负责、民主协商、社会协同、公众参与、法治保障、科技支撑的现代乡村社会治理体制。从政策执行的角度来看,有利于基层推动乡村振兴战略在地方落地,推动乡村振兴战略的实施发展,增强改革的系统性、整体性、协同性,促进农业升级、农村进步、农民发展,助力新时代"三农"工作,为全面建设社会主义现代化国家贡献力量。

关于人大助推乡村振兴的理论探索,目前实务界作出了一定的贡献。围绕人大如何通过立法权、重大事项决定权、监督权以及发挥人大代表主体作用,促进乡村振兴,各地方人大均有不同程度的探索和创新。

(一) 人大的立法工作与乡村治理

要实现有效的乡村治理,形成依法治农、依法兴农、依法护农的农业农村法治格局,离不开科学规范的立法程序和相关法律法规等提供的法律保障。从 1978 年至今,人大立法工作逐步走上了制度化、规范化和

---

① 岳茂良:《县乡基层人大代表在推进社会主义新农村建设中的作用》,《毛泽东思想研究》2006 年第 6 期。

程序化的轨道,全国人大立法工作不断充实;① 但是,农村治理具有很强的地方性、系统性和复杂性,因此更依赖于地方立法。在2015年《中华人民共和国立法法》(以下简称《立法法》)修订后,各设区的市人大在城乡建设与管理、环境保护和历史文化保护这三个方面拥有了立法权,这标志着地方政府在这些法规规定下在城乡治理中可以有所作为。但同时,这也对各地方人大的立法能力提出了挑战,出现了诸如公众参与积极性不高、公众参与立法活动缺乏可操作性、偏离了立法作为行为规范这一基本属性、缺乏明确的行为模式和法律后果、法规质量不高、难以实施等问题。②

乡村治理是一个系统性工程,乡村振兴战略也是一项系统性的战略,立法工作同样需要建立在合作治理网络的基础上,才能取得实质成效。孙超指出,要以立法协调促农业农村良法善治,为实施乡村振兴战略、推进乡村治理体系和治理能力现代化提供坚实法治保障。③ 在这一过程中,人大既是立法主体,也是凝聚共识的重要平台。首先,人大需要增强立法信息的获取能力,将一些重大事项决定权收归人大,发挥人大的组织和协调能力,重新配置立法人才资源,推进人大科学立法的能力。④ 其次,要提高人大在乡村治理方面的立法能力,不仅需要人大机构自身的完善,还需要多方协作,信息共享,注重多方参与立法的程序构造,协调好人大立法与整个外部关系和制度环境的关系。⑤

乡村振兴战略背景下,尤其需要考虑人大立法的科学性和民主性,

---

① 尹中卿:《三十年来中国人大立法制度不断充实》,《中国人大》2008年第19期。
② 何海:《设区的市地方人大立法公众参与制度研究》,硕士学位论文,山西大学法学院,2017,第17~20页;孙述洲:《控制立法数量 提高立法质量》,《上海人大月刊》2018年第8期。
③ 孙超:《农业农村立法要善用六种思维》,《农村工作通讯》2019年第22期。
④ 陈小君:《人大主导立法的路径选择与制度保障——基于地方立法实践》,《人大研究》2015年第11期。
⑤ 封丽霞:《人大主导立法的可能及其限度》,《法学评论》2017年第5期。

这样才能保证构建长期稳定的乡村善治体系。乡村振兴的主体是群众,而在多方参与立法的主体中,农民往往是被忽视的一个群体。要想构建平衡有序的治理网络,需要重视农民的立法话语权。立法机关需要通过制度保障,"培养农民参与立法的能力,扩大农民参与立法的渠道,健全农民参与立法的程序,赋予农民话语权来(让他们)表达利益诉求,以此来实现立法精英化与大众化相结合,促进社会主义新农村建设以及和谐社会的构建"。①

(二)人大的重大事项决定工作与乡村治理

尽管目前国内对什么是"重大事项",以及人大如何发挥重大事项决定权的作用,还没有形成定论,但是如果将人大的重大事项决定权与乡村治理结合起来,应当有以下几个方面需要考虑。

首先是乡村治理的哪些方面能够通过人大行使重大事项决定权的方式得到讨论和决定。实现有效的乡村治理,保障乡村振兴战略的实施,需要地方政府提供一整套政策工具。尽管涉及的宏观且相对稳定的诸如乡村治理规划、地方河流流域防治等方面,应该通过法律法规的形式固定下来,但乡村治理过程中仍然有不少当下可操作、需要立马见到成效的短期战略目标需要实现,这就需要更加"拿得住"的政策工具。许多学者对"重大事项"的界定提供了参考,②但对于通过重大事项决定权的行使实现乡村振兴的战略目标来说,究竟乡村治理涉及的哪些方面应当通过人大行使重大事项决定权的方式得到讨论和决定,目前理论界的讨论尚不多。《中华人民共和国宪法》第 104 条规定:"县级以上的地方

---

① 付雅梦、陆洲:《论农民立法话语权的实现路径——以我国农村宅基地立法为例》,《政法学刊》2019 年第 3 期。
② 高志宏:《关于地方人大重大事项决定权之"重大事项"的判断——以"厦门 PX 事件"为例》,《理论月刊》2009 年第 3 期;曾庆辉:《地方人大重大事项决定权实践探索及完善路径》,《新视野》2017 年第 1 期;邹平学、刘海林:《论人大重大事项决定权的规范内涵及制度完善》,《四川师范大学学报》(社会科学版)2018 年第 1 期。

各级人民代表大会常务委员会讨论、决定本行政区域内各方面工作的重大事项";①《中华人民共和国地方各级人民代表大会和地方各级人民政府组织法》第44条对地方各级人大常委会重大事项决定权的表述为"讨论、决定本行政区域内的政治、经济、教育、科学、文化、卫生、环境和资源保护、民政、民族等工作的重大事项"。②更通常的说法是，人大对"本行政区内政治建设、经济建设、文化建设、社会建设和生态文明建设中带有根本性、全局性、长远性"③的事项有权讨论和决定。乡村振兴战略恰恰要求从"产业振兴、人才振兴、文化振兴、生态振兴、组织振兴"这五个方面着力推进。从这个意义上来说，与乡村振兴有关的农村产业发展政策、人才政策、文化政策、生态环境政策等具体政策，都应当通过人大行使重大事项决定权的方式制定或通过。

其次，由于乡镇一级的人大没有立法权，因此重大事项决定权对于乡镇人大来说十分重要。从学理的角度来看，目前学界已经对乡镇人大应当激活并行使好重大事项权达成共识。特别地，"重大事项是一个辩证的概念，既可以是全局的，也可以是具体性的，其因时间、地点、区域、条件的变化而变化"。④如何利用、在哪些方面利用重大事项决定权，对于乡镇人大来说具有一定的自由裁量权和灵活性。首先这意味着乡镇人大可以也应当发挥好重大事项决定权，参与到乡村振兴的中心工作中，满足当地当时的制度需求。其次，由于乡镇人大直接面对人民群众，重大事项决定权为乡镇人大促进人民群众参与政府决策提供了抓手。比如，宁海就在此基础上首创了民生实事项目票决制，让老百姓参与讨论甚至

---

① 《中华人民共和国宪法》，新华网，http://www.xinhuanet.com/politics/2018lh/2018-03/22/c_1122572202.htm，最后访问日期：2020年11月26日。
② 《中华人民共和国地方各级人民代表大会和地方各级人民政府组织法》，中国政府网，http://www.gov.cn/xinwen/2015-08/30/content_2922114.htm，最后访问日期：2020年11月26日。
③ 廖雄军：《人大重大事项决策科学化的内涵与实现路径》，《人大研究》2017年第12期。
④ 曾庆辉：《地方人大重大事项决定权实践探索及完善路径》，《新视野》2017年第1期。

决定政府资源应该往哪里倾斜，应该解决人民群众的什么需求。最后，由于人大的决定权容易演变成"执行权"，导致丧失其民主性和科学决策的价值，因此许多学者呼吁理顺人大的重大事项决定权与党委决策权之间的关系，并通过法理的形式规范并固定人大的重大事项决定权。①乡镇人大应当充分发挥好重大事项决定权的作用，通过政策工具向农村调动和分配资源，推进乡村治理。

最后是人大如何通过科学审慎地行使重大事项决定权，保证乡村治理的政策需求与供给得到有效对接。大多数学者认为人大的重大事项决定权是目前行使最不充分的一项权力，重大事项决定权在制度设计和实际功效上存在较大落差。②学者们反映的人大重大事项决定权虚置、流于形式、不规范等现象③，可能导致有关乡村的重大决策最终流于形式，政策工具被虚置。由于缺少对行使重大事项决定权所内含的否决权的有效行使，一旦有关产业选择、土地承包流转等方面的错误决策不能得到及时制止，就会对农村发展带来不可预估的后果。

（三）人大的监督工作与乡村治理

人大的监督权是人大在日常工作中经常使用的一种权力，目前学界关于人大的监督权的讨论主要集中在人大监督权的困境以及如何完善人大监督权方面。具体到乡村治理领域，人大通过发挥监督权的作用，不仅可以确保乡村振兴在相关政策的执行上公正有力、政策效果的监督上公开透明，而且可以在促进形成更完善的乡村治理格局、增加人大与政

---

① 田自勇：《完善人民代表大会重大事项决定权制度的思考》，《河北法学》2014年第3期；邹平学、刘海林：《论人大重大事项决定权的规范内涵及制度完善》，《四川师范大学学报》（社会科学版）2018年第1期。

② 钟丽娟：《地方人大常委会重大事项决定权行使状况研究》，《中共中央党校学报》2013年第4期。

③ 冯健鹏：《地方人大常委会"重大事项决定权"的程序机制》，《人大研究》2011年第11期；田自勇：《完善人民代表大会重大事项决定权制度的思考》，《河北法学》2014年第3期。

府机构的沟通联系、增加人民群众对人大的接触和了解，以及提高人大地位等方面有所作为。

然而事实上，当前在包括乡村治理在内的许多社会治理领域，人大在行使监督权方面都面临着困境，学者普遍认为人大在监督人员、监督手段、监督程序等方面存在不足，从而制约了人大监督权的有效行使。比如，在监督人员方面，朱仰民和刘涛认为现实中人大常委会组成人员大多是从党政机关领导岗位转任至人大的，对人大工作不熟悉，不一定具备相关的法律知识和专业知识，难以胜任人大监督工作。[①] 与此相关的是，人大常委会组成人员的职业构成、知识结构和能力结构也可能导致人大行使监督权"心有余而力不足"。特别是，法律、财政方面的专业人才较少，[②] 这可能会直接影响农业产业选择、产业投资等方面的决策水平。同样地，涉农的土地、产业政策是否与法律相抵触，分配到农业领域的财政资金、具体政府支出等是否符合预算，环保政策是否严格按照标准落实到位等方面的问题也对人大常委会组成人员的法律、财经等素养提出要求，他们的这些素养直接决定了能否对政府的相关政策起到监督作用。

在监督手段和程序上，学者发现当前人大对政府的监督程序并不完整，[③]这可能进一步导致对于乡村治理的有关政策，在对其效果进行评估和适时调整纠偏方面，达不到效果。如何让人大的监督权在促进乡村振兴战略有效实施上发挥作用？从已有的文献中，我们可以获得一些启示。

首先，人大需要站在配置人大政治资源的角度，加强自身建设，提高监督权对乡村治理发挥作用的认识，重视对制度空间的利用，[④] 从根

---

① 朱仰民、刘涛：《完善人大监督机制和方式方法研究》，《山东人大工作》2018 年第 11 期。
② 赵超：《加强县级人大监督工作的调查与思考》，《人大建设》2019 年第 2 期。
③ 陈亮：《人大司法监督的困境与突破》，《人民政坛》2016 年第 3 期；谢安民：《人大监督程序建设现状及建议》，《人大研究》2011 年第 7 期。
④ 杨雪冬：《地方人大监督权的三种研究范式》，《经济社会体制比较》2005 年第 2 期。

本上加强并实化人大的监督权。① 人大不仅要重视对农村农业和农民发展情况的事前调查研究，还要在政府执行政策过程中进行事中督查，然后对政策效果进行事后跟踪，由此"形成一个连贯有序的有机整体，确定一个有计划的长远监督机制。要既注重利用人大常委会会议、主任会议集体分析，也注重邀请专家、学者深入研讨，并强化事中带着问题的实实在在的督查，事后扎扎实实的跟踪"。② 比如说，在对涉农项目的财政预算审查的监督中，就应当"给予人大对于预算充足的审查时间，人大对预算的审查和监督可采取提早介入的办法，并加强人大与政府的沟通，以确保人大代表有足够时间完成对预算的审查和监督"。③

其次，人民授权人大对政府机构进行监督。从这个意义上来说，人大拥有监督权并且行使好监督权是代议机构的义务。不仅如此，人大监督权的有效行使还关系着农村法治水平和民主政治发展，因此对乡村振兴战略的实施的重要性不言而喻。另外，经过几十年的演变，人大在对监督权的行使方式上不断创新，越来越重视对政府实际工作效果的监督，而且在监督过程中也增加了和人民群众的接触。因此，人大在乡村振兴战略实施过程中，如果能进一步行使好监督权，那么人大作为乡村治理的一个重要主体就可以更好发挥作用，从而促进形成民主、透明、高效、合理的乡村治理格局。

（四）人大的代表工作和乡村治理

人大的代表工作是基层人大代表和农民联系的主要渠道；代表性是基层乡村治理中实现民主价值的一个重要方面。乡村治理必然要和人大

---

① 肖蕾：《浅议当前人大监督的存在问题及实践创新》，《法制与经济》（下半月）2008年第3期。
② 高松林、王东海：《人大监督工作针对性实效性的实现路径》，《中共郑州市委党校学报》2018年第1期。
③ 李燕、彭超、何沁芸：《现代预算制度下人大预算监督能力提升探讨》，《财政监督》2018年第9期。

的代表工作紧密结合。这不仅对构建多元主体参与的合作治理网络十分必要，而且对实现"以人民为中心"的治理也具有重要意义。

人大代表的构成是社会不同群体在乡村治理网络中地位的一种反映。当前在人大代表构成中，领导干部和企业负责人比例偏高，"一线"工农、妇女、非中共党员代表比例偏低，已成为普遍现象，① 纯粹的农民代表甚至在部分地区已经消失。② 这可能带来的一个问题是，在通过人大渠道参与政策制定的代表中，农民群体占比太低，能够为农民群体说话的代表不足。同时代表接触选民过程中，可能难以完全融入农民群体，这同样导致农民的心声无法反映到涉农政策的制定中。

除了人大代表构成，人大代表的履职能力也是影响乡村治理的重要因素。要充分发挥地方人大在乡村振兴中的作用，首先，要"积极动员代表服务乡村振兴，密切常委会组成人员与人大代表的联系，切实办好代表建议，坚持邀请代表参加涉农立法、监督活动，组织全国人大代表、省人大代表就推进脱贫攻坚情况开展调研。"③其次，还要健全代表的履职管理制度，激励各行各业的代表参与到乡村建设和农业发展中。具体来说，就是要对参加会议，参加代表小组活动，参加人大常委会组织的有关视察、检查、调研等活动的代表提出具体明确的要求，让代表知道肩负的责任，将"代表意识"压实做细。④

将"新乡贤"吸收进人大代表队伍最近也成为通过代表工作助力乡村治理、推动乡村振兴战略实施的普遍做法。不少学者都强调"新乡贤"对于乡村治理、乡风文明建设的重要作用，因为"新乡贤"有号召力，可以动员农民参与乡村建设活动，加深乡村社会的利益联结和情感

---

① 洪开开、王钢：《完善人大代表构成划分的若干思考》，《人大研究》2019 年第 10 期。
② 何俊志：《中国地方人大代表构成的变化趋势——对东部沿海 Y 市的考察》，《天津人大》2015 年第 4 期。
③ 朱虹：《充分发挥地方人大在乡村振兴中的积极作用》，《时代主人》2018 年第 12 期。
④ 陈德寿：《对如何发挥好代表主体作用的思考》，《人民代表报》2018 年 7 月 5 日。

纽带;①"新乡贤"也具有特别的资源整合能力,通过对资金、技术、知识等资源的掌握,新乡贤可以在实现产业振兴、文化振兴和生态振兴方面起到带头引领作用。"新乡贤"通过对当地文化、生态等资源的重新整合,对现代新技术的运用,通过借助其他人力资源、财力资源等,推动村产业振兴、文化振兴。②

针对人大代表开展的培训以及人才队伍建设工作也可以持续地推动农村农业发展,服务农民。加强乡镇人大与选民之间的关系对民意表达、促进乡村民主建设等具有重要积极作用。③ 代表素质和代表活动对于乡村发展具有重要意义,比如有学者就主张通过培训、代表活动载体、制度建设等加强人大对于乡村工作的促进作用。④ 还有学者提出"代表之家"等平台的运用不仅能提高人大代表的归属感和责任感,还可以帮助解决困难群众的问题。⑤ 这对处于田间地头的农民来说十分重要,可以说解决了人大代表联系农民群众的"最后一公里"问题。

第三节 研究方法

一 样本选择与介绍

湖北省地处中国中部地区,自然资源优渥,农业开发历史悠久。湖北省一直以来都是重要的农业大省。因此,湖北省农业、农村和农民发展现状是全国"三农"发展情况的一个缩影。

---

① 吴蓉、施国庆、江天河:《乡村振兴战略下"新乡贤"治村的现实困境与纾解策略》,《宁夏社会科学》2019年第3期。
② 陈晓芸、刘传喜:《行动者网络视角下新乡贤推动新乡村建设研究》,《老区建设》2019年第8期。
③ 于玉宏:《使乡镇人大有效运转起来——"平凉经验"研究》,《人大研究》2017年第1期。
④ 刘永福:《积极开展代表活动 不断推进乡镇人大工作创新发展》,《吉林人大》2017年第8期。
⑤ 刘霞:《让"人大代表之家"在群众中火起来、亮起来》,《人大建设》2018年第11期。

同时，湖北省幅员较为辽阔，各地区在地形地貌、历史文化、自然资源、发展思路等方面具有较大差异，各地方政府对农村问题的关注程度和作为也具有一定的差异性，这些差异性也为课题组观察地方人大如何推进地方乡村振兴战略实施提供了重要窗口。

在具体行政区划上，湖北省有12个地级市（武汉市、黄石市、十堰市、宜昌市、襄阳市、鄂州市、荆门市、孝感市、荆州市、黄冈市、咸宁市、随州市），1个自治州（恩施土家族苗族自治州），3个省直管县级市（仙桃市、天门市、潜江市）和1个省直管林区（神农架林区）。表1-1对截至2017年底的湖北省各地区经济发展情况、农业农村发展、农村居民生活水平等情况进行了描述。[①]

总的来说，湖北省各个地区在经济发展水平上有显著的差异。由表1-1可知，除神农架林区外，16个市（自治州、省直管县级市）2017年地区生产总值的均值为2343.19亿元。根据湖北省各地区的经济发展情况，可以将16个市（自治州、省直管县级市）大致划分为四个梯队。作为省会城市，武汉市是湖北省唯一一个2017年地区生产总值超过一万亿元的市，达到了13410.34亿元，是其他地区的3.3～25.4倍。襄阳市（4064.90亿元）和宜昌市（3857.17亿元）处于第二梯队，但与武汉市的地区生产总值差距仍然非常大。第三梯队共有7个市，它们的地区生产总值在1000亿元和2000亿元之间，包括荆州市（1922.18亿元）、黄冈市（1921.83亿元）、孝感市（1742.23亿元）、荆门市（1664.17亿元）、十堰市（1632.32亿元）、黄石市（1479.40亿元）和咸宁市（1234.86亿元）。全年地区生产总值低于1000亿元的则在第四梯队中，包括随州市（935.72亿元）、鄂州市（905.92亿元）、恩施州（801.23亿元）、仙桃市（718.66亿元）、潜江市（671.86亿元）和天门市（528.25亿元）。

---

① 因实地调研工作始于2018年，故以湖北省各县市2017年各项数据作为参考依据。

第一产业的强弱也侧面反映了不同地区农业发展情况。从表1-1可以看出,在2017年,襄阳市(461.85亿元)、宜昌市(426.72亿元)、黄冈市(417.30亿元)、武汉市(408.20亿元)和荆州市(389.72亿元)的第一产业生产总值在400亿元左右。孝感市(297.15亿元)和荆门市(222.85亿元)超过200亿元。咸宁市(193.45亿元)、十堰市(182.69亿元)、恩施州(160.14亿元)、随州市(150.99亿元)、黄石市(120.98亿元)、鄂州市(102.05亿元)的第一产业生产总值在100亿元和200亿元之间。仙桃市(89.67亿元)、天门市(75.66亿元)和潜江市(73.41亿元)则不足100亿元。第一产业占比位居前列的分别是黄冈市(21.71%)、荆州市(20.27%)、恩施市(19.99%)、孝感市(17.06%)和随州市(16.14%)。恩施州尽管第一产业生产总值不高,但是由于地区生产总值也不高,因此第一产业占到地区生产总值的近1/5。除了武汉市(3.04%)、黄石市(8.18%)和神农架林区(9.09%)之外,其他市的第一产业生产总值占比均在10%和20%之间。通过这一数据可以看出,农业发展问题应当是湖北省每一个地区都关心的议题,但各地农业生产总值所占比重各有不同,因而对应的乡村发展战略也应各不相同。

耕地面积和乡村从业人员可以在一定程度上分别衡量地区农业自然资源禀赋和人力资源要素。农村常住居民人均可支配收入则是衡量不同地区农民的收入水平和生活水平的重要指标。从表1-1可以看出,襄阳市、荆州市、黄冈市和荆门市是湖北省农业资源禀赋较好、农业人力资源较为丰富的几个地区。仙桃市、潜江市和天门市作为省直管市,虽然耕地面积不大、农业从业人员不多,但农村人均收入水平较高。神农架林区、鄂州市等地的耕地面积较少,且农业从业人员也较少。因此,可以看出,在自然资源禀赋和农村人力资源方面,湖北省内部各个地区也存在较大差异。

表 1-1　2017 年湖北省各地区发展情况

	地区	2017年地区生产总值（亿元）	2017年第一产业生产总值（亿元）	2017年第一产业生产总值占地区生产总值比例（%）	耕地面积（公顷）	农业从业人员（万人）	2017年农村常住居民人均可支配收入（元）
1	武汉市	13410.34	408.20	3.04	295868	138.57	20887
2	黄石市	1479.40	120.98	8.18	117313	91.61	13972
3	十堰市	1632.32	182.69	11.19	239294	140.92	9373
4	宜昌市	3857.17	426.72	11.06	347358	165.97	15253
5	襄阳市	4064.90	461.85	11.36	702926	217.40	16005
6	鄂州市	905.92	102.05	11.26	55603	40.16	16168
7	荆门市	1664.17	222.85	13.39	500264	109.29	17167
8	孝感市	1742.23	297.15	17.06	439567	244.07	14744
9	荆州市	1922.18	389.72	20.27	682967	243.60	15962
10	黄冈市	1921.83	417.30	21.71	531924	333.60	12116
11	咸宁市	1234.86	193.45	15.67	200808	111.09	13925
12	随州市	935.72	150.99	16.14	253628	106.59	15268
13	恩施州	801.23	160.14	19.99	452112	182.27	9588
14	仙桃市	718.66	89.67	12.48	118928	68.82	16736
15	潜江市	671.86	73.41	10.93	122534	32.88	15367
16	天门市	528.25	75.66	14.32	167513	58.90	16397
17	神农架林区	25.51	2.32	9.09	7302	2.72	9205

资料来源：湖北省统计局统计年鉴、各地区政府网站和维基百科。

二　实地调研的设计与实施

为了全面考察湖北省不同地区之间的差异性，系统把握湖北省乡村振兴战略实施和人大工作现状，提高研究信度，本研究的具体对象包括了湖北省 12 个地级市、1 个自治州、1 个省直管林区和 3 个省直管县级市。

具体研究的实施经历了三个阶段，第一和第二阶段通过抽样的方式选择调研目的地,第三阶段为实地调研。以"三阶段"的形式完成调研有三个优势。首先,第二和第三阶段的调研建立在前一个或前两个阶段的基础上,有利于调研方案的适当调整,从而帮助研究者聚焦研究问题。其次,由于每一阶段均兼顾代表性和多样性的原则,调研范围由点及面,因此每一阶段的研究发现都具备较高的外部效度。最后,将对整个湖北省的调研分为三个阶段,为研究者提供了充足时间,保证了对被调研县市的人大工作、乡村发展情况和乡村振兴战略实施情况进行充分细致的考察,一定程度上有利于提高研究信度。

"三阶段"实地调研方案具体如下。

1. 阶段一:2018 年 7~8 月

2018 年 7 月 14 日,研究团队主要成员列席了湖北省 2018 年第一期乡镇人大主席培训,并和部分乡镇人大主席举行了焦点小组座谈会。基于培训素材(《全省乡镇人大主席培训班材料》第 1 期)、座谈会记录和样本所涉及的经济水平、农业农村发展等情况,研究者首先确定了第一阶段实地调研地点。最终选择了 6 个地点,分别是咸宁市咸安区、荆门市京山市、黄石市阳新县、天门市、恩施州利川市和荆州市江陵县。然后,研究者再在每一个地点选取一到两个乡镇,作为预期调查地点。6 月下旬至 7 月中旬,研究者与当地人大常委会的工作人员取得了联系,最终于 7 月底至 8 月中旬开展了实地调研。除此之外,研究团队还通过电话以及邮件的方式与浙江省宁波市宁海县取得了联系,并获得了当地人大实践"民生实事项目票决制"的有关材料。

选取以上 6 个地点来进行抽样调研主要基于以下原因。课题组在第一阶段选点时,兼顾了不同经济发展水平、不同农业生产条件的地区,兼顾了平原(如荆门市、天门市)、山区(如恩施州)、革命老区(如黄石市阳新县)、民族地区(如恩施州),以及城市郊区(如咸宁市咸安区)等特征,也考虑了民族自治地方(如恩施州)、新扩容市、省直管市（如天门市）等地方的特殊情况。在选点中，课题组将类似的城市进行了归类，比如对于地理位置相近、经济发展和农业发展水平类似，且同为省直管市的天门市、潜江市和仙桃市，课题组将天门作为省直管市的代表进行调研。

除了在每个地区的人大进行座谈和调研之外，研究团队还在每个地区选择一至两个乡镇以及村，走访了当地农业产业企业，考察了民生工程项目，采访了乡镇人大代表、人大主席以及村民等。具体的乡镇和农村选点，主要与市人大工作人员协商，尽量在同一市中选择差异性较大的乡镇。同时，课题组也会考虑当地人大工作人员的推荐意见，通常会选择在乡村振兴领域成绩较为出色以及人大工作有亮点的乡镇和乡村进行调研。

2. 阶段二：2018 年 9~12 月

在第二阶段初期，研究者参与了"湖北省部分全国人大代表关于江汉平原乡村振兴战略实施情况专题调研"的实地调研和座谈会，与在鄂全国人大代表和湖北省人大常委会工作人员一起走访了仙桃市和孝感市。

除了以上两处的调研，第二阶段的其他选点主要分两步走。首先是就近调研，即对湖北省人大、武汉市人大、武汉市下辖区就乡村振兴的主题进行调研，武汉市下辖区具体包括蔡甸区、江夏区、新洲区、黄陂区和东西湖区。然后，在第一阶段调研的基础上，进一步对湖北省其他县市选点，最终选择了黄冈市、宜昌市、襄阳市和十堰市。

宜昌市与襄阳市的各项指标在表 1-1 中都极为相似，它们也是湖北省除了武汉市之外，经济发展水平最好的两个城市，是调研湖北省乡村振兴不可或缺的重要选点。而十堰市在地理位置上与这两市相邻，但是在地形地势上与宜昌市和襄阳市极为不同。此外，这三市的第一产业生产总值占全年地区生产总值的比例相近，均约为 11%，但是在耕地面积、农业从业人员数上则大不相同，在农业发展状况上也各不相同，构成对比关系。与处于湖北省西北部的十堰市、襄阳市和西部的宜昌市不同的是，黄冈市处于湖北省的最东边，在地理位置上与以上三个城市形成对比。此外，黄冈市是湖北省农村从业人员最多的地区，且第一产业产值占比超过了20%，因此在整个样本中占据重要地位。

新洲区（原新洲县）、江夏区（原武昌县）、蔡甸区（原汉阳县）和黄陂区（原黄陂县）是武汉市的四个郊区，也是武汉农业生产发展的主要地区。这四个郊区在地域分布上分别位于武汉市的东南西北四个角，因此第二阶段的实地调研首先考虑了这四个地区。东西湖区处于武汉市的西北部，江汉平原的东北缘，是武汉市的远城区，其农业发展水平较其余郊区更高，故也将其纳入第二阶段的调研地点。

除此之外，在第二阶段中，研究团队还对南京市高淳区进行了实地调研。

3. 阶段三：2019年6~11月

与第一阶段和第二阶段相同，第三阶段同样是以座谈会和走访的形式对湖北省内尚未入选的2个地级市鄂州市、随州市和神农架林区、潜江市进行了实地调研。

与前两个阶段不同的是，在湖北省人大常委会的支持下，课题组在第三阶段调研过程中同时采取了问卷调查的方式，针对地级市和神农架林区的人大常委会、乡镇主席团成员及乡镇人大代表和普通村民等几类群体，开展调查。

此外，武汉市汉南区也是武汉市的6个郊区之一，地处武汉市西南部，与蔡甸区相邻，现已改为武汉经济技术开发区（汉南区）。研究团队也将其纳入调研对象，作为对武汉市郊区系列调研的补充。

至此，研究团队完成了对武汉市全部郊区的选点。调研具体选点可见表1-2。

表1-2 调研走访的市（自治州、林区、省直管县级市）和下辖乡/镇/街（2018年7月~2019年11月）以及省外调研地

	调研地区	县（市、区）	乡（镇、街道）
1	武汉市	蔡甸区	大集街
		江夏区	乌龙泉街
		新洲区	仓埠街
		东西湖区	柏泉街
		黄陂区	
		汉南区	东荆街
2	黄石市	阳新县	浮屠镇、木港镇
3	十堰市	丹江口市	
4	宜昌市	兴山县	
5	襄阳市	谷城县	
6	鄂州市	梁子湖区	东沟镇、梁子镇
7	随州市	曾都区	洛阳镇
8	孝感市	孝南区	杨店镇、西河镇
9	咸宁市	咸安区	向阳湖镇、贺胜桥镇
10	黄冈市	罗田县	骆驼坳镇
11	荆门市	京山市	罗店镇
12	荆州市	江陵县	三湖管理区、普济镇
13	恩施州	利川市	南坪乡
14	天门市		岳口镇
15	仙桃市		西流河镇、彭场镇
16	潜江市		浩口镇、高石碑镇、龙湾镇
17	神农架林区		木鱼镇、大九湖镇、松柏镇
18	南京市	高淳区	东坝镇
19	浙江省宁波市	宁海县*	

注：*宁海县调研主要是通过电话与邮件方式获取资料。

三 数据来源及搜集方式

本研究的数据来源主要包括以下几个部分。

第一，研究团队前期通过查阅相关纸质、电子资料，通过查阅湖北省及各地方人大官方网站，对所调研地区的乡村发展情况和人大情况取得初步了解，构建地区档案。

第二，研究团队通过三阶段的调研活动，获取了有关湖北省17个市（自治州、林区及省直管市）人大建设和乡村发展方面的丰富的实地调研数据。具体来说，研究团队在中共湖北省委宣传部和湖北省人大的协调帮助下，于2018年6月开始逐步与各地方人大取得联系。每到一处，与当地人大常委会主任（乡镇人大主席）、各专委会主任、人大代表、人才办、人社局和宣传部等有关同志一起，共同参加了"发挥人大职能，助推乡村振兴战略实施"的主题座谈会，共计39场，与近300名相关人员进行了座谈，累计整理了15万多字的访谈会笔记。在与地方人大开展座谈的过程中，结合已了解的情况，有针对性地对地区乡村发展、地方治理等方面的问题进行提问，并获得了一些政策文件资料。

第三，在当地人大、宣传部等有关部门的协调帮助下，研究团队开展了大量实地调研和走访，包括走访乡镇农业项目、民生工程，采访人大代表、乡镇人大主席等，了解人大代表之家、选民接待室、代表小组的软硬件建设情况等，获取了大量图片、文字材料。

第四，在湖北省人大的支持之下，研究团队部分成员参加了全省乡镇人大主席培训班，并与参加培训班的各地的优秀乡镇人大主席进行了座谈。在培训会和座谈会上，研究团队对于人大，尤其是乡镇人大如何助推乡村振兴作了调研，收获颇丰。

第五，除了从人大的工作角度呈现其与乡村振兴之间的联系，研究团队也试图从普通农户的角度了解乡村振兴在湖北省农村的实施情况。基于前两个阶段座谈和走访的调研数据，研究团队在第三阶段使用了问卷调查的方法，对湖北省部分市级人大和乡镇人大进行了调研，并对普通农户在乡村振兴方面对于人大工作的期望、知晓度和评价进行了调查。

在第三阶段的调研过程中和走访活动结束后，团队成员对上述群体分发了调查问卷。最终，一共回收155份问卷，其中市级人大常委会委员问卷40份，乡镇人大代表问卷49份，村民问卷66份。有关问卷的数据分析，全书在第七章进行了探讨。人大助推乡村振兴调查问卷（市级人大、基层人大和村民版）详见附录。

第六，通过实地调查、打电话和发邮件等方式，研究团队还获取了南京市人大助推乡村振兴战略、宁海县民生实事项目人大代表票决制的有关访谈的视频和文字材料等。

第四节　篇章结构

在调研中，研究团队主要采用实地调研、走访、座谈、问卷调查等方法收集了湖北省各层级人大推进乡村振兴战略实施的相关材料。笔者试图从乡镇人大建设、人大立法工作、人大决定工作、人大监督工作，以及人大的代表工作等角度调研和探讨地方人大如何在乡村振兴的战略中发挥职能，助推该战略的实施。

全书共分为七章。

第一章主要介绍全书的研究背景及研究意义，对乡村振兴战略和人大推动乡村振兴战略实施等方面的文献进行了简要梳理，并对本研究所采用的研究方法、研究过程和篇章结构进行介绍。

第二章聚焦于基层人大组织建设和基层人大助推乡村振兴战略的实施和落地的工作。基层人大是实现乡村振兴战略的重要的"最后一公里"，也是目前人大制度建设中的薄弱环节。本章梳理了我国基层人大组织建设的历史和现状，从乡村振兴对基层人大建设的需求出发，详述了调研过程中发现的湖北省在基层人大组织建设中取得的成绩和存在的不足，着重探讨了基层人大应如何通过建设政治机关、权力机关、工作机关和代表机关，夯实基层人大基础，改善基层乡村利益的分配，加强社会主义民主政治建设，并成为乡村振兴中畅通有效的"最后一公里"。

第三章着重探讨基层人大的立法权以及基层人大应如何通过立法助推乡村振兴战略的实施。本章具体内容包括地方人大立法权的概述、人大立法权在乡村振兴中的作用、湖北省地方各级人大在乡村振兴中发挥的立法职能、人大在行使立法职能中遇到的问题，以及对乡村振兴中人大应如何行使立法权提出的建议。本章的基本观点是，省级人大、各地级市人大、新扩容设区市人大，以及少数民族自治地方人大，要在明确立法权限的基础上，用足人大立法权，输出与乡村社会有关的制度规范，并协调基层社会治理的各项制度安排，促进良性乡村治理体系的生成。

第四章着重探讨地方人大的重大事项决定权，以及地方人大应如何通过运用重大事项决定权助推乡村振兴战略的实施。本章首先从学理上概述了地方人大的重大事项决定权，以及人大重大事项决定权在乡村振兴中的运用；然后梳理了各级人大对行使重大事项决定权的积极探索，分析了湖北省各级人大在行使重大事项决定权中的偏差及改进措施。本章的重点内容在于探讨使各级人大用活重大事项决定权的具体措施，尤其是在涉及农业产业发展规划、农民权益维护、农村民生建设项目和农村基础设施工程等方面时用活重大事项决定权的措施，以提高人大决定决议的主动性、可操作性和可追踪性。

第五章着重探讨地方各级人大的监督权，以及地方人大应如何通过运用监督权推动乡村振兴战略中的各项政策的实施。各级人大是否能用好人大监督权是决定乡村振兴战略的各项制度规范和政策输出能否顺利执行的关键。本章梳理了近年来湖北省各级人大以监督权促乡村发展的探索，发现地方人大在监督权的运用方面存在法律法规不健全、无法可依、监督主体缺乏主体意识等问题。对此，课题组提出了有关行使人大监督权的相关建议,包括:健全监督法律法规,提供法律保障;增强人大监督主体意识;理顺人大与党委、"一府两院"的关系;加强人大机关自身建设;规范监督过程和程序,提高人大监督手段的刚性等。

第六章探讨的是人大代表工作在乡村振兴战略中的地位和作用。人大代表工作既是地方人大工作的重要组成部分,也是地方人大助推乡村振兴战略实施的重要措施之一。湖北省各级人大在完善人大代表工作、推进乡村振兴战略实施方面有不少创新与探索,包括阵地建设、代表培训、"五级代表在行动"活动、履职痕迹化管理、代表向选民述职等;但也存在不少不足,包括基层人大组织建设不完善,阵地建设水平参差不齐,代表履职激励机制、监督管理机制不完善等。通过人大代表工作推进乡村振兴战略的实施,还具有充分的制度创新空间,包括加强人员编制和经费保障,增加涉农代表的比例,加强阵地建设和制度建设,规范代表联系选民的各项工作,加强代表培训和履职管理与监督等。

第七章使用问卷调查的方法,对湖北省基层人大助推乡村振兴战略实施的工作展开调查。本章具体分析了市县级人大自身建设的现实情况和其在助推乡村发展方面所作出的努力。课题组还进一步了解了基层人大代表和普通民众对人大助推乡村振兴战略实施的工作意见。问卷调查不仅从人大的角度分析了市县级人大助推乡村振兴战略实施的工作重点,比如监督权的行使和代表工作的开展等,同时也从普通农户的角度观察乡村振兴战略的实施,尤其是人大职能对接乡村振兴方面。最后,基于问卷调查的结果以及部分访谈资料,课题组认为地方人大应当重点发挥监督、决定职能,提升代表作用,立足"五位一体"总体布局,集人大、政府和村民全力,使我国乡村按计划有步骤地实现"五大振兴"。

第二章

加强基层人大建设，推进乡村振兴战略实施

实施乡村振兴战略，是党的十九大作出的重大部署，是决胜全面建成小康社会，开启全面建设社会主义现代化国家新征程的重大历史任务，是新时代"三农"工作的总抓手。乡村振兴战略的实施，为乡村发展指明了方向，对于全面激活农村发展活力，促进城乡融合发展，具有十分重要意义。

人民代表大会制度是中国特色社会主义制度的重要组成部分，也是支撑中国国家治理体系和治理能力的根本政治制度。在推进国家治理体系和治理能力现代化的新时期，人民代表大会制度在实践中逐渐形成了"党的领导、人民当家作主、依法治国"有机统一的复合式治理结构，这一制度优势充分发挥了不同治理主体的能量，将制度优势转化为治理效能。其中，基层人大是我国人民代表大会制度的基层制度结构，是基层社会治理和基层政权体系的有机组成部分，是人民民主政治的实现形式。基层人大也是离人民群众最近、最能反映民意的基层国家权力机关，是人大在乡村振兴战略中发挥作用的重要的"最后一公里"，其作用不

可小视。同时，也应该看到，基层人大尤其是乡镇人大治理效能的发挥还需要在实践中不断深化和发展，在理论上不断探讨。目前在各级人大中，基层人大是较为薄弱的环节，这影响了整个国家有效治理体系的形成及政策的推进和落实。因此，加强基层人大组织建设、充分发挥基层国家权力机关作用，并推进其和乡村振兴战略的融合，建设好这个"最后一公里"，是新形势下做好人大工作和促进乡村振兴战略的重要举措。

第一节 我国基层人大组织建设的历史和现状

1949 年新中国成立，1954 年新中国第一部宪法颁布。在马克思列宁主义的指引下，参照苏联社会主义的建设经验，中国共产党带领全国人民逐步建立了社会主义政权。但长期以来，相比中央政权的组织和规范程度，基层政权建设长期处于相对滞后状态。

基层政权包括哪些部分，在理论界有两种不同的说法。从范围来看，有的认为主要包括人民政府、人民代表大会、人民政治协商会议，有的认为党委也要纳入。从层级来看，有的认为基层政权包括乡和村两级组织，有的认为包括县乡两级。采用何种理解，与所要探讨的问题有关。本文所指的基层政权包括县乡两级的政权组织和党委，执政党作为政权的领导者与政权是密不可分的。基层政权的功能包括两个方面，一是执行国家政策和法律，维护社会秩序；二是提供公共服务，为辖区内的群众排忧解难。基层政权是中央政权稳定的基础，随着社会矛盾的日益增多，基层政权建设就更需要加强，基层治理更需要强化。

我国的基层人大包括县（市、区）乡（街道）两级人民代表大会，是基层政权的重要组成部分，其历史发展大致有以下几个阶段。

一 初创阶段（1954~1956 年）

追溯中国人民代表大会制度建立的历史，可以发现近代以来的现代化改革尝试曾对人民代表大会制度的建立产生影响。以孙中山为代表的资产阶级革命派尝试引入西方议会制度,但没有改变旧中国专制独裁的底色。但不可否认的是,它带来的崭新的选举理念、代表观念、议会思想和政党思维对当时中国人的观念产生了巨大冲击,使得民主观念逐渐进入中国人民的价值观,渐进改造了中国传统的政治文化。1937年陕甘宁边区实行过的议会制、参议会制、"三三制"等原则,实际上也带有西方议会制的部分特征。①

在革命实践中逐步建立起来的新中国政权,在设定地方代议机关的性质时,首先强调的是地方代议机关要保证国家法律和法令的实施。1954年《宪法》规定,地方各级人大在本行政区域内,保证法律和法令的遵守和执行。②县级人民代表大会由乡级人民代表大会间接选举产生,任期2年;没有常委会和专委会,县级人民委员会(行政机关)是其执行机关和闭会期间的工作机关;每年召开2次全体代表会议,由县级人民委员会负责召集,选举主席团主持会议,会议设秘书长1名,副秘书长若干名。乡级人民代表大会由人民直接选举产生,任期2年,每3个月召开1次人民代表大会。县乡两级人民代表大会的职权同构,包括12个方面。此时的人大制度设计存在一些缺陷,如没有常设机构,对政府、法院的工作无法展开有效监督,选民与代表的联系缺失等。那时,基层人民代表大会的选举、会议、职能经常不能落到实处。

二 恢复和发展阶段(1978年至今)

1979年恢复了县级人民代表大会,代表任期延长至3年,改为直接选举;设置了常委会并规定了常委会的组成人员和职权;代表的质问权

---

① 佟德志、漆程成:《人民代表大会制度的复合优势与合力效能》,《理论与改革》2020年第1期。
② 《中华人民共和国宪法(1954年)》,中国人大网,http://www.npc.gov.cn/wxzl/wxzl/2000-12/26/content_4264.htm,最后访问日期:2021年4月28日。

扩充为质询权和询问权，新增代表的司法豁免权。1982年《中华人民共和国地方各级人民代表大会和地方各级人民政府组织法》（以下简称《组织法》）修正，保证了县级人大及其常委会在人事任免上的自主权。1986年又修正该法，强化了县级人大的监督职能，增加了代表的言论自由权。1995年该法再次修改，县乡两级人大代表的任期改为5年。不定期地修订法律，使县乡两级人大的组织、职权、代表选举、运作等方面日益完善。但相对而言，乡镇一级人大可设主席1名、副主席1~2名这一规定虽然在1986年的《组织法》里就予以规定了，但是全国大部分乡镇的人大主席都是党委书记和党委委员兼任的。2015年，党中央下文要求各地落实乡镇人大主席专职化配备，要求各地党委重视、支持人大的工作。2016年以来，县乡两级人大深入贯彻《中共全国人大常委会党组关于加强县乡人大工作和建设的若干意见》精神，各地县乡人大会议更加规范，县级人民代表大会会议每年至少举行1次、人大常委会会议每2个月至少举行1次的要求基本落实。各地普遍增加了县级人大常委会组成人员名额，充实了一大批专业性人才，提高了专职组成人员比例，有的地方人大常委会组成人员专职人员比例达到了三分之二。绝大多数县级人大设立了法制委员会、财政经济委员会等专门委员会，一些地方还从实际出发，设立了民族委员会、内务司法委员会、城乡建设与环境保护委员会等专门委员会。各地进一步健全了人大常委会办事机构和工作机构，一些地方适当增加了县级人大机关编制，充实了工作力量。2018年修改《中华人民共和国全国人民代表大会和地方各级人民代表大会代表法》，对第32条的代表被限制人身自由的许可申请，增加了审查标准，进一步保障了人大代表的司法豁免权。历次组织法修改最多的内容是代表选举事宜，这里不一一展开。总而言之，基层人大的组织体系是在近几年才按照组织法完善起来的，特别是代表小组的设立，打通了代表与选民之间的"最后一公里"，让二者建立起了相对固定的联系机制。

随着我国国家建构的成熟，基层政权组织的完善被提上议事日程。特别是近十几年来，随着社会变革而产生的大量社会矛盾也是发生在基层，基层的治理体制需要改革。为了完善国家治理体制，夯实社会主义民主政治的基础，2015年党中央发布了两个重要的文件，一个是2月发布的中共中央《关于加强社会主义协商民主建设的意见》，一个是6月中共中央转发的《中共全国人大常委会党组关于加强县乡人大工作和建设的若干意见》（中发〔2015〕18号）。协商民主和人民民主作为中国特色社会主义民主的两翼被党中央同时提出来。

在新时代背景下，实施乡村振兴战略，是党的十九大作出的重大决策部署，是决胜全面建成小康社会、全面建设社会主义现代化国家的重大历史任务，是新时代"三农"工作的总抓手。乡镇人大处于乡村振兴战略实施的最基层和最前沿，是最直接的一级监督组织。目前有关乡镇人大在乡村振兴战略中的抓手作用的研究较少，现有研究以新闻报道为主。仔细梳理相关报道，发现多为事实性描述和以经验总结为主，缺乏理论层面的深入讨论，这从理论和实践层面为本研究提供了较为广阔的研究空间。

第二节 实施乡村振兴战略对基层人大组织的需求

从宏观视野来看，一个国家无论如何现代化，农业农村永远是国家的安全基石和社会稳定器、蓄水池。[1] 农业保障的粮食安全是一国的基本安全，如果粮袋子攥在外国手里，国家就无法实现独立自主。特别是对中国这样人口众多的国家来说，一旦出现粮食危机，对全球来说都是

---

[1] 贺雪峰：《论农村基层组织的结构和功能》，《天津行政学院学报》2010年第6期。

重大灾难。现在我国严守耕地红线，加强农业供给侧改革，就是为了确保粮食安全，减少主粮对进口的依赖。中国是一个有几千年历史的农业大国，在向现代化转型的过程中，农业为工业提供了最重要的资源，农村是社会稳定的大后方。"一个稳定的农村是中国应对现代化中可能出现的各种危机的万应灵药。"[①] 据测算，即使我国城市化率达到70%，也还有约4.5亿人口要居住在乡村，这一部分人也要分享现代化的成果，所以实施乡村振兴战略势在必行。从这两个方面来说，国家提出乡村振兴战略，也是为了应对现代化过程中可能出现的危机，乡村振兴关系到国家的长治久安。

关于乡村振兴的重要要求"治理有效"，在国家制定的《乡村振兴战略规划（2018—2022年）》中，要求"到2022年，乡村振兴的制度框架和政策体系初步健全……以党组织为核心的农村基层组织建设明显加强，乡村治理能力进一步提升，现代乡村治理体系初步构建"。[②] 从规划的第27章"夯实基层政权"的内容来看，也没有出现与"人民代表大会"直接相关的字眼，治理主体重点是基层政府、农村社会组织和公益性组织，但是结合我国的政体来看，各级人民代表大会是权力机关，其他国家机关都由它产生并对它负责。由此可见，政府的施政行为都要受到人民代表大会的约束。而且，由于乡村振兴战略的全局性和长期性，各地需要大量的制度创新，需要大量的资金投入，各地政府需要权力机关来监督是否按照党中央的政策和国家法规来施政，所以，人民代表大会的角色怎可缺少？人大在乡村振兴中的作用，不是最直接的，但确是助推乡村振兴战略的重要力量。具体来说，结合课题组的调研，基层人大与乡村振兴战略的实施存在以下几个方面的关联。

---

① 贺雪峰：《论农村基层组织的结构和功能》，《天津行政学院学报》2010年第6期。
② 《中共中央 国务院印发〈乡村振兴战略规划（2018—2022年）〉》，《人民日报》2018年9月27日。

中国的地方人大作为地方代表机关，同时兼具三重属性，即国家意志的执行保证机关、地方民意的代表机关和同级党委领导下的工作机关。具体于地方人大的职责权限场域内，基层政府主要领导干部需要同级人大选举产生并对人大负责，这关涉人大的人事任免权。在实施乡村振兴的过程中，涉及土地流转、融资管理、环境保护、垃圾处理等具体问题的，需要有相应立法权的人大来修法或立新法，这关涉人大的立法权。基层政府关于乡村振兴的规划要得到同级人大的批准，才具备法律效力，这关涉人大的重大事项决定权。政府关于乡村振兴战略的各项政策执行效果如何，需要人大来进行监督，这关涉人大的监督权。除此之外，人大代表里有各行各业的精英，他们可以起到宣传动员、模范带头的作用，为乡村振兴这一事业开好头。代表是选民和国家之间的桥梁，代表收集民意，把其变成建议和议案，有利于乡村振兴战略因地制宜地科学推进，避免行政主导。在调研中，基层人大代表谈得最多的就是要加强对政府的监督，监督他们是否切实执行党和国家的政策、法律，是否解决当下农村在防范化解重大风险、精准脱贫、污染防治三大攻坚战中的问题。地方政府的有些政策不接地气，比如贫困户住房改造标准向城市学习等，就需要人大来监督。很多人大代表都谈到乡村振兴一定要规划先行、符合实际、稳步推进，激发农民的内生动力，不能急于求成。在战略推进实施过程中，政府的确是主力军，但其科层制结构必然带来效率优先的考量，工作以对上级领导负责为主，人大可以平衡政府的不足，监督政府，促其用心谋事。从巩固党的领导地位来说，党也需要依靠人大的力量，把党振兴乡村的意志、政策上升为国家的法律，以便推行；各级党委对政府的领导，需要人大之"眼"，来督促政府，使之正确施政。综上所述，基层人大是乡村振兴不可或缺的主体。

实践中，人大的作用更多地被划到民主政治建设的范畴中，但是政治是具有宏观性和全局性的，民主政治建设与国家政权的各项活动是分不开的。从结果来看,乡村振兴本身就是社会主义民主优越性的体现,是为了满足广大农民群众的切身需求;从程序来看,人大嵌入乡村振兴的过程,能更好地把政策与农民的实际需求对接,保障振兴为民。基层人大要担负起乡村振兴的重担,就必须健全自身的组织和制度规范。

为贯彻中发〔2015〕18 号文件,2017 年湖北省人大专门制定了《关于进一步规范全省县乡人大组织机构设置、人员编制和工作机制的意见》(鄂办发〔2017〕40 号)。2017 年 5 月,省人大常委会又结合三大攻坚战,在全省范围内部署开展"聚力脱贫攻坚、五级代表在行动"的活动。2018 年省人大印发《湖北省乡镇人大工作指南》;同年 7 月,湖北省人大代工委对全省的乡镇人大主席分批进行了培训,重点是加强宪法意识、解读工作指南、强化代表意识、交流工作经验。以此为契机,湖北省县乡两级人大都在不断完善自身组织建设,规范人大会议制度和代表履职活动,强化人大代表与人民群众的联系。

总体来看,基层人大尤其是乡镇人大在基层治理体系中的地位和作用得到重视和提升。党和国家政策文本中对于基层人大的作用多次予以强调,现实制度运行过程中乡镇人大所承担的任务与责任也不断加重,从这两方面都可以看出,乡镇人大在基层治理体系中,尤其是在乡村振兴战略中扮演着重要角色。

第三节　基层人大组织建设取得的成效

通过调研,课题组发现基层人大组织建设在这两年取得了很大成效,表现在人大的权威更加凸显,人大作为代表机构、工作机构的角色得以充分展现,代表的政治身份意识得到很大提高,民众对代表的认同感也在提升等方面。特别是,各地对 2017 年的"聚力脱贫攻坚、五级代表在行动"(以下简称"聚五"行动)和 2018 年的"回头看"(对"聚五"行动的检查)行动普遍给予了高度评价,认为它们使"代表有成就感、人民有获得感"。

一 乡镇人大工作机构建设更为完善

经济社会发展的新形势、政治文明建设的新任务,特别是乡村振兴战略的新要求,对乡镇人大工作提出了新的更高的要求。一方面,要坚持依法办事,严格任免程序。在党管干部的前提下,确保把热爱农村工作、熟悉农村工作、能吃苦耐劳、德才兼备、群众认可的优秀人才选拔到乡镇和涉农部门领导岗位上来,加强对他们的任后监督工作,积极开展工作评议;促其依法履行职责,做廉洁勤政的人民公仆,真正为人民掌好权、用好权;充分调动他们的积极性,发挥他们在乡村振兴建设中的主力军作用。另一方面,要突出时代特征,强化自身建设。坚持和完善人民代表大会制度是习近平新时代中国特色社会主义思想的重要组成部分,是推进现代化改革发展的重要制度保障。应重视政治建设,重视规范意识,紧扣党委的中心任务,抓住主要矛盾,突出工作重点,在依法履职中立足本职,找准位置,联系实际,发挥优势,充分发挥人大的职能作用,切实保障和促进乡村振兴这一宏伟目标的顺利实现。

根据中发〔2015〕18 号文件,湖北省绝大部分乡镇人大主席实现了专职化,有专门、独立的办公场所,电脑、电话、桌椅、档案柜、学习材料、展板等一应俱全。少数乡镇还由党委副书记兼任人大主席。符合条件的大部分乡镇人大配备了专职副主席,经济条件较好的地方还专职配备一名干事或办公室主任。咸安区和随州市在专职主席、副主席的配备上工作非常到位,所有乡镇都配齐。乡镇全都建立了代表活动小组,五级人大代表以村为中心就近划分到不同的小组,每个小组规模在 10 人左右，且都有固定的、按湖北省人大要求的"六有"或"八有"标准建设的代表小组活动室，方便代表集体活动和学习。在乡镇政府附近还设立了"代表之家"或"代表联络室"，方便民众直接与代表联系。比如京山市罗店镇第九代表小组会议室，设备齐全，这个代表小组属于专业性代表小组，负责联系当地企业、合作社，会议室建在专用活动大楼里。活动室里有圆形大会议桌，每个代表有固定的座席和姓名牌，大大的国徽和"中华人民共和国的一切权力属于人民"的标语悬挂在座席上方的墙上，凸显了代表职业的神圣。人大代表的工作职责、代表小组活动制度、代表视察制度、代表联系选民制度、代表小组学习制度、代表小组考勤制度等制度，活动计划以及片区人大代表的姓名、职务和联系方式等均在墙上公示。代表活动的各项台账记录也一应俱全。江陵县普济镇2018年也拿出45万元建立了25个代表联络室。随州市万店镇、阳新县浮屠镇等地的乡镇也都拿出了10多万元用于建设代表小组活动室和代表之家。随着基层人大组织的实体化、活动的经常化，各项经费均列入本级财政预算。乡镇人大的会议经费、选举经费、视察调研等活动经费，均实报实销。县乡人大代表的误工补贴普遍都能按时发放，县级人大代表每年补贴1200~1500元，乡镇人大代表每年补贴800~1000元，经济条件较差的乡镇补贴则在500元以下。

二 与乡镇人大会议及代表履职活动相关的制度基本规范化

乡镇人大全体会议每年至少召开2次，主席团会议至少每季度召开1次，人大代表活动小组每季度召开1次会议。每次会议主题明确、程序规范，且会议讨论内容、议案、建议和表决结果都有详细记录。乡镇人大组织的代表视察、调研等监督活动也按照湖北省人大常委会的指导意见，提前拟定活动方案，制作专门的文档予以记录并请参与代表签名。代表走访选民，也都有较完备的台账和走访记录。以京山市罗店镇的资料来看,他们的活动程序非常规范。以"聚五"行动、"回头看"行动为例,其记录包括11个方面:召开动员会情况及工作汇报、代表走访编组情况、建立临时党支部情况、实际参与走访代表台账、代表走访笔记样式及走访要求、代表调查走访和收集意见建议原始台账、各代表活动小组意见建议统计、代表意见建议合并汇总清单、上报数据表格、新闻媒体宣传报道情况、工作总结。其他乡镇的记录虽没有罗店镇这么完整,但也都按照湖北省人大提供的格式文件制作了代表走访的原始台账。档案记录比较成熟的县乡人大正在筹建地方人大代表履职平台,准备与全国性的代表履职平台对接。各地对代表的履职活动也强化了监督,要求代表每年至少参加4~5次人大在闭会期间组织的活动,每个季度至少一次,至少联系5~7名选民,连续两次无故不参加活动的代表,考评不及格,人大劝其辞去代表职务。京山市、江陵县等地还推行了人大代表向选民述职的活动,选民给代表作满意度测评。

在咸宁市咸安区,"三大清单制度"成为乡镇基层人大在乡村振兴战略推进过程中发挥作用的重要抓手。具体表现为活动清单、督办清单和考评清单,同时,针对三类清单制度的不同特点,乡镇人大明确了不同清单的建设侧重点,如细化活动清单,建立"一人一档",提升代表活动实效。向阳湖镇人大主席团审议制定了《向阳湖镇人大代表履职考评办法》,采取年度考评的方式,对代表表现打分,记入代表个人履职档案。综合考评结果与代表奖励、评先、优先选任挂钩。通过建立和规范代表履职档案,一方面,镇人大能全面掌握每名代表的履职状况和现实表现,便于有针对性地整顿提升;另一方面,通过代表履职档案,使代表认识到"干与不干不一样""干好干坏不一样",形成工作倒逼机制,增强代表履职责任感和荣誉感。

三 人大代表的角色意识有了明显变化

人大代表来自基层,威信高、能力强、肯干事的优势很明显,是农村的中坚、骨干力量，因而加强对他们的宣传引导，积极鼓励他们参与乡村振兴，参与社会各项事务建设，充分发挥他们的作用，使其认真履行代表职责，对促进乡村振兴建设具有举足轻重的意义。首先，要引导代表做乡村政策的宣传者。要抓好代表的培训工作，提高他们的素质，提高他们对乡村振兴战略的认识，并鼓励他们利用与百姓接触较多的优势，加强政策宣传，使农民群众在思想与行动上统一到党中央的精神和要求上来。在调研座谈中，不同地区的代表普遍认为人大代表应当做好乡村政策的宣传者，如宜昌市某人大代表认为各级人大代表尤其是乡镇人大代表通过组织化的集中学习和自觉性的个人学习，加深了对乡村振兴战略的认识，利用了与群众互动的平台优势，在强化政策宣传方面起到了较好作用，真正使农民群众参与到乡村振兴的各项政策之中。其次，要引导代表做乡风文明的模范。人们常说，"风成于上、俗形于下"。作为人民选出来的人大代表，在乡风文明建设方面必须起到标杆和模范带头作用。要带头抵制歪风邪气，积极倡导文明新风，自觉接受群众评判和社会监督。特别是对于乡风文明方面存在的不良习气，要敢于抵制，敢于同陈规陋习作斗争。最后，要引导代表做乡村振兴的实践者。要充分发挥人大代表在乡村振兴中的模范表率作用，引导他们立足本行业和本产业，扎实工作，努力在乡村振兴建设的事业中建功立业。课题组在各地的调研中发现，不少的人大代表主动走在乡村振兴建设的前列，积极承担产业带头人的角色。如武汉市黄陂区、京山市的人大代表借助多年经商经验，积极投身当地的经济建设，并带动村民共同致富，在较短时间内改变了家乡的社会经济面貌。

借着"聚五"行动、"回头看"行动，每一名身在基层的人大代表都要去走访选民，收集民意，帮扶贫困户，督促政府落实扶贫、生态保护、乡村振兴等政策。在原始记录上，课题组看到了村民向代表反映了医疗救助、扶残救孤、养老、修路、供水、教育扶贫、技能培训、移风易俗等农村实际的问题。代表们把收集上来的意见在县乡两级人大进行综合分析,形成意见或建议案,督促县乡两级政府职能部门落实。职能部门对来自人大代表的建议案都一一回复,对提到的问题能落实整改的就落实整改,短期不能解决的也作了说明。咸宁市咸安区人大为强化监督,还规定本年度未办结的建议案,下一年度继续办理。有些地方的人大代表为了加强监督实效,主动作为。如天门市组织代表在年终时对政府办理意见或建议案作满意度测评,还进行过两三次公开的电视问政。还有的地方人大代表对部门答复不满意,进而提出询问或质询的。通过丰富而有意义的代表主题活动,人大代表对于自己是干什么的、如何干有了切身体会,代表意识和责任意识明显增强,履职能力也有所提升,与选民的联系日益紧密。神农架林区木鱼镇某人大代表表示:"在人代会讨论问题更方便,说话更大胆。"群众对人大代表也更加认可和信任,代表争取群众合作也比较容易,"有事找代表"在不少地方成为老百姓的口头禅。

四 学研结合,加强代表硬实力和软实力

没有调查,就没有发言权。"加强调查研究不仅是一个工作方法问题,而且是一个关系党和人民事业得失成败的大问题"。[①] 调查研究是人大工作的一项基本功,也是提高议事决策水平的关键所在。乡镇人大要清楚地了解,调查研究是人大履行职能、发挥作用的基本工作方法和重要前提,是广泛收集和反映社情民意的重要渠道。当前,农村发展不平衡、不充分的问题很突出,例如,农民适应生产力发展和市场竞争的能力不足,农村基础设施较差,民生领域保障还没有完全到位,农村生态环境问题依然困扰着农民,农民的文化程度和农村的稳定程度还有待提

[①] 中共中央文献研究室编《江泽民论有中国特色社会主义(专题摘编)》,中央文献出版社,2002,第647页。

高等。乡镇人大要结合这一系列客观存在的问题,确定好调查研究的选题、内容、方法和任务,深入基层,深入百姓,倾听一线声音,掌握一手资料,从调查研究中发现本乡镇乡村振兴规划的切入点和关键点,以及实施的难点和焦点,了解百姓最关心、与其关系最直接的问题,形成有深度、接地气的调研报告,提出有质量的工作建议,供乡镇党委、政府在制定方案和决策实施过程中参考。

以潜江市渔阳镇为例,党的十九大召开以来,镇人大工作委员会以代表小组为单位采取"线上+线下"同步推进的方式,利用集中学习培训、印发学习读本、"渔洋代表之家"微信公众号广泛宣传等方式,组织各人大代表广泛、深入地学习十九大会议精神,学习习近平新时代中国特色社会主义思想,进一步提高代表的思想认识和政治站位;组织代表学习《中共中央 国务院关于实施乡村振兴战略的意见》《中共中央 国务院关于坚持农业农村优先发展做好"三农"工作的若干意见》等文件精神。同时,镇人大多次组织代表前往江岔垸万亩虾稻基地等地考察,代表们从全预算、工程规模、群众意愿等各方面入手研究项目建设的可行性和实效性,为党委政府实施乡村振兴战略提供参考性强、操作性强的有效调研报告。2017~2019年,镇人大多次组织人大代表深入走访,访问了全镇223户贫困户;并定期到周边示范性县市单位开展调研活动,考察其他地区乡村振兴发展模式,为本地区的振兴开启探索性研究。除此之外,潜江市经济开发区竹根滩镇人大多次深入各社区、村开展调研,调研内容涉及劳动力就近就地转移、城乡环境综合整治、交通建设等方面。调研主要通过实地察看、听取汇报、召开座谈会等形式,详细了解了区镇农村地区目前发展的基本情况和瓶颈问题,为党委政府决策提供了决策依据,为推动地区乡村振兴战略的实施提供了着力点。

第四节　湖北省基层人大组织建设中的难点与存在的问题

基层人大代表同人民群众的联系更直接、更广泛、更密切，在了解民情、反映民意、集中民智等方面具有独特优势。做好新形势下基层人大工作，充分发挥基层国家权力机关和人大代表作用，关系到国家政权的巩固和发展，关系到长治久安、社会稳定。在乡村振兴战略的大背景下，基层乡镇人大的定位和作用受到学者的关注。胡雪、项继权以乡村治理的失范问题为切入点，认为乡村治理秩序再生产的核心是乡村基层政权公共性的重构，具体可以从增强权利的平衡性以及利益的相关性等方面进行探讨。① 而在新一轮政权下乡的背景下，基层行政范围得到扩大，基层治理结构实现重构。王海娟、胡守庚重新探讨了国家行政与村民自治有机衔接的体制机制，提出行政与自治有机衔接的双层治理结构，但该结构框架难以概括整个基层治理结构，如乡镇人大代表在其中扮演的角色和发挥的作用未得到回应。② 基层政权建设是国家治理体系和治理能力现代化的基础，在深入改革的背景下，基层政权的弹性和灵活性至关重要，吕德文认为基层政权机构设置和人力资源调配必须面向人民群众，符合基层事务特点，适应国家治理体系和治理能力现代化要求。③ 结合湖北省各市县人大的实际，课题组在调研工作中发现，受制于制度、环境和文化等因素，基层人大在组织建设过程中也存在改革瓶颈，这具体表现在以下几个方面。

---

① 胡雪、项继权：《乡村治理转型中基层政权公共性的重构》，《云南社会科学》2018年第4期。
② 王海娟、胡守庚：《新时期政权下乡与双层治理结构的形成》，《南京社会科学》2019年第5期。
③ 吕德文：《基层政权机构改革要义》，《长春市委党校学报》2018年第2期。

一　县乡人大的机构建设还不完备，存在五个方面的问题

一是县级人大常委会组成人员的专职化比例过低，年龄老化，而专委会、各工作委员会的人员也不足，"一人两委"的现象很普遍。二是在乡镇编制总体控制的情况下，除乡镇人大主席专职外，按人口总数来看已达到人大副主席、干事配备要求的部分乡镇也因职数限制而无法配备到位。三是乡镇人大主席的职责无法完全独立。因基层公务员人数有限，每个乡镇机关的人数只有30人左右，但"上面千条线，下面一根针"，乡镇公务员的工作量非常大。国家这几年在农村持续进行路、水、电、网等基础设施改造，为开展脱贫、生态保护、扫黑除恶等专项工作，乡镇公务员和村干部几乎是全天候上班，除了领导工作，还要随时准备迎接上级政府的项目验收和检查。因此人大主席还要参与、分管本地的中心工作，造成其做人大工作的时间、精力不足。对乡镇人大主席的考察由党的组织部门进行，与人大系统无关，这也导致人大主席的工作重心仍然会放在党务方面。四是代表小组活动室和代表之家的建设水平参差不齐，特别是在经济欠发达地区，还没有专门的活动场地，代表小组与其他党政机构共用一间会议室。五是人大机关和代表的活动经费虽纳入同级财政预算，但经费总量偏少，且因代表数量较大，代表误工补贴对欠发达地区的地方财政也有较大压力。

二　乡镇人大的会议质量有待提高，工作效率偏低，代表履职活动有待落实

在调研中，课题组无法现场观摩乡镇人大开会，但是代表们普遍反映一天的人大全体会议会期过短，要审议的项目很多，且到开会时才见到资料，不利于在会场进行讨论。按组织法的要求，乡镇人大每年要开2次全体会议，年初的全体会议内容包括听取和审议政府工作报告和人大主席团的工作报告、听取乡镇财政预算执行情况报告和审议下一年度

的预算草案、听取人大代表建议办理情况报告、进行各种表决,若碰上换届选举,事项会更多。代表审议、分组讨论的代表团会议基本上省略了,全体代表在一起听听报告,举举手,会议就完了。

人大机关的工作效率因人力不足而偏低。乡镇人大机关最多配备4个职数,其中主席还要分管"中心工作",真正能专职做事的人是副主席和干事,而有的乡镇人大还没有配备专职副主席和干事。人大主席团不是常设机构,除召集会议和确定议程外,又没有其他工作权力。闭会期间代表的履职活动记录大多是这两年内才开始做的,课题组在翻阅资料时没有看到2017年以前的记录。近两年来,围绕"精准扶贫"工作,代表提出的建议和议案数量大量增加,但是质量有待提高。建议和议案的内容不再是蜻蜓点水,大部分关注基础设施建设、产业发展、小学教育、公共卫生、社会保障等方面的问题,但是大多关注个别问题的解决,缺乏宏观、整合视角。此外,代表联系选民的制度还有待规范。

三 代表培训不够,代表综合素质和能力还须提高

目前,大多数乡镇人大主席、街道人大工委主任存在着分管或负责本乡镇、街道的行政事务过多,没有足够的精力去抓好人大工作的现象。同时,虽然配备人大秘书,但他们中的大多数还是身兼数职,且岗位变动频繁、业务不精。众所周知,人大工作具有法定性、程序性较强的特点,如果具体办事人员不固定,缺乏专业知识,那么让乡镇人大真正做到常态化、规范化地行使宪法、法律赋予的权力会很困难。人大代表专职还是兼职也被认为与人大履职行为有密切关系。有的研究者认为,代表兼职会使得对其的履职缺乏有效的激励和监督机制,兼职代表履职不够积极,也难以有效地反映民意;[1] 同时,由于角色的冲突和监督机制

---

[1] 王利民:《关于南京市人大代表履职情况的调研报告》,《中共南京市委党校学报》2007年第3期。

不健全，兼职代表制下也可能出现人大代表所代表的公共利益与个人利益之间的冲突，兼职代表可能会利用人大代表身份牟取私利。① 在随州市的调研中，部分人大代表指出，乡镇人大缺乏专人负责、专人干事的机制保障，无法保障相关工作人员的工作时间与精力，这在一定程度上存在职责虚化问题。应当把乡镇人大工作和建设摆在突出位置，配备专职人员，强化乡镇人大主席团建设，提升人大代表的履职工作能力与水平。

同时，有部分人大主席因年龄偏大，有"船到码头车到站"的思想，认为自己这个主席是二线"闲差"，是虚职、空职，把"转岗"看成"下岗"，于是该管的不想管了，该问的不想问了。少部分年轻人大主席认为，只做人大工作不易得到提拔重用，觉得人大工作是"虚事"，政府工作才是实事，不承担重点工作就是不被重视，被边缘化了。部分乡镇人大主席对人民代表大会制度缺乏深刻认识，不自信，怕给党委、政府"添麻烦"，不敢作为；不敢对政府进行监督，主要原因是怕"得罪"政府领导人；没有认识到人大与政府的关系不是个人与个人的关系，而是监督与被监督的关系。

2018 年 7 月湖北省人大常委会组织了全省乡镇人大主席的培训，以帮助乡镇人大主席增强宪法意识，更好理解人大的法定地位和职权，提升业务能力（其间省人大还精心编写了《湖北省乡镇人大工作指南》），取得了很好的效果。在课题组的调研中，不少乡镇人大主席也反映高质量的培训对他们开展工作甚有帮助。但是，像这样全面系统的培训总体上还是比较少的，以往纵有培训也大多偏向单个法律、新政策的学习。据了解，近年来湖北省每次县乡人大换届后，新产生的代表多，他们迫切需要通过各类高级别的培训来适应人民代表的角色。然而在基层，县

---

① 龙太江、龚宏龄：《论人大代表的利益冲突》，《同济大学学报》（社会科学版）2010 年第 6 期。

级人大常委会要么没有精力和经费，要么没有专业能力来对代表进行持续的培训。

四 党委与人大的关系有待进一步理顺

如何理顺党委与人大的关系，是人大代表有效开展工作的前提。一般而言，人大作为人民的代表机关，应当在当地政权结构中享有较高的权威。而事实上，越到地方，政权机关之间的边界越不清晰，党委作为地方的领导者，掌握着实际的决策权，执行权则集中在政府手中，地方人大目前做得比较多的是在工作监督方面，即通过询问、视察、调研来监督政府职能部门的政策落实、问题解决情况。党委重视，人大的工作就好做，政府就配合得多。现在提倡人大"有为才能有威，有威才能有位"，其前提建立在党委对人大工作的重视上。如何有效发挥党委和人大的联动作用，在目前还需要再探索。在调研中，所有的基层人大代表一致认为，人大开展工作，争取同级党委的支持是重要的方面。在武汉市某区的调研中，该区人大代表也明确指出，基层人大的实际工作很多不是刚性的，导致工作贯彻推进不够有力，这其中除了法律模糊的原因之外，本级党委的不够重视也是主要原因。

五 代表活动经费不足，且缺乏专款专用制度

代表活动经费没有从制度上规范，乡镇人大工作经费基本上"实报实销"，必需的文印费用、购置办公设备费用以及组织代表活动费用等无固定来源，更谈不上列入本级财政预算。部分乡镇人大增添办公设备、开展代表活动的经费都是靠人大主席临时找党委书记、乡镇长极力争取来的。乡镇人大只有履行职责、主动作为才能够引起党委的重视，提高自身地位，也就是俗称的"有为才有位"。没有足够的经费，各类会议、活动的质量，参加的人员数量自然就得不到保障，想形成较大影响也是

无从谈起，这就形成了乡镇人大"无为即无位"的恶性循环。潜江市龙湾镇等部分乡镇，乡镇人大年度工作经费为3万元，而日常的工作开支，如会议成本、调研成本等项目多，3万元的经费难以支撑起乡镇人大的任务安排。同时，乡镇人大的经费与政府的经费相捆绑，缺乏专款专用的财政体制，导致政府与人大之间的财政存在张力，而且容易导致政府对人大活动经费的挤压。

六　代表履职热情不足，缺乏硬性和软性约束

乡镇人大履行法定职责开好人代会、主席团会议非常重要，同样地，基层人大代表是乡镇人民代表大会的基础和细胞，是人民群众的"麦克风"，代表的履职，关系到基层人大制度的运行功效。代表履职是否到位，取决于代表履职的意愿、能力和环境。人大代表的履职积极性也受到部分学者的关注，黄冬娅和陈川慜通过全国县级人大代表抽样数据，分析发现选举激励对县级人大代表履职积极性有重要影响，政治身份有混合影响，人大代表积极提出建议议案和投票行为的动力机制存在相当差异。[①] 目前，对于县乡两级人大代表缺乏规范化的管理奖惩机制，难以激发他们的履职热情，代表身份对于小部分人来说形同虚设，人大代表参加活动不积极、履职能力不高的现象较为普遍。通过走访调研发现，对比村干部换届前后，乡镇人大代表一旦不再担任基层干部，其代表意识与责任意识就较大程度上降低，这一方面折射出现有的乡镇人大制度建设中，缺乏硬性的制度约束，另一方面也反映出部分人大代表的素质和意识有待提高。在天门市的调研座谈中，人大常委会主任坦言，目前的代表工作中，存在认识模糊化、指导抽象化、工作浅层化和效果一般化问题。指导抽象化体现在能力有限不会指导，难出政绩不愿指导；工作浅层化体现在只是简单地开会、传达精神、发文；效果一般化则是

[①] 黄冬娅、陈川慜：《县级人大代表履职：谁更积极？》，《社会学研究》2015年第4期。

"说起来有，查起来无"。随州市的某人大领导干部也指出，当下地区的代表参与积极性和热情不高，人大常委会应该把代表组织好，让代表们参与好；另外，人大代表主动性不足；代表们应当真正发动群众，发动群众搞乡村振兴，需要寻求和激发乡村振兴的内生动力。

七 代表履职活动的评价工作责任主体缺位，考核机制不健全

在我国，人大代表是人民代表大会的主体，集体行使职权。《中华人民共和国全国人民代表大会和地方各级人民代表大会选举法》规定：县乡人大代表由选民直接选举产生，受选民监督；间接选举的代表接受原选举单位的监督。也就是说对代表进行评价，只有原选区选民或者原选举单位有监督权。而选区选民更多的是广大人民群众，是比较松散的个人，选举委员会属于临时机构，选举完成就自动解散。人民代表大会会期有限，难以在短短的会期中对代表开展履职评价；人大常委会作为人民代表大会的常设机构，监督管理代表的法定职权比较宽泛，依法对代表履职进行评价也还没有形成规范化、制度化、常态化机制。而不设常设机构的乡镇人大要开展代表履职评价工作更是难乎其难，实际履职依靠人大代表的自觉。评价工作责任主体的缺位，成为代表履职评价体系中的突出问题。在课题组对鄂州市的走访调研中，某人大代表直言，在精准扶贫和湖北省"聚五"行动中，人大的五级代表也有点变形，其实还是镇人大代表在行动。这其中深层次的问题是人大代表考核机制不健全。适时革新代表履职活动评价考核机制是当下激发人大工作活力的重要保障。

第五节 湖北省基层人大组织建设的完善之策

人大代表履职状况，直接关系国家权力机关的整体效能和党的执政

水平，关系人民的意愿能否得到及时的表达，关系人民管理国家的权力能否得到行使。必须强化人大代表的履职意识，从根本上提高代表履职的参与度，最大限度地发挥代表作用。基层人大作为最贴近人民和代表人民利益的机关，在地方经济、社会发展中起着重要作用，而基层人大的组织建设又是其充分履行法定职责的基础。特别是在乡村振兴战略实施中，需要围绕基层人大组织建设去优化地方权力结构，创新制度设计和治理方式，以使该战略能够真正落地生根。要聚焦于基层人大组织的建设，尤其是乡镇人大制度方面的建设。就实操经验而言，在推进乡镇人大制度化、规范化层面，陈长雄指出要使乡镇人大工作跟上民主法治建设的步伐，就应构筑代表选举和学习教育等"四大机制"。[①] 尹福泉结合浙江省金华市所辖的9个县（市、区）的112个乡镇在规范化建设方面取得的实际成效，提出今后乡镇人大规范化建设应注重以探索有效形式强化依法行权等三个关键层面。[②] 李红星通过对阳信县下属的10个乡镇（街道）的考察和现场观摩"两室一站"[③]规范化建设情况，提出乡镇基层人大存在"看图说话""点评晒分"等若干创新性转变。[④] 杜艳洁基于郑州市金水区人大常委会多年探索创新的实践，提出了便捷高效推动基层人大工作和建设的新途径，其具体表现为构建智能化信息网络服务体系和构建专职化基层人大工作体系等4个方面。[⑤] 值得注意的是，这些相关研究的建议较为宏观，对于具体措施的细节性设计还存在一定程度的欠缺。

在课题组对湖北省人大的调研中，多数人大代表认为可以学习浙江的做法，学习浙江的经验。在参考浙江人大的建设工作经验的基础上，

[①] 陈长雄：《构筑"四大机制"推进乡镇人大工作》，《人民代表报》2013年5月18日。
[②] 尹福泉：《规范乡镇人大建设应把握三个关键》，《人民代表报》2013年8月7日。
[③] 即人大办公室、人大代表小组活动室、人大代表接待站。
[④] 李红星：《基层人大"检阅记"——阳信县人大常委会开展人大规范化建设现场观摩见闻》，《山东人大工作》2017年第8期。
[⑤] 杜艳洁：《高效推动基层人大工作和建设的新途径》，《中国人大》2018年第22期。

结合我国的制度特征和政治现代化的客观规律，充分考虑湖北省的实际特点，本研究拟提出如下建议。

一　建设政治机关

各级人大首先是政治机关，要坚定不移加强党的全面领导，坚持不懈推进政治建设。新时期全面依法治国的推进、乡村振兴战略的实施，为地方人大尤其是乡镇人大的成长与创新带来了空间。但是，作为国家意志执行保证的地方各级人大，其组织建设程度和履行职责的具体方式，取决于地方人大同级党委的领导方式与领导程度。湖北省某人大代表认为，地方人大的实际工作效果，一方面取决于同级党委，这也是关键所在，但另一方面也取决于人大自身的能力。摆正人大在推进乡村振兴战略实施工作中的位置，认真处理好人大工作与党的总揽全局的关系，既要增强政治意识，又要正确理解人大性质和工作定位，服务好大局，这是人大及其内部各个机构所面临的重要问题。

（1）健全党委领导乡镇人大工作的制度。坚持党的领导，是人大制度的内在要求，也是做好乡镇人大工作的根本保证。在权力分配层面，需要基层党委在加强对同级人大在宏观领域领导的同时，在微观领域更多地向其放权。健全党委领导乡镇人大工作制度，需要把乡镇人大工作纳入党委工作总体布局，普遍推行党委主要负责同志联系人大、党委会议定期研究人大工作、人大党组向同级党委请示报告等工作机制。

在调研中，课题组了解到，在乡镇人大工作成绩比较突出的地区，党委普遍对人大的工作很重视，也会主动推动基层人大的建设。同时，基层人大对于提升当地治理水平，维护社会稳定方面发挥了重要作用。不少乡镇人大建设水平比较高的地区，实现了零上访。在党委支持人大开展工作的基础上，乡镇人大也应提高政治站位，积极配合中心工作。

荆门市部分乡镇代表认为，乡村振兴战略是一个国家的战略，要坚持党的领导；人大应该全方位服务于这一战略目标，以人民为中心，重点发挥三个方面的作用：宣传引导、引领示范和桥梁纽带。

（2）推广党领导代表小组的先进经验。在代表活动小组中建立临时党支部，这是湖北省京山市等地人大为发挥党支部堡垒作用和党员先锋模范作用而作出的积极探索。实践中该做法取得了很好的效果，发挥了党员代表在行动中的引领、凝聚和表率作用，有助于提高代表活动小组的代表履职能力和服务群众能力，从而把党的领导贯穿于"代表行动"活动始终。其他乡镇人大可以借鉴这一先进经验，并在组织制度建设完成之后，注重通过组织常态化的代表活动，发挥活动小组临时党支部的作用。

二　建设工作机关

要积极建设管理规范、运行有序、保障到位的乡镇人大。

（1）完善机构，配齐班子，实现乡镇人大主席团成员的专职化、专业化、年轻化。专职化指乡镇人大主席和副主席的专职化，目前湖北省乡镇人大主席已全部专职化，但专职副主席应至少配备一名，有条件的地区还可以根据工作需要配备办公室主任。专业化包括机构和人员的专业化。专门委员会需要突出专业性，配备具有专业知识背景和相关经验的代表。在当前大部分乡镇专业化人才缺乏的现实下，需要利用全国人大和省市级人大的智力优势，加强对地方人大专业人才的培训，示范工作流程。在笔者对省人大的调研中，某人大代表提出，要加强人大的队伍建设，在闭会期间可以进行分地区编组，比如编制15人左右的小组，推动小组制度建设，以组织建设提高工作实效。

另外，还要优化乡镇人大任职人员以及乡镇人大代表的年龄结构。人大主席应着重考虑选拔年龄在45岁以下的干部。地方党委配备干部时，要摈弃把到人大机关任职当作临退休干部提高职务级别的途径的做法，而要把人大当作培养年轻干部的有力阵地。在这方面可借鉴南京市的做法，即建立合理的职务晋升机制，选拔年轻的后备干部担任乡镇人大主席，在其全面了解当地政务之后，可选任其成为当地政府、党委"一把手"。在人大的工作经验可以帮助后备干部全盘了解当地政情，增强其依法行政的意识，并进一步保证人大在当地治理中的地位。此外，在笔者的调研中，也有部分乡镇人大代表指出，目前基层人大代表队伍年龄结构不合理，缺少年轻化代表，应当合理优化人大代表的年龄结构，发挥"老带新"的效应，激发年轻干部的活力，从而为人大工作提供强有力的人才保证。

（2）逐步加强人员编制、财政保障。上述"三化"组织建设，是使人大作为代表机关、工作机关、权力机关充分行使职权的保障，其重要性不言而喻。它同时对人员编制、财政预算带来了压力，需要地方党委调整编制构成，增加乡镇人大活动经费预算，有财政压力的地方，可考虑申请上级财政补贴。

在工作机关建设层面，京山市提供了较好的示范案例，在乡镇人大组织建设方面，全部实现了主席专配，6个4万人以上的乡镇，专门配备了副主席。人大开展工作的经费得到了保障，每名市人大代表互动经费从1200元涨到了1500元，镇人大代表则从800元涨到了1000元；人大代表误工补贴纳入财政预算，每个代表小组每年800元。人大主席团每季度召开一次会议，商讨谋划下一阶段的工作和活动。

（3）延长会期并提高乡镇人大会议质量。基层人大会期过短，会使分组讨论没有时间进行，建议在各项汇报结束后至少留出一天时间进行小组讨论、全体合议，之后再表决。会议召开之前，乡镇人大主席团要认真做好会议的各项准备工作。可考虑将会议内容至少提前三天让代表知晓，以便代表就审议内容和群众进行沟通并征求意见。另外可以考虑开展专题审议会等。

（4）建立全省统一的人大代表履职档案管理系统。湖北省人大应考虑根据各地人大的实际工作情况，为代表意见和建议的收集和办理、走访记录、代表评议记录、参会记录、测评考核等各项代表工作制定标准，指导和规范乡镇人大的工作，逐步加快人大代表履职档案管理的电子化建设。在代表履职平台建设方面，调研中不少人大代表认为可以借鉴学习浙江省的平台建设经验，积极推动代表履职平台建设。

三　建设代表机关

作为民意代表机关的地方人大，应该代表当地选民在法治框架下独立地行使职权。在宪法和代表法中也明确规定了中国地方各级人大的这一性质。宪法明确规定，人民行使国家权力的机关是全国和地方各级人大。代表法也规定，各级人大代表要代表人民的利益和意志，依照宪法和法律赋予本级人大的各项职权，参与行使国家权力。代表应当自觉与所在区域或单位的民众保持密切联系，听取和反映他们的意见和诉求。在笔者对咸宁市的调研中，部分代表认为，要建设好代表机关，充分发挥代表作用，建设让农村百姓"看得见，摸得着"、在当地乡村振兴中能够"用得上，出上力"的乡镇人大。体现在代表工作方面，代表换届就是要充分考虑和把握代表性。

（1）高标准建立"代表之家"。"代表之家"建设要高标准、规范化、有庄严感。根据不同条件，落实"八有""十有"标准，明确"代表之家"的职责、制度和计划，规范受理、落实、跟踪、反馈的工作步骤，统一"三簿二册一档"，增强代表活动的计划性，还要落实经费保障和人大代表的履职管理。县区人大对此要加强管理和指导，乡镇人大做好组织落实。课题组在部分市县调研中发现，大多数地区的人大代表认为，在精准扶贫这一理念的引导下，人大及其代表的工作也应精准化。

具体于代表之家，各地应围绕"建设标准化、管理精细化"等要求，力推代表之家建设。例如，武汉市新洲区某人大代表认为，可以以各辖区内选区的分布为依据，参考地区内代表的数量和选区的规模，在1~3个选区内设立1个代表之家，确保每个选区每个代表都有对应的履职场所。

（2）把代表之家建在百姓身边，建在田间地头。代表之家是人大代表开展工作和活动的重要载体，也是代表与群众面对面联系的规范性场所。代表之家的设置要覆盖选民群众，要建在让百姓看得见、摸得着的地方。将代表之家建在田间地头，让代表之家成为人民向代表反映心声、代表向人民宣传民主法律知识和政府政策、人大收集民意的重要平台。在笔者对武汉市汉南区的调研中，人大代表普遍认为，基层应加强代表之家建设，从政策法规上赋予代表之家合法性地位，促进日常代表活动的制度化、规范化和常态化，让群众通过这一合法平台向接待群众的人大代表说出自己的诉求和主张，再通过人大代表向有关部门反映并协调，从而激活代表之家这一联系纽带，让代表之家成为代表和选民之间的"连心桥"。

（3）重视并规范代表联系选民制度。乡镇人大主席团要把代表联系选民工作列入重要日程，结合乡镇人大实际，制定代表联系选民制度、代表向选民述职制度。地方人大代表可利用微信、QQ等新型社交平台，及时了解民情民意。同时，大多数代表也反映，乡村振兴中要发挥好人大代表的作用，重点是要发挥人大代表联系群众的桥梁纽带作用，包括接待选民、视察调研、察实情和听实话等方面。很多乡镇人大代表认为，代表之家应当以更规范严谨、更灵活有效的方式开展活动，一方面，应合理确定每名代表在所在选区接待选民的次数，如每年不少于2次，并通过提出建议、审议发言、专题报告等多种形式，反映选民诉求；另一方面，可以配合办公、接待和宣传等工作，充分利用信息化手段来公开代表工作信息，依托代表之家信息化建设，拓展代表联系群众的方式，创新代表履职方法，从而为群众提供更加精准便利的服务。

四 建设权力机关

加强县乡人大工作和建设，要充分发挥基层国家权力机关和人大代表作用，加强基层国家政权建设。人大是我国的权力机关，强化乡镇人大的权力机关建设对发挥乡镇人大在乡村治理和乡村振兴战略中的作用具有建设性意义。

（1）重点是行使重大事项决定权。如何激活、实现重大事项决定权，是新时期人大制度改革的关键。作为国家权力机关的人大，如果忽视重大事项决定权的行使，其本身所具有的权力机关的地位和性质将无法得到充分体现。乡村振兴中的产业规划和建设规划等战略性规划事关本区域内乡村建设的整体方向和进程，乡镇人大在参与乡村振兴战略实施的过程中，应善用重大事项决定权，充分发挥其效用。乡镇人大除了强化自身对规划、预算等重要事项的监督，还可以通过实行民生实事项目人大代表票决制，做到反映民意，以人为本。在省乡镇人大主席培训班期间的座谈会上，部分乡镇的人大主席也指出，人大应当行使重大事项决定权，尤其是要用好乡镇规划工作上的决定权，具体包括产业规划、生态宜居和民生工程等方面。人大重大事项决定权的激活需要完善现有的人大制度设计，一方面，应细化可以由人大行使决定权的重大事项，设置明确的判断标准；另一方面，人大代表应以高度的政治自觉和权力意识，主动唤醒重大事项决定权的效力与权威。

（2）强化监督权。前面的调研发现反映出监督权是乡镇人大参与乡村治理和助推乡村振兴战略实施的一大利器，在工作中乡镇人大要强化监督作用，重视对生态环境、产业工程、政府部门工作职责等方面的调研和视察。丹江口市某人大代表提出，人大开展工作，规划、调研和监督密不可分；人大开展工作，规划走在前头，要先有规划，有市场预测，然后再进行监督或督办,这样既支持了政府又监督了政府,这是辩证统一的关系。此外,乡镇人大工作评议作为一种重要的监督形式,应纳入人大监督工作的实践中。乡镇人大要做好前期调研,加强与政府部门的沟通,通过传统媒体与新媒体公开工作评议实施情况,增强人大监督的透明度,提升乡镇人大的信任度。在省乡镇人大主席培训班期间的座谈会上,有人大主席明确提出,规划的决定权是重要的工作,在此基础上还要做好监督工作,督促政府落实具体的规划内容,其中尤其要避免因当地领导人的变动而使规划产生随意变化。同样,神农架林区的某人大代表提出,新时期人大在乡村振兴战略中大有可为,基层人大要强化监督,一是加大对乡村振兴战略实施过程中的重大项目、重大投资的监督;二是要加强预算监督;三是对政府在乡村振兴实施过程中的年度支出进行质询,加强执法监督、工作监督等。

第六节 结语

党的十九大报告明确指出:"中国特色社会主义进入新时代,我国社会主要矛盾已经转化为人民日益增长的美好生活需要和不平衡不充分的发展之间的矛盾","要抓住人民最关心最直接最现实的利益问题"。[①] 基层人大及其代表直接面向群众,这就决定了在未来坚持和加强党的全面领导的大背景下,中国基层民主政治的发展必须以坚持党的领导、人民当家作主、依法治国有机统一为原则,以巩固基层政权为前提,来完善基层民主制度,保障人民知情权、参与权、表达权、监督权。

党的十九届四中全会发布的《中共中央关于坚持和完善中国特色社会主义制度 推进国家治理体系和治理能力现代化若干重大问题的决

---

① 习近平:《决胜全面建成小康社会 夺取新时代中国特色社会主义伟大胜利——在中国共产党第十九次全国代表大会上的报告》,人民出版社,2017,第11、45页。

定》指出:"坚持和完善人民代表大会制度这一根本政治制度。人民行使国家权力的机关是全国人民代表大会和地方各级人民代表大会。"[①] 决定更加强调人民代表大会制度框架下的微观制度建设,充分支持人民代表大会的政治权力,着力健全完善完整性的工作机制,如人大监督、代表联络、人大组织、人大选举和议事规则等制度和机制,旨在完善人大建设和发展的制度机理,从而进一步加强地方人大及其常委会建设。乡村振兴战略的实施,需要基层治理体系和治理机制的现代化,人民代表大会制度的完善是其中重要的组成部分。一切治理活动的核心要素,无外乎资源分配,乡村振兴不仅要动员资源,而且也要对乡村发展的各种要素进行重新分配,朝"农业强、农村美、农民富"的理念价值去分配。县乡人大是地方最为重要的公共利益整合平台,决定着分配的正义性,承载着基层民主政治发展的重任,关系着乡村振兴战略的稳步实施。县乡人大组织和制度、机制等方面的完善,正是人大在实施乡村振兴战略中发挥作用的重要保障。

乡村振兴战略为地方人大尤其是乡镇人大发挥作用创设了前所未有的空间,人民代表大会的制度建设应跟上,从而将新时代人民代表大会制度的独特优势发挥出来,将制度优势更好转化为治理效能。但在顶层设计和现实操作中,对人民代表大会制度的改革和完善不能操之过急,要根据时代发展的要求和现实基层的诉求逐步完善。一方面,在实践中要给予人大制度足够的发展空间和试错机会,在渐进式的改革中逐步完善;另一方面,要真正激活人民代表大会各项制度,切实释放人民代表大会制度的制度效能。

[①] 《中共中央关于坚持和完善中国特色社会主义制度 推进国家治理体系和治理能力现代化若干重大问题的决定》,《人民日报》2019年11月6日。

第三章

用足地方立法权，推进乡村振兴战略实施

第一节　地方立法权概说

一　地方立法权的含义

在我国，地方立法权"是指有关地方国家权力机关依据宪法、法律的规定或者授权，依照一定程序制定、修改或废止地方性法规的职权"。[①] 根据《中华人民共和国宪法》及《中华人民共和国立法法》等相关法律的规定，目前我国各省、自治区、直辖市和所有设区市的人民代表大会及其常务委员会根据本行政区域的具体情况和实际需要，在不同宪法、法律、行政法规相抵触的前提下，可以制定地方性法规。其中，设区市的人民代表大会及其常务委员会在立法内容上有一定限制，且其所制定的地方性法规须报省、自治区的人民代表大会常务委员会审批，

[①] 浦兴祖：《当代中国政治制度》，复旦大学出版社，1999，第51页。

批准后才能施行。如果"省、自治区的人民代表大会常务委员会在对报请批准的设区的市的地方性法规进行审查时,发现其同本省、自治区的人民政府的规章相抵触的,应当作出处理决定。"①

作为我国民族区域自治制度的重要内容之一,民族自治地方(自治区、自治州、自治县)的人民代表大会有权制定自治条例和单行条例。单行条例、自治条例都可以依照当地民族的政治、经济和文化的特点,对法律和行政法规作出变通规定,但均要报上级人大批准后才能生效。上述两种地方人大立法权,两者的区别是前者仅针对某一方面的具体问题,而后者涉及本地区实行的区域自治的基本组织原则、机构设置、自治机关的职权、工作制度及其他重大问题。

二 地方立法权的演变

我国地方立法的萌芽早在1949年9月通过的《中国人民政治协商会议共同纲领》中就已产生,当时该纲领规定全国六大行政区享有拟定与地方政务有关的暂行法令条例的权力。②之后随着1954年《宪法》的诞生,行政区的地方立法权被取消。不过,由于"五四宪法"规定少数民族自治地方享有自治权,包括制定自治条例和单行条例的权力,加之少数民族聚居区域又具有特殊性,因此民族自治地方的立法权仍得到了保留。

1979年,《中华人民共和国地方各级人民代表大会和地方各级人民政府组织法》出台,规定省级人大及其常委会可以行使地方性法规制定权,这标志着我国第一次以法律的形式赋予了地方立法权。1986年修改后的地方组织法又规定,省会城市和较大市的人大及其常委会有权制定地方性法规,报省级人大常委会批准后施行。之后的1992年、1994年、

---

① 《中华人民共和国立法法》,中国人大网,http://www.npc.gov.cn/zgrdw/npc/dbdhhy/12_3/2015-03/18/content_1930713.htm,最后访问日期:2021年4月8日。
② 肖巧平:《地方人大与其常委会立法权限划分研究》,法律出版社,2015,第55页。

1996年，国家分别授予深圳、厦门、珠海三市以地方立法权，并在2000年制定的立法法中把经济特区所在地的市的人大及其常委会纳入可行使地方立法权的主体行列中来。而2015年修正的立法法则把地方立法权扩容至所有设区的市。同时，四个不设区的地级市，即广东省东莞市和中山市、甘肃省嘉峪关市、海南省三沙市，比照适用赋予设区市的地方立法权的有关规定。至此，我国具有地方立法权的市的数量进一步增加。随着所有设区市都获得立法权，省、自治区人民政府所在地的市、经济特区所在地的市和国务院已经批准的较大的市不再享有地方立法上的"特殊地位"，而且它们的立法范围事实上也被缩减了，尽管它们先前已经制定的地方性法规仍继续有效。

同时，为了避免地方重复立法，修改后的立法法也对地方立法进行了必要的界定和限制。在立法内容上，"设区的市的人民代表大会及其常务委员会根据本市的具体情况和实际需要，在不同宪法、法律、行政法规和本省、自治区的地方性法规相抵触的前提下，可以对城乡建设与管理、环境保护、历史文化保护等方面的事项制定地方性法规"。[①] 由于大部分设区市都是新获得立法权的，而它们之前又没有立法经验，因此为了审慎地推进地方立法权的扩容工作，确保地方立法的科学性，立法法规定由各省级立法机关制定放开各市地方立法权的具体步骤和时间。各省、自治区、直辖市的人民代表大会常务委员会可综合考虑本省、自治区、直辖市所辖的设区的市的人口数量、地域面积、经济社会发展情况以及立法需求、立法能力等因素来确定地方立法工作实施方案，并报全国人大常委会和国务院备案。

当然，要让拥有立法权的地方人大建立起与此权相称的实际立法能力，也不是一蹴而就的事。因为面临着诸多限制，所以长期以来地方人

[①] 《中华人民共和国立法法》，中国人大网，http://www.npc.gov.cn/zgrdw/npc/dbdhhy/12_3/2015-03/18/content_1930713.htm，最后访问日期：2021年4月8日。

大在立法上的主动性都不太强。仅以法案的起草为例,"立法实践中,由提案主体起草草案的做法已成为一项惯例,而由于当前地方立法提案主体基本上限于同级政府,于是由政府作为起草主体的做法成为固定的、甚至唯一的起草方式,政府起草实际上却往往是政府主管部门起草"。[①] 部门起草机制的存在使地方立法有着较为强烈的行政化色彩。不过,这种惯常的模式正在发生改变。尽管改变是缓慢的,但却是确定无疑的。自20世纪80年代以来,地方各级人大及其常委会的权威逐渐增加,越来越多的研究表明了人大(特别是地方人大)活动的活跃化及其政治地位的提高,显示着人大从"橡皮图章"变成"钢铁图章"。[②] 特别是在党的十八届四中全会提出要"健全有立法权的人大主导立法工作的体制机制"[③] 后,全国的政法学者和人大工作者就如何发挥人大在立法中的主导作用提出了许多有价值的观点,一些发达地区的人大在立法起草等方面的主动性也大大加强。不仅如此,自改革开放以来,我国部分地方立法机关还在国家尚未立法的领域中,进行了立法创制,如山西省《水资源管理条例》《煤炭开发管理条例》,这些都为国家立法探索积累了丰富经验。[④] 在当前中国特色社会主义进入新时代的背景下,地方人大更应聚焦党的中心工作和某些重点领域开展高质量立法,例如,无论是精准扶贫还是乡村振兴,都离不开地方立法的不懈探索和创新。

三 地方立法中的民意参与

根据我国《宪法》及我国根本政治制度亦即人民代表大会制度的内

---

① 肖子策:《论地方立法起草方式改革》,《法学》2005年第1期。
② 〔日〕加茂具树:《人民代表大会:角色与功能的变迁》,载陈明明、何俊志主编《中国民主的制度结构——复旦政治学评论》(第6辑),上海人民出版社,2008,第81~82页。
③ 《中国共产党第十八届中央委员会第四次全体会议公报》,中共中央党校(国家行政学院),https://www.ccps.gov.cn/xytt/201812/t20181212_123251_1.shtml,最后访问日期:2021年4月21日。
④ 蔡定剑、王晨光:《人民代表大会二十年发展与改革》,中国检察出版社,2001,第79页。

在要求,我国各级人民代表大会的代表都由人民直接或间接选出,而各级人大及其常委会则代表人民行使法定的各项职权,包括立法权。拥有立法权的全国人大及其常委会,以及省、自治区、直辖市和设区市的人大及其常委会,在行使立法权时无法保证全体公民都有机会参与到立法当中,所以绝大部分公众只能通过间接参与的方式影响立法。但是,听取、反映民意是人大立法体现民主性质的重要基础。因此,各级人大尤其是地方人大必须在立法创制前做好一系列立法准备工作,充分吸收各方面意见,而这不仅是对代议制固有缺陷的弥补,也是立法科学化,特别是地方立法精确化必不可少的环节。相比于对全国层面的重大事项如国家财政和金融政策等的熟悉程度,绝大多数公民显然都对本地的民生事务更为熟悉,因此也更容易就这类事务发声。正如有学者指出的:"地方政治相对的即时性、可接近性和可理解性能够给很多公民提供更强的能力感和效能感。"①

"完善立法的准备程序,当务之急是需要建立制度化的利益表达和凝聚机制。"② 宽泛地看,现阶段我国地方人大的立法准备工作主要涉及立法计划、立法调研、意见征集等多个方面。立法计划是地方立法机构根据当地的实际情况,通过预测和决策制定形成年度立法规划和立法立项的工作。2015 年新修改的立法法,已将编制立法规划和年度立法计划纳入人大法定工作的范围,因此地方人大常委会应当根据新的要求,及时编制本届任期内的立法规划,并按照立法规划编制年度立法计划。对于地方来说,立法计划直接影响着当年立法的主要任务和基本方向,需要慎重对待,有条件时可以尝试公开征求立法建议。同时,无论哪种形式的地方立法,结合地方特色都是必备因素,所以做好充分的立法调研

---

① 〔美〕罗伯特·A. 达尔、爱德华·R. 塔夫特:《规模与民主》,唐皇凤、刘晔译,上海人民出版社,2013,第56页。
② 杨维立:《地方立法准备阶段民意参与机制之思考》,《人大研究》2011年第4期。

是地方性法规形成本地特色的重要立法准备工作。只有通过对已立项法规所涉及的各种地方性事务进行深入调研、考察，才能使立法者紧密结合当地实际问题开展立法，避免盲目性立法和重复性立法。地方立法调研从调研的方法来说，广义上包括了座谈会、听证会、公开征求意见、旁听、列席、参观交流、问卷调查研究、个别走访等方法，但我国对立法调研与座谈会、听证会、公开征求意见的关系的规定较为模糊。[1] 这样一来，立法调研和意见征集或有相互交集之处。而意见征集工作则伴随着立法过程的始终，其方式包括与立法相关的座谈会、论证会、听证会、研讨会、评估会、建立立法联系点和在网络媒体上公开意见征集公告等多种方式。

通过采用各种各样的意见征集方式，广大民众在行使投票权利之外又拥有了在立法过程中参与协商的权利，于是票决民主和协商民主得到了很好的结合，进而有力地促进了社会主义民主政治的发展。21世纪以来，协商民主的重要性已得到了国家领导人和普通百姓的普遍认同。习近平总书记还曾专门指出过："社会主义协商民主，是中国社会主义民主政治的特有形式和独特优势，是中国共产党的群众路线在政治领域的重要体现。"[2] 要发挥好这一特有形式的独特优势，就不能只是在形式上和口头上宣扬协商民主，而必须切实把它贯穿到国家政治生活的方方面面，这其中当然也包括地方人大的立法工作。各地人大及其常委会应把重要法规草案纳入协商的范围，"在法规草案公开征求意见的基础上，对草案内容中分歧较大、争议比较集中的重要条款，要通过协商充分表达各种利益诉求，寻求调整平衡各种利益关系的解决方案"。[3]

---

[1] 饶世权：《论公众参与视野中的地方立法调研》，《西北大学学报》（哲学社会科学版）2011年第6期。
[2] 中共中央文献研究室编《习近平关于社会主义政治建设论述摘编》，中央文献出版社，2017，第63页。
[3] 浙江省人大常委会机关课题组：《协商民主及其在人大工作中的应用》，《人大研究》2009年第12期。

第二节　地方立法权在乡村振兴中的作用

根据党的十九大报告中对推进农业农村现代化的构想，"产业兴旺、生态宜居、乡风文明、治理有效、生活富裕"是今后一个时期我国实施乡村振兴战略的总要求。要达到这 20 字的总要求，就必须不断推进农村改革，而改革应由行之有效的法律法规来引领。因此，如何及时和有效地把乡村振兴政策法定化，已经成为推动乡村振兴、协调城乡发展的一项迫在眉睫而又势在必行的任务。在这方面，地方人大应充分发挥作用，特别是要通过对立法权的主动而审慎的行使，加强地方立法在乡村振兴中的保障作用。正如宜昌市人大常委会的一名领导同志在与课题组的座谈中谈到的："地方人大应正确地运用好立法职能。目前乡村振兴工作正如火如荼，应把它纳入法治化轨道，保证乡村在法治轨道上运行。省级层面要考虑法规，地方上也要考虑立法，特别是城建、生态、文化方面，另外要发挥有立法权的自治县（的作用），使乡村实现有序、有特色、有效地振兴。"

一　地方立法在乡村振兴中的法治保障作用

乡村振兴战略，是党的十九大作出的重大决策部署，它为全党和全国各族人民指明了未来解决"三农"问题的新道路。如果说在乡村振兴战略的实施过程中，全国性的立法主要体现着对它的引导作用的话，那么地方立法则主要发挥对它的保障作用，具体表现在两个方面。

（一）对全国人大所通过的法律的细化和补充性立法

乡村振兴战略提出后，为配合这一战略的实施，2018 年 7 月全国人大常委会牵头启动了乡村振兴促进法的相关立法程序。这部即将出台的《乡村振兴促进法》会为全国践行该战略提供方向和蓝图，但由于我国幅员辽阔、人口众多，不同地方的资源和地理条件各异，在农业农村发展上面临的问题各异，推进乡村振兴的措施也将千差万别，因而全国人大不可能用一部统一的法律去应对和解决各地复杂且多样的问题。在这种情况下，地方人大应积极妥善行使立法权，通过制定合理的地方性法规，为本地不同行政级别的区域执行国家有关法律作出具体规定，或者依据地方实际对国家有关法律作出补充规定，以便更好地促进乡村振兴战略的精准实施和"三农"问题的实际解决。为充分发挥立法在乡村振兴中的法治保障作用，省级人大和市级人大应注意把握好各自的角色定位。一般来说，"省级立法对乡村振兴起承上启下的作用，市级立法主要解决涉及乡村振兴战略中的地方特殊性问题，在中央立法内容的框架内，突出地方立法在乡村振兴中的作用。通过省级立法将中央立法细化，通过市级立法将地方亟待解决的问题予以规范，凸显乡村振兴地方立法的精准性与有效性"。[①] 总之，地方人大立法的细化和补充作用是必要的，通过结合地方特色，它可以制定出更加具体、也更有可操作性的补充性地方法规。但是，这种细化和补充作用也是有限的，因为地方人大必须在不与宪法、法律、行政法规相抵触的前提下，在规定的领域按照法定的流程进行立法工作。

（二）对全国人大未立法事项的创制性立法

对于全国人大的立法没有涉及或没有明确提到的地方事项和领域，各地人大可以根据当地的具体情况和实际需要开展创制性立法，解决地方遇到的实际问题，以弥补全国人大有关乡村振兴的法律在某些内容上的缺失，反映地方乡村振兴中遇到的真正需求。所谓创制性立法，一般指有立法权的地方国家机关对国家法律、法规尚未作出规定的事项进行立法，以规范某种社会关系，它需要满足两个先决条件：一是国家尚未

[①] 钟继军、田屹：《加强地方立法　促进乡村振兴》，《民主与法制》2018年第33期。

立法，二是本地经济社会发展需要且条件成熟。"创制性立法针对迫切需要进行行政管理的地方性事务，强调先行性、独立性，是地方法律体系中的重要补充，并能够使本行政区域的经济与社会特色在地方立法中得以及时反馈。"① 事实上，我国一些发达地区的人大很早就已开始创制性立法，且新修订的立法法也对地方人大在结合本地实际开展创制性立法上作出的探索给予了支持和肯定。不过，地方人大在选择立法创制的具体项目时，还是要坚持有所立和有所不立的原则，即"符合地方立法权限且有创制性内容的就立，超越地方立法权限或者虽然有上位法但地方没有立法必要的不立；急需的就立，不急需的缓立或不立；条件成熟的就立，条件暂不成熟的不立"。② 总而言之，地方人大及其常委会行使立法权所创制的地方性法规应在法定权限内符合创新、必要、可行的条件，以科学立法为乡村振兴提供法律保障。当然，不同层级人大的立法权限有差别。省、自治区、直辖市的人民代表大会及其常务委员会拥有更广泛的立法范围，如全国人大未专门立法，则举凡其行政区域的教育、治安、经济发展、自然资源利用、医疗卫生等事项，省级人大都可以立法；而设区市人大的立法创制范围仅限城乡建设与管理、环境保护、历史文化保护等几个方面。尽管如此，乡村振兴所迫切需要的大多数制度供给仍主要来自市级立法，因此设区市人大的创制性立法对全国各地贯彻乡村振兴战略的行动计划和实施方案将起着具体的规范作用。

二 新扩容市人大的立法对乡村振兴的具体规范作用

如前所述，在立法法修订之后，我国享有立法权的市已由原来的49个较大市扩容至所有设区的市。"截至2017年12月，我国享有设区的市

---

① 谢家银、曹平、罗华权：《我国地方政府立法创新若干问题研究》，《社会科学家》2016年第5期。
② 张锦莉：《浅谈乡村振兴地方立法的相关问题》，《人大建设》2018年第10期。

地方立法权的市、州共323个,包括设区的市289个、自治州30个和不设区的地级市4个。"①把地方立法权扩容至全国所有的设区市,这对落实中央关于乡村振兴的政策和部署具有积极的推动作用。相比于上一级的省、自治区、直辖市和下一级的县、乡,作为我国地方政府中间层级的设区市是我国经济发展和改革创新最具活力的区域。因此,从纵向的人大各层级来看,设区市的人大可以对国家和省里出台的法律、政策制定实施办法,对下贯彻落实并以地方性法规对一系列振兴乡村的行动提供具体的法制规范。

不同于省、自治区、直辖市人大,设区市人大的立法不需要那么宏观,可以只考虑本地经济社会情况和民众的实际需要。不同于县、乡人大,作为拥有立法权的最低层级人大,设区市人大可以利用其所制定的地方性法规去解决本行政区域的各种问题,满足本地民众对美好生活的向往,而这类法规在效力上高于设区市政府制定的规章。由于设区市人大的立法范围主要限定于城乡建设与管理、环境保护、历史文化保护等三个方面,而这三个方面又是乡村振兴战略提出的"产业兴旺、生态宜居、乡风文明、治理有效、生活富裕"的主要作用领域,因此设区市人大的立法是贯彻实施乡村振兴战略的基础手段和重要保障。它们不仅能将本地乡村现实存在的具体问题的解决办法和途径予以规范化,凸显乡村振兴地方立法的精准性、有效性和可操作性,还能为本地乡村提供经济、文化、生态等多方面的制度性供给,推动乡村振兴多层次的综合性深度发展。例如,咸宁市咸安区人大的同志在座谈中就说:"咸宁是古民居大县,所以市人大拥有立法权后第一年出台的条例就是关于古民居的,而且市、区两级人大都对《(咸宁市)古民居保护条例》进行了执法检查。"值得注意的是,虽然根据立法法规定,设区市人大的立法范围仅限上述三个方面的

---

① 闫然、毛雨:《设区的市地方立法三周年大数据分析报告》,《地方立法研究》2018年第3期。

事项,但实践中对这三个方面的事项倾向于给予更加宽泛的解释。比如课题组调研中,鄂州市人大的同志就曾提到过,该市拟制定现代物流业发展促进条例,[①] 但其所依据的立法权限——"城乡建设与管理",是否能涵盖对此的立法,存有争议。后来鄂州市人大辗转咨询省人大直至全国人大,得到了全国人大肯定的答复。

三 民族自治地方人大的立法对乡村振兴的特殊促进作用

民族自治地方立法权是民族自治地方实施民族区域自治制度、实现自治权的重要形式。我国是个多民族的国家,各少数民族的风俗习惯、语言文字、宗教信仰和聚居区的地形地貌都存在差异,这也决定了民族自治地方要以本区域的地方立法为切入点,充分保障各少数民族的合法权益,并利用民族地方的独特优势和资源来实现自我发展。同其他拥有立法权的地方相同的是,民族自治地方也可以根据民族地区的情况,对国家法律法规进行细化和补充,或针对国家法律法规所没有的内容进行立法创制;而与其他地方立法不同的是,民族自治地方还可以对法律、行政法规不适合该地方的规定作出变通规定,使之适合民族自治地方的民族特点和实际情况。

民族自治地方的变通规定是民族自治地方的人大及其常委会根据宪法、民族区域自治法和其他法律,依照当地民族的政治、经济、文化和特点制定的变通执行或停止执行法律、法规和其他规范性文件的单项自治法规。[②] 这样一类的法规在少数民族地区具有重要意义。据统计,变通规定占民族自治地方立法的50%,主要集中在刑法、婚姻法、森林法、继承法、民法通则等方面,[③] 而这些涉及社会管理和生态资源保护

---

① 该条例亦包含有通过建立农村物流体系来带动农村电商快速发展的内容,因此不能被理解为是对纯属城市事务的立法。
② 吴宗金、敖俊德:《中国民族立法理论与实践》,中国民主法制出版社,1998,第401页。
③ 汤唯、毕可志:《地方立法的民主化与科学化构想》,北京大学出版社,2006,第399页。

等方面的变通规定也是对接和执行乡村振兴战略的重要领域,是传播文明乡风、建设文明乡村和改善农村人居环境、建设美丽乡村的法制保障。由于在很多民族自治地方中农业都占有至关重要的地位,且农业人口比重也更大,因此在乡村振兴战略实施过程中,民族自治地方人大的立法可以发挥特殊促进作用。考虑到一些民族地区的城乡经济发展水平普遍较低,民族自治地方的人大如能从本区域、本民族的具体情况出发去制定更切合实际的自治法规,会对民族地区的乡村振兴有更好的、特殊的促进作用,也有利于推动民族关系稳定和各民族均衡发展。民族自治地方的人大应积极利用其立法权来推动本地"三农"事业发展,确保这些地方的少数民族群众也能够分享国家经济、社会飞速发展的成果,实现共同富裕。

除此之外,虽然区县(除民族自治县外)、乡镇两级人大没有地方立法权,但在地方立法工作中仍然占有重要地位,具有参与权、知情权等,是上级人大甚至全国人大立法工作的重要信息来源。区县、乡镇是国家乡村振兴战略的着力点,而区县、乡镇人大作为沟通人民的桥梁和纽带,将成为乡村振兴战略落实和成效反馈的重要平台。2015年8月,第十二届全国人民代表大会常务委员会第十六次会议通过修改地方组织法、选举法、代表法的决定,也进一步加强了区县、乡镇两级人大联系群众、参与立法的工作。立法的过程本身就是一个各方参与的过程,区县、乡镇人大即使没有立法权也在乡村振兴中发挥着不可替代的作用。首先,区县、乡镇人大可以直接听取广大基层群众的意见,反映城镇、乡村普通老百姓的真实诉求,号召并敦促基层公众通过多媒体、立法联系点、人大代表等方式参与立法,有助于人们切实了解相关法律并通过提出建议参与到法律制定当中来,即通过汇集民意提高立法的民主性与科学性。例如,调研中咸宁市咸安区人大法制委的同志就曾提到,该区人大积极提建议,通过区的经验为市人大制定《农村生活垃圾治理条例》提供了立法参考。其次，中央或省、市创制的法律法规草案可以通过基层人大这个平台得到人民的实践反馈，有利于法律草案的进一步改进。最后，没有立法权的区县、乡镇人大，可以针对当地重大问题或热点问题，如乡村振兴战略、"三农"问题，作出决定、决议，以起到对地方立法的补充作用，而这也是贯彻法律法规和推动国家政策实施的重要措施。

第三节　近年来湖北省各级人大以立法权促乡村发展的举措

一　湖北省人大涉农立法的基本情况

1980年9月25日，湖北省第五届人大常委会第五次会议通过了湖北省第一部地方性法规《湖北省县级直接选举实施细则》。40多年来，湖北省人大及其常委会根据国家政策，先后制定了一大批地方性法规，充分发挥了地方立法的职能，并不断完善地方性法规的可实施性和补充性，为社会发展包括"三农"事业发展提供了重要的法制保障。据相关统计，湖北省人大1980年至2014年共立法621项，其中针对"三农"问题立法共21项，[1] 占3.38%。

自2015年以来，湖北省人民代表大会及其常委会行使立法职能大多以修正补充的形式，其中围绕乡村发展的立法工作大多立足于湖北省的整体工作，涉及生态环境、人口生育、农业管理与扶贫、基础设施建设管理、矿产及生物资源保护与开发等多个主题。

在立法创制方面，因为湖北省是"千湖之省"，又是生态大省——其辖区内有南水北调中线工程水源地以及神农架林区等近百个国家级、

---

[1] 乔余堂主编《湖北省人大常委会理论研究课题集》2015年卷，中国民主法制出版社，2016，第48页。

省级自然保护区，所以湖北省人大涉及生态环境保护的立法工作占比最大。为了贯彻生态文明建设，统筹山水田林湖草等工作，湖北省人大及其常委会先后出台了湖泊保护条例、水污染防治条例、土壤污染防治条例等，建立健全生态环境保护制度体系，[①] 这一系列条例为湖北省的生态环境，尤其是脆弱的农村生态环境提供了更完善的法律和政策保障，也为享有立法权的各设区市树立了立法的风向标。另外，在矿产与自然资源保护和开发方面，湖北省人大及其常委会近两年来也进行了新的立法，如 2016 年 12 月湖北省第十二届人大常委会第二十五次全体会议通过的《湖北省林业有害生物防治条例》、2018 年 9 月湖北省第十三届人大常委会第五次会议通过的《湖北省河道采砂管理条例》等。

在法规修改方面，为适应新的形势和促进乡村经济社会发展，湖北省人大先后对相关条例进行了多次修改和完善，被修改和完善的地方性法规涉及五类事项。第一是对农村生态环境的有效保护。这类事项涉及的法规最多，如 2017 年 11 月对《湖北省农业生态环境保护条例》《湖北省林地管理条例》等多项法规的修改，以及 2018 年对《湖北省地质环境管理条例》《湖北省土壤污染防治条例》等多项涉及乡村生态的法规的修改。第二是人口与计划生育管理。这方面被修改的地方性法规包括《湖北省流动人口服务和管理条例》和《湖北省人口与计划生育条例》等。第三是农业管理与扶贫。这方面的修法工作包括《湖北省农村扶贫条例》《湖北省农村五保供养条例》等的修改。第四是基础设施建设管理，涉及《湖北省公路路政管理条例》等的修正。第五是矿产及自然资源保护与开发，如《湖北省神农架自然资源保护条例》等的修改。可以说，近年来湖北省人大通过不断完善、修正相关法规，为优化乡村

[①] 《勇立潮头服务社会发展——省人大常委会 2018 年立法工作回顾》，湖北省人民政府网，http://www.hubei.gov.cn/zhuanti/2019/rdzd/201901/t20190128_1380187.shtml，最后访问日期：2020 年 9 月 10 日。

环境、发展乡村产业提供了重要支撑。

在立法准备方面，湖北省人大有不少创新性的做法，如2013年在全国地方人大首开先河，邀请社会公众票选2014年度立法计划建议项目，取得良好社会反响。2015年至今，湖北省人大及其常委会5次发布立法计划，其中涉及2016年至2019年各年的立法计划和2018年至2022年的五年立法规划，同时还围绕立法立项召开评估会并发布意见征集公告4次。这其中，正在审议中的《湖北省乡村振兴促进条例》引起的关注最多，对此湖北省人大农业与农村委员会的同志曾专门向课题组介绍了它的筹备、起草工作。该条例由湖北省人大常委会副主任和副省长担任领导并对重大问题进行协调，由专班的工作人员和法律法规方面的专家负责条例的具体起草，而省人大农业与农村委员会、省农业厅、省政府法制办、省人大常委会法制工作委员会等也都参与其中，工作安排既周密又谨慎。在立法调研方面，湖北省人大日益注重实用和实效，调研力度和层次更加深入。例如，针对清江流域的生态保护，省人大委托恩施州、宜昌市及清江流经的10个县市人大常委会进行立法调研，既广泛收集了建议，也提升了地域之间的联动性。同时，围绕法规草案中的焦点、难点问题，湖北省人大还采取了实地考察、座谈会、论证会、第三方评估、网上立法听证等多种方式，特别听取了基层群众、人大代表以及利益攸关方的意见。不仅如此，为便于公众参与立法，近年来湖北省先后建立了地方立法研究中心、立法顾问组、基层立法联系点。总之，湖北省人大及其常委会严格遵守了科学立法的原则，其制定法律的意见征集工作深入了基层，这有助于乡村基层更好地参与到地方立法活动中，保证和提升立法科学性、民主性，同时这也是人大发挥立法作用来促进乡村振兴的重要前提。

二　湖北省各地市人大涉农立法的基本情况

我国地方立法的层级一般而言分为省、市两个层级，但在云南、贵州、广东、广西、四川、吉林、湖南、湖北等十余个省、自治区，其地方立法包括省、市、县（民族自治县）三个层级。湖北省共辖有12个设区的市、1个自治州，在2015年立法法修改前，武汉市作为国务院批准的较大的市，是湖北省唯一一个享有地方立法权的设区市。2016年3月，湖北省第十二届人大常委会第十六次会议通过《湖北省人民代表大会常务委员会关于确定设区的市和自治州人民代表大会及其常务委员会开始制定地方性法规的时间的决定》，明确规定黄石市、十堰市、襄阳市、黄冈市、鄂州市、随州市、荆州市、荆门市、宜昌市、咸宁市、孝感市、恩施土家族苗族自治州共计12个市州，从2016年1月1日起可以开始行使立法权。自此，湖北省内所有设区市都拥有了地方立法权。在各级党委的领导和省、市人大的统筹协调下，各设区市行使地方立法权的工作进展顺利。近年来，各设区市人大及其常委会依法履行立法权，其立法力求突出地方特色，以务实为主。省内各级人大尤其是各设区市人大一直都很注重"三农"问题，并已围绕着它开展了相关的立法活动（见表3-1）。

表3-1　湖北省设区市涉农立法情况（2016~2019年）[①]

地区	废止（部）	修改（次）	创制（部）城乡建设与管理	创制（部）环境保护	创制（部）历史文化保护	创制（部）尚未通过	合计
武汉	3	25	11	1	2		14
黄石			4	2	1	1	8
黄冈			3	3	1		7
襄阳			4	1	1		6
咸宁			4		1		5
鄂州			4	1		1	6

[①] 表中已经排除其适用范围明显只限于城区的立法，如《武汉市区人民代表大会常务委员会街道工作委员会工作条例》《随州市城区燃放烟花爆竹管理条例》《宜昌市城区建筑物外立面管理条例》《宜昌市城区重点绿地保护条例》等。

续表

地区	废止（部）	修改（次）	创制（部）				合计
			城乡建设与管理	环境保护	历史文化保护	尚未通过	
孝感			5	1		1	7
随州			2	1		1	4
十堰			2	2	1	1	6
荆门			3	1			4
荆州			2	2	1	1	6
宜昌			2	2	1		5
总计	3	25	46	17	9	6	78

资料来源：数据来自各设区市人大常委会的官网。

乡村振兴是实施区域协调发展的基石，武汉市作为中国经济重镇之一和科教文化中心之一，担负起了引领长江中游城市群的发展重任，也担负起了乡村振兴的重要任务。2019年5月武汉市通过了《武汉乡村振兴战略规划（2018—2022年）》，该规划指明武汉市会紧紧围绕乡村振兴总要求，从十大方面展开52项乡村振兴重大工程、重大行动、重大计划，[①] 而这些规划的前期和后期离不开一系列法律法规的支撑和政策保障。武汉市人民代表大会及其常务委员会自2015年以来围绕经济发展（包括农业）、城乡建设与管理、环境保护、自然资源、历史文化保护创制性立法14部（涉农立法），废止3部，进行了25次立法修改工作，涉及革命老区发展、城乡规划、农业经营和投资、自然资源保护、污染防治等多个主题。据不完全统计，到目前为止，武汉市直接或者间接与"三农"相关的法规有：《武汉市城乡规划条例》《武汉市农业投资保障条例》《武汉市农业经营合同条例》《武汉市农业机械化促进办法》《武汉市村集体经济组织财务管理条例》《武汉市促进革命老区发展办法》

---

① 《武汉发布首个乡村振兴五年规划，将完成新一轮市域村庄规划》，搜狐网，https://www.sohu.com/a/316584328_671828，最后访问日期：2020年9月10日。

《武汉市蔬菜农药残留监督管理条例》《武汉市蔬菜基地管理办法》《武汉市基本生态控制线管理条例》《武汉市水土保持条例》《武汉市水资源保护条例》《武汉市湿地自然保护区条例》《武汉市湖泊保护条例》《武汉市防洪管理规定》《武汉市旅游条例》等。[①] 这些条例在规范武汉城区发展的同时，也兼顾了乡镇的同步发展。其中，2003 年出台、2007 年修订的《武汉市蔬菜农药残留监督管理条例》值得一提。在课题组调研中，武汉市人大农村委员会主任委员程耀明专门介绍了该条例的背景：2000 年初，因无公害蔬菜管理不到位，武汉市发生多起食物中毒事件，相关部门下决心整顿这个问题，但执法时遇到困难，即缺乏法律依据，于是武汉市人大着手制定这部法规，率先在全国禁止 10 种高毒、高残留农药的销售和流通，有效保证了农产品质量安全。在中国特色社会主义进入新时代的背景下，为实施乡村振兴战略、推动"三农"工作提供法治保障，制定、修订相关法规将是武汉市今后立法工作的一个重点。

其他新获得立法权的各设区市的立法工作相对较少，但多以新创制为主。据不完全统计，除武汉市，湖北省内其他各设区的市人大及其常委会自获得地方立法权以来共创制了 58 部直接或间接涉及"三农"问题的地方性法规（另有 6 部被创制的法规尚未获通过）。各设区市立法数量不一，黄石市、黄冈市、孝感市的立法项目最多，随州市与荆门市最少。在这些地方性法规中，《襄阳市农村生活垃圾治理条例》《孝感市城乡规划条例》两部条例直接与乡村发展有关，其余涉及乡村发展的立法主要集中在城乡建设与管理、环境保护、历史文化保护三个领域，且以城乡建设与管理、环境保护为乡村立法主要关注点。在城乡建设与管理方面，现有的法规包括《黄石市房屋安全管理条例》《襄阳市文明行为促进条例》《黄冈市城市市容和环境卫生管理条例》《黄冈市违法建设治理条例》《咸宁市禁止燃放烟花爆竹条例》《鄂州市文明行为促进条

---

① 感谢武汉市人大法制委员会为课题组提供了这份详尽的法规清单。

例》《孝感市住宅小区物业管理条例》《十堰市户外广告和招牌设置管理条例》《荆门市城市建筑垃圾管理条例》《荆州市文明行为促进条例》《宜昌市电动自行车管理条例》。在环境保护方面，涉及的法规有《黄石市生态控制线管理条例》《襄阳市汉江流域水环境保护条例》《鄂州市湖泊保护条例》《十堰市生态文明建设条例》《十堰市中心城区山体保护条例》《荆州市长湖保护条例》《宜昌市黄柏河流域保护条例》《黄石市饮用水水源地保护条例》《黄冈市饮用水水源地保护条例》《咸宁市地热资源保护条例》《随州市城乡饮用水水源保护条例》。在历史文化保护方面，已出台的法规有《黄石市工业遗产保护条例》《咸宁市古民居保护条例》《十堰市武当山古建筑群保护条例》《荆州古城保护条例》《宜昌市非物质文化遗产保护条例》。这些法规的出台大多是根据各设区市自身面临的实际情况来制定的。在课题组调研中，宜昌市人大常委会法工委的一名同志就专门介绍了该市人大制定的《黄柏河流域保护条例》。他说："立法要体现乡村振兴。宜昌市近两百万人口中有一半人口要靠黄柏河提供饮水，一百万亩农田的灌溉也靠黄柏河，因此市人大专门制定了此条例，以保护和改善黄柏河流域环境，保护水资源。"当然，由于各设区市多以贯彻落实国家政策及全国人大、省级人大颁布的法律法规为导向来制定适合地方的条例，因而它们所颁布的部分条例主题相近。如为统筹推进"五位一体"建设和"四个全面"战略，黄石市、黄冈市、随州市都制定了饮用水水源保护条例，武汉市、襄阳市、鄂州市、荆州市都制定了文明行为促进条例等。

针对以上涉及乡村发展的相关地方性法规，湖北省各设区市在立法准备上也做了一些相应的工作（见表3-2），总体涉及立法计划、立法调研、立法意见征集三个方面。在立法立项方面，各设区市都按照要求制定过立法工作计划，其中武汉市、黄石市、襄阳市、咸宁市、鄂州市、十堰市、荆州市、宜昌市每年按时制定立法计划，其余各市制定立法计划的年份不一，但多个市开始制定各自的5年立法计划，如咸宁市、黄石市等制定并公布了《2017—2021年立法工作计划（规划）》。在立法调研方面，从各设区市人大常委会官网上的公告和立法工作新闻来看，武汉市和黄石市调研次数居前两位，且武汉市人大调研深入到社区和社会组织，范围广泛，而少数设区市没有立法调研的相关报道。在立法意见征集方面，武汉市、宜昌市、襄阳市三个设区市人大征集意见的方式多元，范围广，涉及了公众、专家和其他相关党政人员；宜昌市人大和襄阳市人大两次在针对条例向社会征集意见时进行了创制和多稿草案的跟进征集。可以说，除立法经验丰富的武汉市，湖北省其他享有立法权的地市在科学立法上的表现各有差别，整体来看东部的设区市优于西部的设区市，经济发展水平高的市优于经济发展水平较低的市。

表 3-2　湖北省设区市立法准备情况（2016—2019年）

市	立法计划（项）	立法调研（次）	立法意见征集（次）	市	立法计划（项）	立法调研（次）	立法意见征集（次）
武汉	4	12	45	孝感	4	6	10
黄石	5	10	24	随州	3	4	8
黄冈	4	4	19	十堰	5	3	9
襄阳	5	2	25	荆门	5	3	9
咸宁	5	2	13	荆州	2	9	9
鄂州	5	2	12	宜昌	5	7	25

资料来源：数据来自各设区市人大常委会的官网。

湖北省各级人大也非常重视对涉农法律、法规的宣传，武汉市汉南区人大的同志说："法工委结合'十三五'的要求宣传相关的法律，尤其是涉农的法律，如《渔业法》《种子法》《动物防疫法》等，保证农民懂法、守法，（培养）公民诚实守法的良好习惯。"各设区市还不定期地开展对自己制定的涉农法规的执法检查。这方面的报道非常多，如黄冈市人大常委会副主任詹旺民对《饮用水水源地保护条例》的执法实施情况进行了检查，荆门市人大常委会副主任吴永佩就《荆门市生态环境保护条例》贯彻实施情况开展了执法检查，荆州市人大常委会副主任对《湖北省农村扶贫条例》贯彻情况进行了执法检查，武汉市人大常委会执法检查组对《武汉市促进革命老区发展办法》进行了执法检查……具体情况在本书的第五章将会有更详细的阐述。

三 民族自治地方人大涉农立法的基本情况

截至 2017 年，湖北省是全国 8 个既有自治州、自治县，又有民族乡的省份之一，其现有 1 个自治州即恩施土家族苗族自治州，2 个自治县即长阳土家族自治县和五峰土家族自治县，另有 12 个民族乡（镇）。[1] 根据《立法法》规定，我国民族自治区、自治州、自治县的人大有权"依照当地民族的政治、经济和文化的特点"制定民族地方的自治条例和单行条例，因而湖北省能够行使地方立法权的除湖北省人大、各设区市人大外，还有恩施州[2]和长阳土家族自治县、五峰土家族自治县两县的人大。

自 1983 年 8 月 19 日国务院批准撤销恩施地区行政公署、成立鄂西土家族苗族自治州（1993 年 4 月 4 日更名为恩施土家族苗族自治州）以来，州人大就开始了相对积极的立法创制活动，制定了多部条例：现行有效的自治条例 1 部，单行条例 18 部。其中，有 16 部单行条例直接或间接与乡镇的稳定和发展有关，涉及五个方面的主题，即经济发展、城乡建设与管理、环境保护、自然资源保护和历史文化保护。这些条例是：《硒资源保护与利用条例》《星斗山国家级自然保护区管理条例》《酉水河保护条例》《山体保护条例》《农村公路条例》《法律援助条例》《旅游条例》《城乡规划建设管理条例》《民族文化遗产保护条例》《清江保护条例》《科学技术进步保障条例》《义务教育条例》《邮电通信设施建

---

[1] 《湖北省民族概况》，湖北省政府网，http://www.hubei.gov.cn/zwgk/zcsd/ztjd/jddyq_55207/ysyd/201711/t20171115_1222909.shtml，最后访问日期：2020 年 9 月 10 日。

[2] 恩施州和恩施市应区分开，恩施州是土家族苗族自治州，级别相当于地级市，包括恩施市、利川市、咸丰县等八县市，而恩施市是恩施土家族苗族自治州的州府，级别相当于县级市。

设和保护条例》《水土保持条例》《农作物种子管理条例》《自治条例》。总体来看,恩施州人大的立法内容主要集中于环境保护这一主题。较之湖北省其他地市来说,恩施州对乡村建设与发展的立法关注更为密切,立法也更为精确。在立法准备工作上,恩施州多年来贯彻立法工作计划,深入基层、高校,并赴外省就立法工作进行立法调研;在意见征集方面,采取了座谈会、专家咨询会和在网络媒体上发布意见征集公告等多种方式,并于2018年11月设立了首批基层立法联系点,以进一步拓展公民有序参与立法途径,发挥基层单位在立法中的桥梁纽带作用。

长阳土家族自治县位于鄂西南,是国家扶贫开发工作重点县,辖区内有众多贫困农民,且集中在武陵山区,因而自治县人大也一直关注着乡村经济社会的发展。自1984年建立自治县以来,该县人大共制定1部自治条例和17部单行条例,其中直接针对乡村发展的单行条例有4部,分别是《乡村公路条例》、《新型农村合作医疗条例》、《产品质量安全条例》和《农村合作经济承包合同管理条例》,另有一部《农业特产税征收管理条例》于2007年废止。其他间接涉及乡村发展的条例多以生态环境为侧重点。近年来,长阳县人大常委会积极发挥人大立法主导作用,加大对自治县生态环境保护立法,并不断进行修改完善,力求推动生态文明建设,促使生态保护与旅游相结合,以农村产业发展推动乡村振兴,为生态长阳提供有力的法制保障。2017年该县人大常委会通过广泛征集意见,提出五年立法规划,其中有4项生态环境保护方面的立法计划,并于2018年通过了《长阳土家族自治县森林资源保护条例》,同时《清江库区管理条例》和《河流保护条例》也为城乡水域和岸线的保护与管理等提供了法律保障。[①] 而其他单行条例也从自然资源、城乡建设与管理、历史文化保护、经济发展多个方面出发不断整合着城乡的共同发展,包括《森林资源保护条例》《矿产资源管理条例》《城镇建设管理条例》

---

① 田大甲:《发挥人大职能作用 助推生态文明建设》,《楚天主人》2019年第6期。

《民族民间传统文化保护条例》《个体经营户和私营企业条例》等。

五峰土家族自治县同属武陵山片区，现有1部自治条例，9部单行条例，最新一部条例出台于2015年。其中直接与乡村发展有关的单行条例有3部，分别为《乡村公路条例》、《无公害农产品条例》和《城乡规划建设管理条例》。同时，由于五峰县矿产资源和生物资源丰富，该县人大通过一部分单行条例为城乡生态环境与资源确立了立法保障，如《森林资源保护条例》《水电条例》《森林资源管理条例》《矿产资源管理条例》。不过，在2015年之后，五峰县人大及其常委会没有进行立法创制，因而其立法准备活动较少。

第四节 湖北省各级人大在以立法权促乡村发展上存在的不足

一 缺少与乡村振兴战略直接对接的法规

虽然湖北省内各级人大在用立法权来助推乡村发展上作出了很多的努力，但现有的直接涉及"三农"问题的法规数量仍然相对偏少。新获立法权的设区市人大目前颁布的法规数量还不太多——平均看每个设区市每年不到2部，而其中属于典型涉农法规的更少。这种涉农法规在数量上的有限性使得乡村振兴战略缺少与基层对接的必要法治保障。同时，一些设区市人大把立法的侧重点放在城区建设和管理上，而不是推动辖区内的乡村振兴事业上。[①] 另外，从涉及的主题看，现有的涉农法规大

[①] 不过，在这方面少数设区的市仍有亮点，比如襄阳市人大常委会于2017年先制定了《襄阳市农村生活垃圾治理条例》，然后才在次年制定了《襄阳市城市生活垃圾治理条例》。在课题组调研中，该市人大常委会法工委的霍焰主任这样介绍说："因为村民自治，农村的很多问题在过去没有纳入法治化轨道上来。在中央提出治理有效的目标和要求后，农村生活垃圾问题最引人关注，我们对农村垃圾——而不是城乡垃圾——进行了优先立项，就是想强化农村的视角。"

多与农村的基础设施建设、产业发展、生态环境保护、自然资源管理有关，而关注农村文化事业、文化生活和公共文化服务的相对较少。显然，这种状况将会影响农民基本文化权益的实现，进而影响文化振兴，而文化振兴是乡村振兴的题中应有之义和有效治理的基础。同时，既有的涉农法规因为较为零散，各自涉及的领域单一，彼此间跨度较大，所以也难以发挥对乡村发展的整体联动效应。除此之外，部分新扩容市人大出台的涉农法规没有与时俱进，未能根据法规实施后的效果和形势发展的需要来进行及时的修订。事实上，在推进乡村振兴战略实施的过程中，立法是有空间的。宜昌市的一名同志在座谈中说："生态宜居方面，池塘养殖是农业污染的主要来源，但对规模以下的养殖场，没有执法依据。《湖北省湖泊保护条例》是针对自然的，但对于农民养的东西，没有执法依据。"武汉市黄陂区的一名人大代表也说："人大应紧紧抓住立法，尤其是在金融与土地方面，否则会让职能部门在工作中遇到困难。"

二 地方各级人大的立法权限不够清晰

在我国，不同层级的立法机关的立法权限各有不同，而不同机构制定出来的法律、法规也有不同的适用范围和效力。其中，与地方人大立法权限相关的主要是四类关系，分别为全国人大与地方人大的关系、省级人大与市级人大的关系、地方人大与地方政府的关系、地方党委与地方人大的关系。根据《立法法》规定，各级人大可就下列事项进行地方立法：首先是为执行法律、行政法规的规定，需要根据本行政区域的实际情况作具体规定的事项；其次是属于地方性事务需要制定地方性法规的事项；最后是其他事项，国家尚未制定法律或者行政法规的，省、自治区、直辖市和设区的市、自治州根据本地方的具体情况和实际需要，可以制定地方性法规。第一种立法为执行性立法，第二种为自主性立法，第三种立法为先行性立法。这些立法权限具有复杂性的一面，不易厘清，其结果就是湖北省各级人大的地方立法工作出现了以下问题。

（一）先行性创新立法少，其他立法也往往机械套用上位法

从立法数量上看，湖北省各级人大普遍都存在执行性立法和自主性立法较多，而先行性立法较少的情况。虽然"湖北省地方立法相当活跃"，但是"绝大部分都是对其上位法的执行性地方性法规，这可以从其第一条的明确规定上就可轻易得出如此结论"。① 这里仅以省级人大为例来说明。虽然说乡村振兴战略的实施非常依赖先行性立法，以发挥其引领和推动乡村发展的作用，但湖北省目前只有少数几部法规符合先行性立法特征，如《湖北省促进革命老区发展条例》《湖北省湖泊保护条例》等，② 其他法规基本上都为执行性立法和自主性立法。同时，就其他立法而言，省内各级人大也普遍存在机械套用上位法或其他地方同级人大所立法规的问题。虽然近年来省人大也进行了大量的创制立法，但其中有一部分条例，如《湖北省非物质文化遗产保护条例》《湖北省气象灾害防御条例》《湖北省义务教育条例》等，从行文结构到条款设置都参考了该领域的全国性立法，而只有少数几部法规没有全国性立法可供参考，属于湖北省的原创立法。

（二）不同层级的人大就相同事项进行立法，造成重复立法

在湖北省内，湖北省人大和武汉市人大都是已拥有立法权多年的立法主体，但由于对彼此已出台的法规疏于梳理，因此它们所出台的一些法规不仅主题上雷同，而且内容上亦相似，造成重复立法，如《湖北省旅游条例》和《武汉市旅游条例》、《湖北省湖泊保护条例》和《武汉市湖泊保护条例》、《湖北省邮政条例》和《武汉市邮政通信条例》等就是

---

① 秦前红、曾德军：《地方立法的主要问题及其反思》，《江汉大学学报》（社会科学版）2007年第2期。
② 乔余堂主编《湖北省人大常委会理论研究课题集》2015年卷，中国民主法制出版社，2016，第87页。

如此。之所以会有这样的重复立法，一是因为省级人大对市级人大的立法规划和立法计划缺乏必要的监督，二是因为"通常，市级人大立法规划和立法计划的制定要早于省级人大，但省级人大在进行立法规划和立法计划编制时却不参考市级立法规划和立法计划，而主要以政府部门的立法需求为主"。[1] 重复立法可能导致不同层级法规的部分条款不一致甚至相互冲突的现象，进而导致执法者无所适从。例如，《湖北省旅游条例》和《武汉市旅游条例》关于法律责任的规定就有不一致的地方：前者规定，强制、纠缠、诱骗或者胁迫旅游者购买商品、接受服务的，由旅游主管部门或者工商行政管理部门处2000元以上1万元以下罚款；而后者则规定，对旅游景区（点）强行向旅游者销售联票、套票或强制旅游者接受讲解服务等行为，可处以1000元以上5000元以下罚款。由于这类重复立法多集中在生态资源保护、城乡社会建设与管理等方面，而这些方面又是乡村振兴涉及的重要领域，因此要加强对乡村振兴的立法保障工作，就应进一步明确省市人大的立法权限和范围，而这也是进一步明确省市两级实施乡村振兴战略的立法责任与政策任务的首要前提。

（三）政府部门主导立法，导致部分法规过于原则或缺乏操作性

在我国，很多法律、法规的出台都由相关政府部门起草，以便体现其在专业性上的优势，湖北在这方面亦不例外。由于人大代表多是兼职，这种政府部门主导立法的模式有其一定的合理性，但其弊病也是非常明显的。正如有学者指出的，部门主导立法的危害包括"法律过于原则，过多使用授权立法技术，操作性不强，刚性不足""法律能否出台，何时出台以及具体内容如何，不是完全服从于现实客观需要，有时甚至取决于利益冲突部门之间协调的结果"[2] 等。从近年来湖北出台的涉农立

---

[1] 吴理财、方坤：《地方立法体制机制创新：现状、问题和出路——基于湖北省地方立法实践的研究》，《江西行政学院学报》2016年第1期。

[2] 刘锐：《我国市场经济法治的短板：法律责任》，《国家行政学院学报》2011年第4期。

法来看，其中有些就带着强烈的行政主导色彩，结果造成因部门利益问题突出而致使执行难度大的现象。在乡村振兴战略实施过程中，这种部门主导立法的模式亟待调整。毕竟，对于包含多方面内容的乡村振兴战略来说，仅靠农业部门是无法兼顾周全的。更深入地看，这一问题主要是地方人大立法权限界定不够清晰所致：一些部门主导的立法之所以相对抽象，部分原因是在为地方政府制定相应的规章留下足够的空间。

三 新扩容的设区市人大立法能力不足

2016年，湖北省内的黄石、黄冈、孝感、随州等11个设区市正式获得了地方立法权。这种地方立法权的扩容虽然有利于各设区市更好地加强对本区域内事务的有效管理，但也给其立法工作带来了一些新的挑战。由于享有地方立法权至今才短短4年，这些设区市的人大及其常委会普遍缺乏立法经验，而且在专业人才、立法机构设置等方面也存在短板。

从专业人才方面看，由于要兼顾城乡居民的代表性和广泛性，目前各地人大常委会、专委会的委员的产生往往会相对忽视法律专业能力这项重要条件。就法律知识背景而言，很多人大的工作人员没有学习过系统的法学理论和相关法律专业知识，对制定地方性法规所依据的法律和立法程序缺乏足够的了解。相比之下，原先就拥有地方立法权的湖北省人大和武汉市人大在立法专业人才的培养上已经有了较为成熟的做法，如湖北省人大近年来先后建立了一批地方立法研究中心，并与武汉大学、华中科技大学、中南财经政法大学、中南民族大学4所高校共同创建了"湖北省地方立法研究和人才培养基地"，进一步加强了地方立法的人才队伍建设。

再看立法机构设置。在《立法法》修改之前，湖北省各设区市的人大基本上没有设置法制委员会、法规研究室或专门的立法工作机构。虽然湖北省于 2015 年 7 月通过了《湖北省人民代表大会常务委员会关于确定设区的市和自治州人民代表大会及其常务委员会开始制定地方性法规的时间的决定》，并要求 11 个设区市和恩施州在 2016 年之前的 5 个月内完成立法机构设置工作，但事实上大多数设区市都在此期限之后才建立了独立的法制委员会或研究室。这些立法机构非常重要，它们将会对地方涉农法规的立法计划或规划产生影响。从其实际运转情况来看，仍有不少可改进的空间。例如，"在湖北省，地方人大每年的立法数量并没有硬性规定，主要由地方人大常委会根据地方立法要求和立法准备情况进行确定。正是由于缺乏对立法立项工作的考核与激励，地方人大法制委、专门委员会等缺乏主动寻求立法立项的动力"。[①]

四 立法过程中的民主性和科学性有待加强

立法应当具有民主性和科学性，而其民主性和科学性建立在社会各方力量合理有序地参与立法协商的基础之上，也建立在完备的立法计划或规划之上，更建立在法律、法规制定前后的立法调研活动之上。

社会参与是立法贯彻程序民主的重要体现和主要形式。一部完善的法律需要社会的广泛参与，而这就要求立法主体对公众的意见进行深度分析，然后运用合理的标准来判断将其纳入立法参考还是予以采纳。目前来看，湖北省各级人大在推动社会公众参与立法和吸纳民智方面仍有欠缺的地方，这一点，首先表现为公众参与立法的意识淡薄，社会参与度不够。乡村振兴的相关立法并非只与"三农"有关，需要多行业参与，城乡二元互动，因此地方各级人大在面向社会进行意见征集时的对象应包括普通公众和各社会组织。从湖北省各级人大官网以往发布的通知来看，其立法意见征集工作大多采用的是先通过网站等媒介向公众征

---

① 吴理财、方坤：《地方立法体制机制创新：现状、问题和出路——基于湖北省地方立法实践的研究》，《江西行政学院学报》2016 年第 1 期。

求对法规草案的建议,然后在审议过程中再召开座谈会和听证会的方式。从形式上看,这样操作似乎没有问题,但其实际效果却不尽如人意:一来征集意见的渠道较少,二来参加意见征集活动的人较少,且听证会与座谈会受邀对象多为特定人员,而普通民众特别是作为乡村振兴战略重要参与者的农民很难且没有能力参与到立法活动中去。虽然一些座谈会、听证会也有群众代表参加,但其选择代表方式没有充分考虑代表性,因而得不到相关利益群体的认可。其实,如果立法所涉及的领域已发展出一定程度的社会组织,那么邀请其代表参加立法过程会收效更好。学者们的研究也已经表明,"如果能够选择相关利益团体中的社会组织代表,则会更具说服力,通过这种方式选出的群众代表也更加专业"。[1] 当然,社会组织参与不足,原因还在于一些社会组织更关注政府活动而对人大的立法工作兴趣不大。因此,各级人大还需要加强立法宣传工作,培育普通民众和社会组织的立法参与意识,增强其政治效能感。其次,在征集到一定数量的社会意见和建议之后,部分设区市人大的同志缺乏采纳的判断标准,存在着靠主观臆断和实践经验判断的问题,而这也是目前很多地方立法征求意见工作存在的通病。[2] 此外,从一些地方人大征集建议的活动形式和程序流程看,也具有相当大的随意性,缺乏系统规定,带有"只求表面不顾实效"的形式主义意味。同样,从各级人大网站公布的新闻稿来看,许多座谈会、听证会似乎被工作人员当成了工作会议,伴随着走过场的态度和话题讨论不深入的问题。

立法计划方面,虽然湖北省各级人大在立法过程中已经注意并开始重视这项工作,但各地在编撰地方立法计划的过程中仍存在一些问题。首先是立法计划缺乏统筹安排和时效性。湖北省许多设区市的人大在立

---

[1] 管兵、岳经伦:《立法过程中的公众参与——基于〈物权法〉和〈就业促进法〉立法参与的研究》,《政治学研究》2014年第4期。
[2] 李高协:《地方立法工作研究》,甘肃人民出版社,2015,第185页。

法上处于被动状态，政府部门上报什么方面的立法需求，就立什么方面的法规，而一些急需出台的法规则迟迟无法出台。以贯彻、落实乡村振兴战略的相关法规为例，目前只有湖北省人大在《湖北省第十三届人大常委会立法规划（2018—2022年）》中提到为切实实施乡村振兴战略，会建立健全城乡融合发展体制机制，并拟安排审议《湖北省乡村振兴促进条例》并对《湖北省农业机械化促进条例》进行修订，其余设区市和民族自治地方均未在最新立法计划中提到与乡村振兴战略直接对接的立法项目。其次，立法计划在向社会公众征集建议时，同样也存在社会参与不足问题，并且征集来的立法项目缺乏充分的调研和论证。

立法调研方面，湖北省部分设区市人大更偏向于到省内外大中城市、政府部门等进行调研，而很少深入到乡镇、村。同时，在调研过程中，听取领导者、管理者、工作人员的意见较多，对普通公众、社会组织的意见关注较少。很显然，不贴近乡村生活和乡村民众，就无法保证涉农立法的科学性和民主性，也不利于推动乡村振兴战略的有效实施。不仅如此，与立法前调研活动相比，湖北省各级人大对立法后调研活动的重视程度要低得多。立法后调研是立法活动的一种延续，主要是对立法本身的问题进行再次调查研究，从而评估立法质量，为法规的修正、调整及废止等提供依据。[①] 如果只是"一立了之"，不去调研涉农法规的执行情况和实施后的效果，就无法对其进行适时的修正和补充。

五 少数民族自治地方的自治立法权运用不充分

如前所述，湖北省的恩施州和长阳土家族自治县、五峰土家族自治县的人大都有立法权，但这些民族自治地方的立法权运用得并不充分，具体表现为套用上位法和重复立法、非自治性规定较多、不同地方立法发展不平衡、立法变通权行使不充分等问题。

[①] 董长海、张楠：《地方立法调研规范化建设探析》，《人大建设》2017年第8期。

首先，湖北省三个少数民族自治地方的人大都同样存在套用上位法和重复立法的问题，如恩施州自治条例第三条、长阳县自治条例第三条、五峰县自治条例第十三条都对《民族区域自治法》中关于自治机关的规定进行了重复说明，且三地的条款结构设置和内容陈列都较为相似。其次，自治立法权的独特之处本在于自治立法机关可以根据民族特色和地方特点，制定体现自治性特点的自治法规，但恩施州、长阳县和五峰县已经颁布的单行条例中，非自治性的规定相对较多。例如，《长阳土家族自治县旅游条例》有八章四十三条，其中至少有五章是一般性规定。[①]再次，这三个少数民族自治地方的立法发展和能力也不平衡。三地比其他11个新扩容市更早享有地方立法权，但三地的地方立法数量并不多，尤其是五峰县，自2015年之后就没有进行新的立法创制，同时也缺乏立法准备工作。最后，三地的立法变通权行使得也不充分。虽然三地作为民族自治地方都在其自治条例中作了变通规定，如《恩施州种子管理条例》对《种子法》关于种子的品种审定权、生产许可证核发权作了变通规定，《长阳土家族自治县实施〈中华人民共和国水土保持法〉的补充规定》中对长阳县开展水土保持方面的具体措施进行了变通规定，但总的来看这种变通立法权并未能得到有效的行使。以上这些问题都不利于民族自治地方按照自身特点以法助推实施乡村振兴战略。

第五节　完善地方人大立法权行使以促进湖北省乡村振兴的建议

在中央提出乡村振兴战略的大背景下，拥有立法权的地方人大应当用足立法权，通过操作性更强的地方性法规来对本区域内未来的乡村发

[①] 吴帮胜：《自治县自治立法权研究——以长阳土家族自治县为例》，硕士学位论文，湖北民族学院法学院，2012，第27页。

展方向和路径作出引导,规范各类主体在乡村振兴中的行为,为乡村振兴提供法治保障。针对上文所述湖北省各级人大在涉农立法方面存在的问题,课题组现提出以下建议。

一 清理现有法规,加强对涉农事务的顶层设计

以省人大为主,拥有地方立法权的各级人大应清理现有涉农法规,找出不适应时代发展的条目,加以修订和完善。对于存在"空白"的某些重要领域,可立新法。立法要有针对性和可操作性,即能解决实际问题,如对农民群众关心的饮用水安全、文化传承和保护、公共服务均等化等议题,应加强立法创制和修订工作。同时,乡村振兴是一项持久的系统工程,不同地方和不同部门的配合必不可少,而这要求加强自上而下的顶层设计。目前,湖北省人大正在就此进行积极的探索,如2018年夏湖北省人大常委会就已把《湖北省乡村振兴促进条例》纳入2019年度立法计划,虽然涉及事务既广又复杂,但该条例仍于2020年1月初获省十三届人大三次会议表决通过。在调研中,有很多人都表达了对此条例的期盼之意,希望省里的这个条例把国家规划的精神充分体现进去,并结合湖北实际,做好顶层设计。与此同时,《湖北省农村集体经济条例》和《湖北省农业机械化促进条例》(修订)这两个与乡村振兴密切相关的条例也被纳入了该年度的立法计划。这些条例的出台将有助于统筹湖北省内推进乡村发展和加强乡村治理的各种举措,为全省实施乡村振兴战略提供必要的指南和依据。除此之外,调研中还有不少同志提出过很好的立法建议。例如,一名县级人大城环委的主任说:"农村垃圾处理,应明确责任,加强领导。对此,省级层面应进行立法,从法律角度进行处理,关于农村垃圾处理,明确职责,进行考核评比。"还有人说:"农副产品应被定位为国家战略物资,但目前农业的价值还没有突显出来,农民一年一亩的纯收入还不如在城里打一天工,土地撂荒严重,

所以应该加强这方面的立法，保障农民稳收增收，激励农民把农田交给集体管理。"

在广泛征集意见和总结地方先行先试成功经验的基础上，省级人大和设区市人大也可制定其他一些基础性、综合性的地方性法规，以推动乡村改革的进一步深化，为乡村振兴提供价值导向与制度供给。与此同时，各设区市和各民族自治地方还可针对本地的特点，通过人大去制定、修订与乡村振兴重点领域相关的法规，这些领域包括：加强对农村产业的扶持（如扶持农业龙头企业、策划区域农业品牌等），推动农业政策性保险相关立法，鼓励农业科技发展和成果转化；巩固和完善农村基本经营制度；落实中央在土地问题上的各项方针政策；全面推进农村承包地"三权分置"改革；探索落实宅基地"三权分置"制度，发挥农村房屋财产权和使用权的抵押、担保等融资功能；深化农村集体产权制度改革，促进集体经济发展壮大；整合国土、水利、农业等部门涉农的资金和项目的总体谋划；充分发挥财政资金效力，协同推进乡村振兴战略实施；把农业农村作为财政支出的优先领域，加强农村金融创新；优化城乡建设用地布局，加强城乡建设用地增减挂钩和耕地占补平衡工作，为乡村振兴留出用地空间，促进一二三产业融合发展；等等。考虑到立法的复杂性，人大可先把梳理和修改现有涉农法规作为重点。武汉市黄陂区人大常委会一名副主任在座谈中说："立法方面，应认真梳理现有法规，对不适应、不符合当前形势要求的，进行调整；没有的，再进行立法，以良法促善治。农村立法应该搞得细一点，操作性强一点。"黄冈市黄州区人大的一名同志也指出："说到人大的职能发挥，从立法角度，乡村振兴目前存在法律、部门法之间不配套、相互冲突的现象。（对于乡村振兴）新的发展理念，省里要从法的层面来梳理，要从实施细则方面来协调好。"

二 进一步明确地方各级人大的立法权限

针对当前省内各级人大立法权限不够清晰的问题,应采取的措施首先就是要从立法内容上对地方人大的立法权限进行更为具体的细化规定,尤其是对设区市人大的"城乡建设与管理、环境保护、历史文化保护等事项"这一立法范围,要有更为明确的界定。设区市人大应结合本地的实际和问题去立法,正如武汉市人大常委会法规工作室副主任李胜平所说的:"市一级立法应按照全国人大常委会要求,小切口精准立法,以问题为导向,突出问题和薄弱环节,把问题找准,发挥作用。"当然,立法也应审慎,不应盲目去立,要充分考虑可行性和法规的落实。正如宜昌市人大常委会一名同志在座谈中提醒注意的那样:"要慎立法,真监督。(国家)规划出台之后,有立法权的主体,一哄而上搞立法,是很可怕的事。"其次,省级人大常委会应严格行使对设区市人大立法的批准权,而不能只登记和备案,对于不符合法律规范的地方性法规,应责令其修改后报批或直接决定不予批准,以此来加强地方立法的合法性和合理性,从一定程度上避免重复立法的情况。"过去与上位法乃至国家根本大法相冲突的一些地方性法规之所以能够堂皇出台,无疑是因为审查和监督的缺位,这在地方立法权扩容之后是个尤其值得重视的教训,而要加强审查和监督,就需要充分发挥人大的法律监督作用。"[①] 当然,由于湖北省农业发展涉及不同的自然禀赋和农业生产规律,像江汉平原和鄂西山区就很不一样,因此省级人大立法时应充分考虑各地区的实际差异,给予地方配套立法以一定的空间。在课题组调研中,利川市人大的一名同志说,当地"山区的实际是坡陡,路容易被雨水冲毁,现在就是每年投入重建,其实还不如直接修建硬化路。修路是省里管的,但是没考虑到山区的情况,所以要给地方赋权,出台符合山区实际的政策,

---

① 李高协:《地方立法工作研究》,甘肃人民出版社,2015,第49页。

切实保障政策的有效"。再次,要完善地方立法制度,修正立法规范,在强调地方政府拥有制定行政规章权限的同时,应注重突出地方人大的立法权限。最后,要特别注意厘清武汉市的立法权限。2015年《立法法》修改前,武汉市作为"较大的市"就享有地方立法权,且国家并未对其立法权限作出过多的限制,仅要求不同宪法、法律、行政法规和本省(区)的地方性法规相抵触即可,而在《立法法》修改后,武汉市被归类为"设区的市",其立法范围有了限制。虽然《立法法》第七十二条规定"国务院已经批准的较大的市已经制定的地方性法规,涉及本条第二款规定事项范围以外的,继续有效",[①] 但哪些内容和领域超出第二款所规定的那三类事项之外,并没有一个确切的规定,而这关系到《立法法》修改前所制定的一系列涉农法规的后续清理问题。

除此之外,还应鼓励湖北省三个民族自治地方的人大根据自身实际情况,进一步行使立法权。例如,"恩施土家族苗族自治州与五峰土家族和长阳土家族自治县的地理资源相比,有很多经济林木,对此在后两者中就没有必要制定相应规则予以调整,而恩施土家族苗族自治州则必须对这类事态进行规范。"[②] 恩施州、长阳县和五峰县都以农业为主,"三农"发展是三地经济社会发展的主体部分,同时三地的"三农"发展也各有自身的特色。这就需要各自的人大充分、灵活运用立法权,特别是变通立法权,并结合区域内少数民族的习惯和农业优势,制定突出其自身农业和农村发展特色的自治法规,维护少数民族群众的权益。在调研中,利川市人大的一名同志就谈到应把"中央的政策和当地的产业发展状况相结合",提出"要尊重少数民族的自治权力,使其能够根据本地实际产业情况行使自治权,包括立法权"。事实上,"照顾少数民族

---

① 《中华人民共和国立法法》,中国政府网,http://www.gov.cn/xinwen/2015-03/18/content_2835648_3.htm,最后访问日期:2020年9月10日。
② 关保英:《论立法法中的民族立法与湖北民族立法》,《湖北民族学院学报》(哲学社会科学版)2002年第1期。

地区的发展及其权利,本身就是'最大多数人的最大利益'的体现,是立法高度重视少数民族民主权利的体现,是立法注重一般性和特殊性相结合的科学原则的体现"。①

三　强化人大在乡村振兴立法中的主导权

要充分运用人大立法权来推进湖北省乡村振兴战略的实施,就应增强省内各级人大的主导意识,明确各级人大在涉农立法工作中的角色定位。首先,要加强人大对地方立法立项工作和起草工作的主导权。目前,地方立法项目来自人大常委会、政府部门和人大代表等多个主体。虽然由政府部门来进行立法立项存在一定的优势,但地方人大仍然是地方立法主体。这不仅体现在立法权限的规定当中,也体现在具体的立法实践当中。所以,湖北省各级人大应该积极承担立法责任,强化自身作为立法机关的意识,改变"政府提什么人大审什么"的做法。因此,"立法论证应当主要在人大阶段进行,尽管也可以在提交人大前由政府组织论证,但不能以此意见作为论证的最后决定意见"。②为有效避免人大和政府关于涉农法规的冲突,人大需要在党委的领导下,牵头成立立法领导小组,协调各个涉农部门,广泛征求意见,从立法环节提高立法质量,以良法促善治。同时,"对于综合性立法项目和带动全局的重大立法项目,公民权益保障类和涉及公民重大权利义务的立法项目应当由人大牵头起草"。③

其次,要强化人大在乡村振兴立法中的主导权,还需要从人大自身入手,提升人大自身立法能力。第一,要完善人大的立法机构设置,明确其职能和责任:设区市的人大应当设立独立的法制委员会,作为依法

---

① 汤唯、毕可志:《地方立法的民主化与科学化构想》,北京大学出版社,2006,第82页。
② 张婷:《论地方立法的立项论证》,《江汉大学学报》(社会科学版)2017年第3期。
③ 徐平主编:《人大职权研究》,法律出版社,2017,第57页。

统一审议法规议案的专门委员会;设区的市人大常委会应当设立法规工作委员会,作为常委会承办立法具体事务的工作机构承担立法责任。[①] 第二,需要加强专业人才建设,提升人大的立法能力,包括强化人大常委会组成人员的法律专业背景,实现人大常委会委员专职化,以及对人大代表、常委会组成人员和专门委员会组成人员开展定期的立法能力培训,以增强其履职能力。特别是新获立法权的各设区市人大,应该以各种方式学习国内——甚至包括国外——其他立法主体在涉农立法上的有益经验。例如,在课题组在武汉市黄陂区的调研中,一名人大代表就说:"单行的法,也很有必要,比如饮水安全问题,这方面(需要)用法律的形式固定下来。"同时,考虑到涉农立法包含各个领域的专业知识,而立法机构的人力和能力又均有限,地方各级人大还可以充分联系各大高校的法学人才、律师协会等社会组织,以充实立法力量,提升法律规范性,通过法学智库整合立法力量。

四 利用人大优势提升涉农立法科学性和民主性

科学、民主的立法过程是立法质量的保障,因此要提升涉农立法质量,就必须采取有效措施,确保立法的科学性和民主性。首先,要制定有关涉农立法计划、立法调研和立法意见征集活动的工作制度,规范和约束相关人员的行为,把工作流程的细节加以明确。同时,要建立科学有效的意见反馈机制,重视并有效运用社会公众的科学意见,同时应当将意见的征集情况、分析情况、采纳和运用情况进行适当公开。

其次,要从规划、调研等各环节入手,切实加强涉农立法的科学性。第一,必须依法编制立法规划和年度立法计划,且编制立法计划时,要适度突出涉农项目。为使所立项的立法既属必要又具备现实条件,还应当完善湖北省各级人大年度立法计划中的立项机制,拓宽涉农立法立项

[①] 余跃进:《设区的市行使地方立法权的几点思考》,《人大研究》2015年第10期。

建议来源渠道，对政府部门、公众、人大代表、专家等的涉农立法立项建议进行合理的科学论证。一旦立法项目或立法计划予以通过，不得随意调整变更。第二，要继续坚持和加强立法调研工作，包括：扩大调研对象范围，深入基层，让乡村居民成为涉农立法的真正参与者；针对模范乡村建设进行省内外调研，以学习先进经验。地方各级人大的同志应当把调研活动贯穿在立法计划，法案起草、审议乃至实施等各个阶段，并结合调研报告，不断提高涉农立法的质量，制定出贴近农村生活生产、解决农村实际问题的系列法规。

最后，要扩大立法过程中的社会参与，加强涉农立法的民主性。第一，要拓宽公民、人大代表、专家学者、社会团体参与立法的渠道，如通过媒体向社会公开法规草案及说明、审议结果报告等；完善立法座谈、听证、论证以及立法前评估、立法中评估等工作制度，保障公民、专家等通过多种途径参与立法活动。随州市人大的同志就提出过："在立法过程中有很多的调研，要引领群众参与。"第二，要广泛深入征求意见，注重征求立法相对人特别是广大农民的意见和建议，扩大立法的共识，使立法最大可能地体现民意、维护民益、集中民智。在这方面，可以尝试"建立健全有效的公众参与反馈机制，及时回应民意的需求和期待，以实现立法机关与公众的理性对话，提高公众参与的主体意识与认同感"。[①] 第三，要利用好地方人大代表贴近群众的优势，多听取他们对农村民生现状和问题的意见，进而对涉农立法作出进一步补充修订。去年湖北省在全国率先开展了"聚力脱贫攻坚、五级代表在行动"的活动，之后武汉市部分区县也延续这个机制，开展了"聚力三乡工程、人大代表在行动"的活动。两年来，各级人大代表已经发现了农业、农村发展方面存在的不少问题，下一步省、市两级拥有立法权的人大可以把这些问题和不同地方解决这些问题的实践经验加以整理，吸纳到人大的立法、

---

① 顾爱平：《公众参与地方立法的困境与对策》，《江苏社会科学》2017年第6期。

修法工作中来。

第六节　结语

从 2017 年乡村振兴战略提出以来，乡村的振兴工作逐渐成为各级党委、政府的中心工作之一，而地方各级人大的职权行使也开始越来越多地围绕这一中心工作展开，其中自然也包括立法权的行使。2018 年 1 月 2 日，《中共中央　国务院关于实施乡村振兴战略的意见》发布，明确提出要"抓紧研究制定乡村振兴法的有关工作，把行之有效的乡村振兴政策法定化，充分发挥立法在乡村振兴中的保障和推动作用"；而且还指出，"各地可以从本地乡村发展实际需要出发，制定促进乡村振兴的地方性法规、地方政府规章"。[①] 由此可见，中央拟从整体的角度通过立法，建立起推进乡村振兴战略实施的宏观政策体系，而地方则可以在中央大方向的基础上从本地乡村发展实际需要和本地已有资源优势出发，因地制宜地制定促进乡村振兴的地方性法规。

在以立法促进乡村振兴方面，湖北省各级人大已经作出了很多有益的探索，而这与湖北省作为传统农业大省及重要农产品生产基地的地位是相匹配的。湖北省有辽阔的江汉平原，自古就是大"粮仓"，而神农架等山区的一些特色农产品如木耳、香菇、土豆、核桃、茶叶、柑橘等也享有盛名。虽然近年来农业产值的比重在下降，且一些地方还存在农田抛荒的现象，但农业的战略地位和重要性是毋庸置疑的。地方各级人大应多作调研，结合本地情况来制定切实可行的法规，为区域内乡村的发展画好蓝图，帮助湖北省实现从农业大省向农业强省的转变。当然，未来的乡村应当是怎么样的，农民群众最有发言权，因此要立良法，还

[①] 《中共中央　国务院关于实施乡村振兴战略的意见》，新华网，http：//www.xinhuanet.com/politics/2018－02/04/c_1122366449.htm，最后访问日期：2020 年 9 月 10 日。

得多听取群众的呼声。这就要求地方人大通过各种方式进一步拓宽立法参与的渠道,包括利用好各种立法协商形式,而在这方面湖北省事实上是起步很早的。武汉市人大是中国第一个举行立法听证会的市人大(1999年),可惜的是举行立法听证会的次数很有限;而湖北省人大也是最早采用网络立法听证的地方人大之一(2016年)。以2016年湖北省人大常委会对《湖北省食品安全条例》进行的立法听证为例,当时采用的是线下基层听证与腾讯大楚网网上听证相结合的方式,"广大网友积极参与、深入讨论,通过腾讯大楚网等提出意见1241条,玫瑰直播点击率累计44616人次",[1] 取得了很好的效果。在乡村振兴战略实施过程中,地方人大要想制定出农民群众真正想要和受他们欢迎的法规,那就应该吸取之前所积累的一些有益经验,然后在此基础上再进行适度创新。

---

[1] 湖北省人大常委会法规工作室课题组:《"互联网+"背景下地方立法听证制度研究》,载乔余堂主编《湖北省人大常委会理论研究课题集》2016年卷,中国民主法制出版社,2017,第72页。

第四章

用活重大事项决定权，助推乡村振兴战略实施

第一节 人大的重大事项决定权概说

讨论、决定重大事项，是我国宪法和法律赋予各级人民代表大会及其常务委员会的一项重要法定职权（概括为重大事项决定权，简称为人大决定权）。由民选产生的人大依法行使重大事项决定权，既直接体现着人民当家作主的权利，也是实现公共决策民主化、科学化、法治化，推进国家治理体系和治理能力现代化的重要途径。

一 人大决定权的界定

在我国各级人大及其常委会所享有的四类职权之中，重大事项决定权相对薄弱。一方面，实践中各级人大主动行使决定权的次数偏少，另一方面，从事人大理论研究者对决定权的重视程度也不如立法权、监督权。尽管如此，人大决定权仍然具有自己的一些优点。比如，与人大的立法权相比，决定权尽管也同样需要遵循提出决定草案、听取和审议决

定草案、表决、通过、公布等程序要求，但它的行使更为灵活。对于一些不拥有立法权的地方人大如县、乡人大来说，决定权更是其增强权力机关地位的关键。通过行使重大事项决定权，这些地方的人大可以有效地解决本地面临的紧迫性问题，推动经济社会的发展。

那么，什么样的事项属于重大事项呢？从实践来看，除了法定的那些必须由人大讨论、决定的事项外，被列入"重大事项"的大多为一些带根本性、全局性和长远性的事项。当然，不同地方的重大事项肯定会有所不同，因此需要这些地方的人大根据本行政区域内的实际情况作出判断。重大事项往往涵盖政治、经济、社会与法治等多个领域，但是狭义上理解的重大事项决定权则有其边界，那些凡是属于行使立法、监督、任免等职权，以决定形式表现的事项以及人大及其常委会对运行程序性等事项作出的决定，均不属于重大事项决定权之范畴。[①] 也就是说，这里所指称的重大事项，是专指国家事务中除立法、监督、任免之外的其他重大事项。举例来说，人大批准人民政府、人民法院、人民检察院工作报告的决议通常就不被看作是人大重大事项决定权的行使。因此，有学者曾提出过"两个凡是"的标准，即凡是宪法、法律、地方法规等明确了的属于人大及其常委会讨论决定的事项，凡是宪法、法律、地方法规明确了的由其他国家机关行使职权以外的事项，都属于人大及其常委会讨论决定的事项。[②] 需要特别说明的是，人大在行使重大事项决定权时既可以采用"决定"形式，也可以采用"决议"形式（如湖北省人大常委会1986年《关于加强血吸虫防治工作的决定》和2003年《关于预防和制止家庭暴力的决议》），但一般来说，"决定"大多针对更为具体、明确的事项或单项的、实体性的问题，而"决议"偏宏观，内容更复

[①] 田自勇、蔡玉龙：《人大重大事项决定权研究的时代价值与发展方向》，《河北学刊》2014年第1期。

[②] 高志宏：《关于地方人大重大事项决定权之"重大事项"的判断——以"厦门PX事件"为例》，《理论月刊》2009年第3期。

杂、更具原则性或者需要长时间来执行。此外,"决定重大事项可能会采用决议、决定的形式;但并不是所有以'决议''决定'形式出现的文件,都属于行使决定权的范畴"。①

二 全国人大决定权的内容和范围

根据《宪法》第六十二条,全国人民代表大会可以对如下国家重大事项行使决定权:审查和批准国民经济和社会发展计划和计划执行情况的报告;审查和批准国家的预算和预算执行情况的报告;改变或者撤销全国人民代表大会常务委员会不适当的决定;批准省、自治区和直辖市的建置;决定特别行政区的设立及其制度;决定战争和和平的问题等。当然,全国人大只有在会议期间才能对上述事项作出决定。

另据《宪法》第六十七条,在全国人民代表大会闭会期间,全国人民代表大会常务委员会可以对如下事项行使决定权:审查和批准国民经济和社会发展计划、国家预算在执行过程中所必须作的部分调整方案;决定同外国缔结的条约和重要协定的批准和废除;规定军人和外交人员的衔级制度和其他专门衔级制度;规定和决定授予国家的勋章和荣誉称号;决定特赦;在全国人民代表大会闭会期间,如果遇到国家遭受武装侵犯或者必须履行国际间共同防止侵略的条约的情况,决定战争状态的宣布;决定全国总动员或者局部动员;决定全国或者个别省、自治区、直辖市进入紧急状态等。近年来,全国人大常委会在行使决定权方面表现出了更为积极的姿态,作出的决定包括2015年7月的《关于实行宪法宣誓制度的决定》、2016年12月的《关于在北京市、山西省、浙江省开展国家监察体制改革试点工作的决定》、2017年4月的《关于延长人民陪审员制度改革试点期限的决定》、2018年10月的《关于专利等知识产

---

① 范宇红:《谈谈决议》,载冼庆彬主编《依法行使重大事项决定权》,广州出版社,2010,第66页。

权案件诉讼程序若干问题的决定》、2019 年 6 月的《关于在中华人民共和国成立七十周年之际对部分服刑罪犯予以特赦的决定》、2019 年 9 月的《关于授予国家勋章和国家荣誉称号的决定》等。

三 地方人大决定权的内容和范围

我国《宪法》只对地方各级人大及其常委会的决定权作出了原则性的基本规定，不过《中华人民共和国地方各级人民代表大会和地方各级人民政府组织法》对县级以上人大及其常委会的重大事项决定权有稍微细致一点的规定（详见表 4–1），且后者对这方面的规定甚至要早于现行《宪法》。这些条款为保障和规范地方人大的决定权提供了法律依据。

表 4–1　关于地方人大重大事项决定权的宪法和法律规定

宪法和法律	时间	法条内容
《中华人民共和国宪法》	1982 年制定 2018 年修正	第九十九条 地方各级人民代表大会在本行政区域内，……依照法律规定的权限，通过和发布决议，审查和决定地方的经济建设、文化建设和公共事业建设的计划。 第一百零四条 县级以上的地方各级人民代表大会常务委员会讨论、决定本行政区域内各方面工作的重大事项。
《中华人民共和国地方各级人民代表大会和地方各级人民政府组织法》	1979 年制定 2015 年修正	第八条 县级以上的地方各级人民代表大会……讨论、决定本行政区域内的政治、经济、教育、科学、文化、卫生、环境和资源保护、民政、民族等工作的重大事项。 第九条 乡、民族乡、镇的人民代表大会行使下列职权：……（二）在职权范围内通过和发布决议；（三）根据国家计划，决定本行政区域内的经济、文化事业和公共事业的建设计划；……（五）决定本行政区域内的民政工作的实施计划。 第四十四条 县级以上的地方各级人民代表大会常务委员会……讨论、决定本行政区域内的政治、经济、教育、科学、文化、卫生、环境和资源保护、民政、民族等工作的重大事项。

资料来源：以上两部法律的相关条款均来自新华网。

从表 4-1 列出的《宪法》和相关法律的相关条款来看，县级以上的地方各级人大及其常委会讨论和决定重大事项的权力是非常明确的，而且与全国人大及其常委会不同，县级以上地方人大与其常委会的决定权范围是一致的，只有前者在会议期间行权而后者在闭会期间行权的差别。① 然而对于乡镇人大的重大事项决定权，前些年却有过争议，一些人认为，乡镇人大"通过和发布决议"的权力不属重大事项决定权，因此乡镇人大不宜提"重大事项决定权"。② 另一些人则强调，部分乡镇人大很少或没有行使重大事项决定权并不意味着它不存在，因此关键在于"要让乡镇人大重大事项决定权深入人心，得以激活"。③

事实上，既然乡镇人大可"决定本行政区域内的经济、文化事业和公共事业的建设计划"并"通过和发布决议"，就意味着乡镇一级的人大能就本辖区内重大事项作出讨论和决定，因而这理所当然地应作为行使重大事项决定权来进行理解。随着近年来的研究和讨论，目前人们已普遍接受乡镇人大拥有重大事项决定权的观点。2015 年 6 月中共中央转发的《中共全国人大常委会党组关于加强县乡人大工作和建设的若干意见》明确提出："地方人大根据法律规定，结合地方实际，可以制定具体办法，进一步明确重大事项范围，包括加强民主法治建设的重大措施以及区域发展总体规划、城镇建设、重大民生工程、重大建设项目等。"④ 而这里的"地方"显然包括乡镇。乡镇人大最贴近基层群众，让其享有重大事项决定权，既有助于充分尊重人民群众的意愿，也有助于真正贯彻基层民主。不过，乡镇人大没有常委会，因此其决定权只能在会议期间行使。虽然 2015 年后乡镇人大主席团逐渐成为乡镇一级人大在

---

① 由于省市县人大每年的会期较短，因此实践中绝大多数决定、决议都由其常委会作出。
② 王启华：《乡镇人大不宜提"重大事项决定权"》，《检察日报》2004 年 7 月 3 日。
③ 卢鸿福：《乡镇人大重大事项决定权之争引起的反思》，《民主与法制时报》2011 年 8 月 1 日。
④ 《人大行使重大事项决定权研究》，青海人大网，http://www.qhrd.gov.cn/html/2106/15402.html，最后访问日期：2020 年 9 月 10 日。

闭会期间职权行使和活动开展的法定机构，但它仍不是乡镇人大的常设机关，不能行使此项重大事项决定权。

第二节 地方人大的重大事项决定权在乡村振兴中的作用

乡村振兴战略是习近平同志2017年10月18日在党的十九大报告中提出的战略，是决胜全面建成小康社会，开启全面建设社会主义现代化国家新征程的重大历史任务，是新时代"三农"工作的总抓手。在推进过程中，地方人大各项职权包括决定权的运用至关重要。一方面，乡村振兴战略的实施会使地方人大的决定权有更多"用武之地"；另一方面，地方人大围绕乡村发展的重大事项行使决定权，也能够有力地促进乡村振兴战略实施。

一 乡村振兴战略为地方人大积极行使决定权提供了机遇

实施乡村振兴战略是一篇大文章，需要全面推进。为推进这一战略的实施，2018年1月《中共中央 国务院关于实施乡村振兴战略的意见》发布，搭建起了乡村振兴的"四梁八柱"。这份文件对如下十二个方面的内容进行了详细阐述：新时代实施乡村振兴战略的重大意义；实施乡村振兴战略的总体要求；提升农业发展质量，培育乡村发展新动能；推进乡村绿色发展，打造人与自然和谐共生发展新格局；繁荣兴盛农村文化，焕发乡风文明新气象；加强农村基层基础工作，构建乡村治理新体系；提高农村民生保障水平，塑造美丽乡村新风貌；打好精准脱贫攻坚战，增强贫困群众获得感；推进体制机制创新，强化乡村振兴制度性供给；汇聚全社会力量，强化乡村振兴人才支撑；开拓投融资渠道，强化乡村振兴投入保障；坚持和完善党对"三农"工作的领导。同年9月，中共中央、国务院又印发了《乡村振兴战略规划（2018—2022年)》，对乡村振兴的工作重点和政策举措进行了具体细化和实化。显然，乡村振兴已经成为党和国家工作的重中之重，因此人大也需要更多地服务于这一中心工作，而为配合此战略的实施，地方人大的重大事项决定权将会有更多运用的机会。

首先，乡村振兴具有复杂性和艰巨性，会遇到各式各样的问题。其中有些问题所涉及的事项带有全局、长远、根本的特点，但立法时机可能还不成熟，此时通过人大重大事项决定权来加以规范就是更为恰当的做法。在很多情况下，人大的重大事项决定权是对立法权的重要补充，且常常可以发挥立法权无法替代的作用。"例如，一些社会改革的政策性措施，立法时机不够成熟，也不方便，而通过人大作出决定，能使改革有所规范，为改革提供政策性指导，又能较灵活地适应形势。"[①] 正如很多人所强调的，现阶段的农村只有真正坚持改革创新，才能够打破各种体制、机制障碍，确保乡村振兴顺利推进，而这类改革创新举措都需要人大讨论决定。

其次，乡村振兴的主体是群众，不能由党委、政府包办，因此党委的主张应通过人大依照法定程序包括重大事项决定权的行使上升为国家意志，而人大在讨论、决定这些事项时又需要充分听取农民意愿。习近平总书记说过："党中央已经明确了乡村振兴的顶层设计，各地要解决好落地问题，制定出符合自身实际的实施方案。编制村庄规划不能简单照搬城镇规划，更不能搞一个模子套到底。要科学把握乡村的差异性，因村制宜，精准施策，打造各具特色的现代版'富春山居图'。要发挥亿万农民的主体作用和首创精神，调动他们的积极性、主动性、创造性，并善于总结基层的实践创造，不断完善顶层设计。"[②] 中国各地乡村的情

---

① 蔡定剑：《中国人民代表大会制度》，法律出版社，2003，第315页。
② 《习近平谈治国理政》第3卷，外文出版社，2020，第261~262页。

况千差万别,振兴之路怎么走,应该尊重当地群众的想法,而地方人大在集中民智方面具有无可比拟的优势。"人大重大事项决定权行使的基础和前提是公民有序参与人大工作",① 而公民有序参与人大重大事项决定权行使,有助于实现决策的科学化、民主化。

二 地方人大应通过重大事项决定权的行使有效助推乡村振兴战略

乡村振兴是一项宏大的系统工程,需要汇聚各方力量和资源,共同推进。在此过程中,地方人大应该充分发挥作用,运用好其讨论和决定重大事项的权力,助力乡村振兴。

第一,在产业振兴方面,地方人大应积极地对乡村产业规划和产业发展方向等事项作出决定。乡村振兴,产业振兴是关键。地方选择什么样的特色产业?怎么促进产业融合?农旅结合的田园综合体怎么建设和运营?农业科技园或产业园怎么选址和兴建?对于这类问题,地方人大尤其是最知民情和最接地气的县乡人大显然最有发言权。尤其是乡村规划,鉴于其对乡村持续发展所具有的重要意义,调研中许多同志都强调人大要把好规划关。阳新县人大的一名同志说:"规划要科学编制,规划中要定思路、方向、政策,因地制宜制订长远规划。只有规划做好,以后的建设才不是短期行为。"鄂州市东沟镇的一名人大代表也说:"规划很重要,镇、村都需要规划,每个镇、村、湾怎么做,都在规划与实施,一张蓝图要绘到底。规划必须接地气,契合村庄发展。作出规划必须要调研、勘察,不是闭门进行规划。"咸宁市咸安区的另一名同志则说:"乡村规划应该是不可复制的,体现乡村独特性,目前乡村规划存在着用城市发展模式套农村实际的问题。规划要由人大审议、批复,特

---

① 苗光新:《正确处理党的决策权与人大决定权的关系》,《科学社会主义》2011 年第 4 期。

别注重过程，不能程序化，也不能乱批，应该严肃。"

第二，在人才振兴方面，地方人大应积极地对乡村紧缺人才的培养、引留、使用等事项作出决定。乡村振兴需要有优秀人才的持续供给，而且实践表明，一些乡村迟迟发展不起来，很大程度上是由于缺少懂农爱农的人才。地方人大可通过调研，了解本地最需要的人才类型，再通过决定权的行使，督促本地政府的相关部门重视人才工作，加强对人才的保障力度。关于人才对乡村振兴的重要性，课题组在调研中听得非常多，如襄阳市的一名人大代表就强调要"注重人才引进的大事，改变农村的现状，靠引进"；谷城县人大的一名同志也说："对现有的人才要使用好，不要求全责备，要不拘一格。"在乡村人才的引、留、用方面，一些地方已经探索出了行之有效的做法，值得其他地方学习。

第三，在文化振兴方面，地方人大应积极地对乡村传统文化传承、乡风文明建设等事项作出决定。文化是乡村"软实力"的体现，没有优良的乡风文明，乡村振兴就会失去它的"魂"。因此，地方人大可通过决定权的行使，就乡村特色文化保护、乡村公共文化服务体系建设、完善村规民约等事项作出规定，确保本地的乡村文化建设顺利进行。调研中，随州市人大常委会的一名同志就认为，人大可通过立法方式提高公共文化服务供给水平，丰富农民群众文化生活，促进花鼓戏等一批非物质文化遗产保护，有效提升文物保护水平，而即将出台的《随州历史文化街区和历史建筑保护条例》就是随州市人大在这方面的一个重要举措。京山市人大的同志也强调："在重大事项决定权的发挥方面，人大要引导村规民约的制定，村规民约要合法，符合公序良俗、诚实守信的原则。"

第四，在生态振兴方面，地方人大应积极地对乡村自然生态保护、人居环境维护等事项作出决定。习近平总书记曾指出过，绿水青山就是金山银山。我们要振兴的乡村不是经济富足却污水横流、垃圾遍地的乡村，而是村头有清澈小河流过、随处有鸟语花香、能让人记住乡愁的美丽乡村。为达此目标，地方人大可通过其决定权的行使，着力推进农村饮用水保护、农业污染源防治、农村脏乱差整治等工作。调研中，黄冈市黄州区人大的同志说，人大的决定权应结合基层情况，就乡村工作的重点难点作出决定，而该区人大之前对农村污水治理、建立水库保护区等事项作出的决定就很好地体现了这一点。

第五，在组织振兴方面，地方人大应积极地对人大配合基层党组织加强党建工作等事项作出决定。乡村振兴战略的实施，有赖基层党组织发挥战斗堡垒作用。虽然基层党建工作主要由基层党委承担，但人大仍可以协助基层党委做好基层党组织的学习教育工作、扶贫脱贫工作、整顿软弱涣散基层党组织工作等，而在这方面其决定权的行使也常常是必要的和有益的。

总之，在乡村振兴战略实施过程中，上述这五个方面的振兴都属于典型的重大事项，因此地方人大理所当然地拥有决定权。

第三节　近年来湖北省各级人大以重大事项决定权促乡村发展的探索

虽然乡村振兴战略提出的时间还不长，但湖北省各级人大及其常委会在把重大事项决定权的行使与推动农业、农村、农民发展相结合上已经有过不少富有创新性的实践，也取得了一些实效和成果。

一　省内各级人大在加强重大事项决定权制度化上的举措

地方各级人大及其常委会行使重大事项决定权，是代表人民行使国家权力的重要体现。不过，宪法和地方组织法中关于地方人大及其常委会享有的决定权的规定都过于抽象，不够具体，且缺乏可操作性，因此在实践中对决定权的行使往往很难把握。为此,从20世纪80年代末起,一些地方人大开始尝试通过制定地方性法规的方式将其重大事项决定权制度化。据统计,目前全国有"29个省、自治区、直辖市人大常委会都已经出台了关于重大事项决定权的地方性法规"。[①] 虽然湖北省人大常委会只是第六个制定这类地方性法规的,但它却是第一个出台省内各级人大常委会——亦即不只适用于省级人大常委会——讨论决定重大事项的地方性法规。

1999年制定、2017年修订的《湖北省各级人民代表大会常务委员会讨论、决定重大事项的规定》,[②] 以列举加兜底的立法模式,对重大事项决定权作出了议而必决、议而可决和议而不决三个层次的范围界定。

首先,该法规在第六条规定了议而必决的事项,提出下列(最后一类为兜底条款)重大事项应当向人大常委会报告,由人大常委会审议,并作出决议、决定:(一)同级党委建议人大常委会讨论、决定的重大事项;(二)贯彻执行宪法、法律、法规和上级以及本级人民代表大会及其常务委员会决议、决定的重大措施,加强社会主义民主法治建设的重大措施;(三)本级人民代表大会授权人大常委会讨论、决定的重大事项;(四)需要人大常委会授权依法开展的重大改革措施;(五)本级人民政府对国民经济和社会发展五年规划、年度计划的调整方案;(六)本级预算调整方案、地方政府债务限额和上一年度决算;(七)人民代表大会换届选举工作中的有关重大事项;(八)撤销本级人民政府不适当的决定和命令;(九)撤销下一级人民代表大会及其常务委员会不适当的决议、决定;(十)授予或者撤销地方的荣誉称号;(十一)法律、法规规定应当由人大常委会讨论、决定的其他重大事项。

---

① 徐平主编《人大职权研究》,法律出版社,2017,第204~205页。
② 《湖北省各级人民代表大会常务委员会讨论、决定重大事项的规定》,湖北省人大常委会,http://www.hppc.gov.cn/2017/1013/23185.html,最后访问日期:2020年9月10日。

其次，该法规的第七条指出下列（最后一类亦为兜底条款）重大事项应当向人大常委会报告，由人大常委会审议并提出意见、建议，根据需要可以作出决议、决定：（一）推进依法行政、公正司法的重大决策部署；（二）涉及经济社会发展全局和人民群众切身利益、社会普遍关注的重大民生事项和建设项目；（三）上半年国民经济和社会发展计划、预算的执行情况；（四）上一年度预算执行和其他财政收支的审计情况以及查出问题整改情况；（五）环境保护规划、土地利用总体规划、城镇体系规划、城市总体规划、主体功能区规划等的编制、修改和实施情况；（六）环境状况和环境保护目标完成情况，重大环境事件的应对处置情况；（七）行政区划调整方案；（八）法律、法规规定应当向人大常委会报告的其他重大事项。此外，人民政府工作部门的设立、撤销或者合并方案，报经上一级人民政府批准后，应当报本级人大常委会备案。这些都是议而可决的情形。

最后，该法规在第八条还对议而不决的事项作出规定，指出下列国家机关、机构和人员可以依法向本级人大常委会提出有关重大事项的议案、报告：（一）人大常委会主任会议；（二）人民政府、人民法院、人民检察院；（三）人民代表大会各专门委员会（以下简称专门委员会）；（四）省、市（州）人大常委会组成人员五人以上联名，县（市、区）人大常委会组成人员三人以上联名；（五）法律、法规规定的其他国家机关。

在湖北省人大常委会出台上述法规之后，省内的武汉市、黄石市、襄阳市、咸宁市、宜昌市、恩施土家族苗族自治州、潜江市、五峰土家族自治县等也都相继出台了本级人大常委会讨论、决定重大事项的规定；[①] 荆门市则制定了人大常委会讨论、决定重大事项的实施细则。这

[①] 荆州市人大常委会1996年就已通过《讨论本行政区域内重大事项的暂行规定》，在时间上早于省人大常委会出台的前述法规。

些根据本行政区域实际情况因地制宜制定的规范性文件普遍采用列举、兜底的方式来进行重大事项决定权的"立法",且同样都规定出议而必决、议而可决和议而不决的三种基本情形(有的市、州、县只规定前两种,如恩施州),从而为地方人大及其常委会行使重大事项决定权提供了制度保障。

除此之外,在2015年中共中央转发《中共全国人大常委会党组关于加强县乡人大工作和建设的若干意见》后的次年,湖北省人大就根据新的要求制定了《湖北省乡镇人民代表大会工作条例》,为乡镇人大在重大民生事项上行使决定权提供了非常重要的法理依据。该条例的第四条明确规定:乡镇人民代表大会讨论、决定重大改革举措、乡镇发展总体规划、重大城乡建设项目、重大民生和环境保护工程等重大事项;乡镇人民代表大会讨论、决定重大事项,可以根据实际情况,依法作出决议、决定,或者将有关意见、建议转交乡镇人民政府研究处理;乡镇人民政府对重大事项作出决策前,应当向本级人民代表大会报告,乡镇人民代表大会闭会期间,应当向乡镇人民代表大会主席团报告。[①]《湖北省乡镇人民代表大会工作条例》结合省实际,在不同宪法、法律和地方性法规抵触的情况下,填补了本省乡镇人大重大事项决定权在法理上的空缺,健全和完善了制度体系,确保了省内乡镇人民代表大会对这一职权的依法、有效行使。而作为直接面对群众的最基层人大,乡镇人大如能够运用好重大事项决定权,必将在推动乡村振兴方面起到积极的作用。

二 省内各级人大及其常委会在涉农问题上决定权的运用

新时代下,要实现乡村振兴,达到农业强、农村美、农民富的目标,

[①] 《湖北省乡镇人民代表大会工作条例》,湖北省人大常委会,http://www.hppc.gov.cn/2016/0918/19002.html,最后访问日期:2020年9月10日。

就得致力于推动"农业全面升级、农村全面进步、农民全面发展",而湖北省各级人大及其常委会在行使重大事项决定权以促进"三农"发展方面曾作出过积极的努力,也已经产生了一些丰硕的成果。

1. 省级人大

20世纪80年代以来,湖北省人大及其常委会曾作出过许多涉农决定,其主题涉及革命老根据地建设、保护农村专业户合法权益、造林绿化、血吸虫病防治、水资源环境保护、加强农村饮水安全工作等。尤其是近几年来,省人大对决定权的运用明显增多,且其中涉及农业、农村和农民问题的内容也增多。比如,2015年2月湖北省第十二届人民代表大会第三次会议通过的《关于农作物秸秆露天禁烧和综合利用的决定》,是国内首个关于秸秆焚烧的决定,它的目的是提高耕地质量、促进农业增产、增加农民收入、节约资源、保护生态环境和改善农村生产生活条件等。从实践来看,这个决定得到了积极落实和贯彻,收效良好,既保护了环境,又促进了秸秆综合利用产业的蓬勃发展。再比如,2018年湖北省第十三届人民代表大会常务委员会第四次会议通过的《关于深入开展扫黑除恶专项斗争的决定》,虽然不是专对"三农"问题的,但其中也提出要"充分发挥乡镇(街道)在扫黑除恶中的基础作用,以扫黑除恶专项斗争成效护航乡村振兴、脱贫攻坚和基层治理",而其他一些决定也都有类似的涉农内容(见表4-2)。

表4-2 湖北省人大及其常委会近年里通过的涉农决定

年份	名称	涉农内容
2015年	关于农作物秸秆露天禁烧和综合利用的决定	齐抓共管,禁止露天焚烧秸秆;多策并举,推动秸秆综合利用
2016年	关于大力推进共享发展的决定	完善脱贫攻坚体制机制完善;帮扶困难群体体制机制;完善生态文明建设体制机制
2017年	关于大力推进长江经济带生态保护和绿色发展的决定	切实保护和科学利用长江水资源;严格预防和治理水污染;加强流域环境综合治理;强化生态保护和修复;促进绿色低碳生态环保产业发展

续表

年份	名称	涉农内容
2018 年	关于深入开展扫黑除恶专项斗争的决定	充分发挥乡镇（街道）在扫黑除恶中的基础作用；依法健全村（居）民自治机制；贯彻执行村（居）民委员会法律法规
2019 年	关于大力推动新时代湖北高质量发展的决定	以产业扶贫为根本；强化对插花贫困地区的指导和支持；做好生态修复、环境保护、绿色发展"三篇文章"；着力实施乡村振兴战略

资料来源：根据湖北省人大常委会官网的决定文本整理而成。

2. 地级市人大

从全国范围看，湖北省在地方政治建设包括人大制度建设上是有颇多亮点的，而这也部分得益于其起步较早的地方政治研究。早在1995年，荆州市人大常委会就曾针对大范围的伪劣种子坑农事件先后出台过《关于组织杂交水稻种子经营特定问题调查委员会的决定》《关于特定问题调查委员会调查报告中所提若干问题的决议》，有效维护了受损单位和农民的利益。群众利益无小事，而荆州市人大的这次行权正说明了这一点，也为湖北其他地级市人大该如何行使决定权起到了很好的示范作用。近些年来，在中央提出社会主义新农村建设和乡村振兴战略的大背景下，一些地级市人大也相应地加强了涉农重大事项决定权的行使。比如，2011年8月，荆门市第七届人大常委会第三十七次会议通过了《关于进一步加强农村安全饮水工作的决议》，要求市政府及环保、水务等部门把基本解决全市农村饮水安全问题作为重要工作，认真组织实施，得到了相关机构及人大代表的积极响应，取得了很好的效果。再如，2013年，宜昌市第五届人民代表大会常务委员会第六次会议作出了《关于加强"窑湾蜜桔"原产地保护工作的决定》，对发展当地的观光农业、保护地方名特品牌起到了很好的作用。又如，2017年初，天门市八届人大一次会议作出了《关于"加强重点流域水安全水生态综合治理"议案的决定》，督促政府加强水利基础设施建设，巩固提升农村饮水安全成效，综合治理畜禽养殖业、工业企业、农业面源污染，统筹城乡垃圾治理，切实改善该市汉北河、天门河、沉湖等重点流域水安全水生态现状。另外，部分地级市人大作出的一些决定虽非专门针对"三农"问题，但同样可能涉及此类内容，例如2018年武汉市人民代表大会常务委员会《关于加快全域旅游大发展的决议》中就有"加大与现代农业的融合，建设一批绿色生态乡村旅游带和休闲观光片区，实施旅游精准扶贫，促进乡村振兴"的内容。

3. 县（市、区）人大

与省、市人大相比，湖北各县（市、区）人大的决定权行使得相对较少，但近年来越来越多的县（市、区）人大开始从推动乡村发展的考虑出发去尝试更多地行使决定权。首先，湖北省是林业资源大省，森林覆盖率高且有多个国家级森林公园，因此省内不少县（市、区）人大都曾就区域内的森林保护事项作出过决定。例如，2014年10月咸宁市咸安区人大常委会就作出了《关于建立咸安区天然林保护示范区的决定》，决定在全区范围内，选择现有林木条件较好且集中连片的天然林若干处，共2万亩，列入天然林保护示范区的建设范围；保护期为10年，每年设立天然林保护示范区生态效益补偿专项资金100万元——调研中该区人大的同志说2018年已提高至150万元且保证专款专用；每年组织一次天然林保护示范区视察或调研。2017年大悟县人大常委会作出的《关于全面实行封山育林、保护森林资源的决定》以及2019年兴山县人大常委会作出的《关于实施青山工程加快推进全域绿化工作的决定》都属此类。其次，为贯彻党中央关于建设美丽中国的要求，部分县（市、区）人大也通过决定权的行使，解决乡村垃圾、污水的问题，促进本行政区域的生态文明建设。例如，2017年荆州市监利县十八届人大二次会议通过了《加快推进全县城乡生活垃圾一体化处理的决议》，要求全县村组普遍建立环卫保洁机制，城乡生活垃圾收集基本实现全覆盖。之后通过该县人大对县政府的持续监督、督促和视察，该县城乡生活垃圾一体化的体系已基本形成。2014年浠水县人大常委会作出的《关于在白莲河库区浠水境内开展涉库生态环境综合整治的决议》、2017年罗田县作出的《关于加强全县河道流域生态保护的决定》、2018年黄冈市黄州区人大常委会作出的《关于推进全区农村污水治理的决定》等亦属此类。除此之外，近几年一些县（市、区）人大还积极响应中央部署，作出关于脱贫攻坚工作的决议，以争取按期实现精准脱贫，也取得了很好的效果。

4. 乡镇人大

21世纪之前，乡镇人大的重大事项决定权基本处于虚置状态，调研中有人就承认"2016年前乡镇人大很少作决定"，而且对其是否拥有此项权力还曾经有过争议。税费改革后，随着"项目下乡"（国家以项目为载体向农村地区输入资源）的增多，乡镇层面不属常规工作的重大事项也相应增加。在这种背景下，2008年浙江省宁海县的力洋镇和大佳何镇率先试水"政府实事项目代表票决制"，有效激活了乡镇人大的决定权。经过多年的实践，这一制度取得的成效非常明显，被广泛借鉴。近几年来，为配合乡村振兴战略的实施，湖北的一些乡镇人大如松滋市八宝镇人大、谷城县紫金镇人大、监利县毛市镇人大等也开始在重大民生项目的选择上采用人大代表票决制，但都根据实际情况作出了相应的改进，具有自己的特色，因而非常值得一提。其中，松滋市八宝镇人大的具体做法是：先在2018年的镇人大会议上表决通过八宝镇重大民生实事人大代表票决制实施办法，再听取镇政府2018年度重大民生实事候选项目征集情况报告，然后让人大代表充分审议和提出建议，最后通过全体代表的差额投票，从4个候选项目中选出潘东公路维修改造升级、八宝卫生院住院部维修、莲支河环境治理暨生态绿化工程这3个项目。又如，2019年初谷城县紫金镇也以人大代表票决的方式确定了本年度的重大民生实事项目。紫金镇人大代表票决民生实事项目是一个事前准备、事中组织和事后监督的系统工程,分为四个阶段、八个环节(项目征集、项目初定、项目审议、票决、实施、督查、监督、评估)。[①] 在项目征集阶段,该镇的人大代表和群众积极参与,共征集道路硬化、河堤工程、茶园建设等民生项目 18 个。后经镇政府根据镇财政承担能力对征集到的项目进行了初选,确定 4 个项目,最终经该镇第十届人民代表大会第五次会议表决确定了其中的 3 项。这类制度创新既保证了决策的民主化,又保证了决策的科学化和法治化,是乡镇人大行使重大事项决定权的全新尝试,具有极大的理论价值和现实意义。目前,湖北省已有不少乡镇启动和实施重大民生实事项目代表票决制,另有部分乡镇在乡村规划等重大事项上积极行使了决定权,如阳新县木港镇的蚕桑产业规划、鄂州市梁子湖区梁子镇乡村规划等就是经镇人大代表充分讨论决定的。贺胜桥镇人大近年来先后作出了《关于加强贺胜桥镇违法建筑整治的决定》《贺胜桥镇关于鼓励发展壮大村级集体经济的决议》《关于实施精准扶贫加快推进扶贫开发工作的决议》等决定、决议,使一批事关经济和民生的问题得到了妥善解决。相比以往,乡镇人大的决定不再虚置,正如潜江市张金镇的一名人大代表所说的那样,"在重大事项上我们作出决定,而且现在决定(权)比以前用得多。"

综上,近些年来湖北省各级人大及其常委会通过行使重大事项决定权,作出了一些具有针对性的高质量决定、决议,有力推动了本省乡村经济、社会的全面发展。同时,作为最基层的国家权力机构,湖北省的乡镇人大在近几年里也因更为积极地行使决定权而具有了更大的活力,这对促进基层民主、满足乡村群众对美好生活的需要来说意义重大。

[①] 后震、宛大勇、龚高峰:《谷城县紫金镇实施民生实事项目人大代表票决制》,湖北省人大常委会,http://www.hppc.gov.cn/2019/0611/30239.html,最后访问日期:2020 年 9 月 10 日。

第四节　湖北省各级人大在行使重大事项决定权上存在的不足及其原因

尽管湖北省各级人大在运用重大事项决定权促进乡村发展方面作出了很大的努力，且取得了一些成绩，但我们也必须注意到其中仍然存在着不足之处。一是省内各级人大及其常委会的重大事项决定权尚未发挥应有的作用，重大事项决定权行使不到位、不充分的情况还较为普遍。二是各级人大重大事项决定权的行使过程中也存在偏差，特别是在决定权的内容、程序、机制、规范性等方面都还有很大的改进空间。同时，由于省内各级人大的重大事项决定权本身就行使不充分，因此真正通过决定权有效促进"三农"发展的实例数量也相当有限，比如一些市县乡人大基本没有就与"三农"问题有关的事项行使过决定权，还有一些市县乡人大决定的事项中虽然有涉及"三农"问题的，但也只是轻描淡写地附带提及。造成这些不足的原因是多方面的，既有法律上对重大事项的界定不明晰和操作程序上的不规范的原因，又有思想上的惰性和观念上的认识误区等原因。

一　作出决定、决议的主动性不足，"非规定动作"偏少

在重大事项决定权的行使上，省内各级人大表现出明显的主动性不足，不仅决定、决议的数量偏少，而且决定、决议中属"自选动作"的更少。大多数决定、决议尽管确实针对重大事项，但都是"一府两院"根据明确的法律规定而提请人大决定的程序性或常规性事务，属批准性决定，比如关于本行政区域发展五年规划纲要的决议、关于批准年度财政预算或决算的决议、关于政府专项工作报告的决议、关于听取审议法院执行工作情况报告的决议等。另外，还有少数决定、决议是在同级党委建

议下或应政府要求而作出的，人大自身的能动性并没有得到充分体现。对于法律仅作原则规定或未明确规定的事项，很少有市县乡的人大会主动地去作决定。根据湖北省人大之前的一次调查，在66个市县人大常委会作出的1485个决议决定中，"属于程序性的有1013个，占68.2%；属于执行性的，即以本地实施有关法律、法规为目的的有174个，占11.7%；属于人大自身建设方面的有117个，占7.9%；属于决策性，即按同级党委意见和实际情况对本行政区域内和重大事项作出的决议决定有181个，占12.2%"。① 那么，省内各级人大在对待重大事项决定权时为何会出现主动性不足的这种情况呢？

首先，造成这种情况的主要原因在于体制机制不顺，人大的重大事项决定权与党委对重大事项的决策权、政府对行政管理的决策权之间界限不清晰。"由于历史原因，地方重大事项基本上习惯于'党委决策—政府执行—人大监督'的模式，法律规定的人大及其常委会与'一府两院'之间决定与执行的关系基本上没有体现出来。"② 在我国，党政军民学，东西南北中，党是领导一切的，中国共产党对国家的领导，当然也包括对国家重大事项的决策领导权。从理论上讲，各级人大是本行政区域内的最高权力机关，它应在同级党委的领导下行使各项职权包括决定权，而党委也要积极支持它通过行权来贯彻党的主张。但从现实中的操作来看，基本上是各级党委决策拍板地方上的重大事项，有时则由党委和政府联合作出决策、决定，甚至也有政府独自决定的情况，理想中的"党委领导、人大决定、政府执行"的权力运行机制还没有完全理顺。③ 调研中，谷城县的一名镇人大主席说："搞好地方人大工作，没有党委

---

① 陈国荣：《决定权的实证分析》，载张牢生主编《地方国家权力机关决定权研究》，中国民主法制出版社，2004，第178~179页。
② 陈穗雄：《地方人大及其常委会行使重大事项决定权初探》，载冼庆彬主编《依法行使重大事项决定权》，广州出版社，2010，第45页。
③ 曾庆辉：《地方人大重大事项决定权实践探索及完善路径》，《新视野》2017年第1期。

支持是搞不好的"；襄阳市一名区人大的同志也说："人大的作用发挥不够'硬'，主要是党委不够重视。"长期以来，我国政治体制已经形成和维持了党委决策、政府执行的政治权力结构，使人民代表大会的重大事项决定权行使得很少。① 当各级人大都只管"要我决定"的事项而不愿去多想"我要决定"的事项时，作决定、决议就成了只是按部就班去完成"规定动作"的简单性、重复性工作，这就造成各级人大的重大事项决定权被严重地虚化、弱化，难以发挥实际效用。

其次，造成这种情况的原因还在于相关的法律规范不明晰，人大决定权所针对的"重大事项"难以被准确把握。何为重大事项？这是各级人大行使决定权时面对的首要难题。国家相关法律对判定重大事项的标准、原则、程序、方式等没有统一的规范，使得现实中这个问题往往难以得到很好回答。一方面，"现行法律规定的人大决定权所涉及的领域与政府决定权所涉及的领域，在经济、教育、科学、文化、卫生、环境和资源保护、民政、民族等领域偏偏重合，也就出现了如何划分人大决定权和政府决定权关系的问题"。② 另一方面，宪法和组织法对重大事项的规定较为宽泛、笼统和原则，内容上缺乏实质性的规定，形式上缺乏程序性的规定，③ 于是就留下了理论上的困惑和具体操作上的难题。尽管省内各级人大试图通过出台关于重大事项的规定、办法来填补空白，但是这些规范性文件基本还是在参照和模仿上位法，形式和内容上的差异化和因地制宜化还有所欠缺，因而可能成为具文。正如有学者指出的："有的地方人大常委会虽然也制定了关于讨论、决定重大事项的条例或规定，但多数仍比较原则且不够规范，使得地方人大对哪些事项属于重

---

① 蔡定剑：《中国人民代表大会制度》，法律出版社，2003，第 328 页。
② 郭福成、江舒：《决定权制度化中的几个认识问题》，载冼庆彬主编《依法行使重大事项决定权》，广州出版社，2010，第 21 页。
③ 高志宏：《关于地方人大重大事项决定权之"重大事项"的判断——以"厦门 PX 事件"为例》，《理论月刊》2009 年第 3 期。

大事项难以把握，而且经常造成人大常委会、政府对同一重大事项理解不一的问题，以致人大常委会的'失职'和政府的'越权'行为经常发生。"[1] 实践中，地方人大常常面临着如下两难局面，即将重大事项的门槛设定得太高会导致操作性不强，而将门槛设定得太低又会影响其权威性。法律上的不明晰要求地方人大以更加灵活的态度对待其决定权，但是由于人们担心法理上的冲突，地方人大的灵活性空间又往往被限制，最终的结果便是地方人大缺乏主动行使重大事项决定权的动力。

最后，造成这种情况的原因还包括思想认识上存在误区和怠惰的情绪。由于害怕被误解为是同党委争权，同时又担心有干扰政府工作之嫌，一些地方的人大不太愿意甚至不敢主动去行使重大事项决定权。于是，他们就因为思想认识上的局限而把自己束缚在了一个狭小的空间内，不敢放开手脚去积极地行使重大事项决定权。"在一部分干部特别是少数领导干部头脑里，对人大及其常委会性质、地位和作用认识不清，对行使重大事项决定权理解片面，认为重大事项有党委决策，用不着人大来作决定，人大作决定是多此一举，是形式主义。"[2] 与此同时，认识上的误区又引发了思想上的怠惰之情，表现在一些市县乡的人大主观上或多或少存在消极思想，对重大事项决定权既疏于行使，更懒于创新。一些地方人大的同志认为在现行体制下难以行使好重大事项决定权，不愿花费精力去研究和提出有关本行政区域内重大事项的议案，于是人大主动去作决定、决议的程序在启动阶段就被"掐灭了火苗"，更不必说后面的环节了。另一些同志则害怕会作出错误的决定，抱着多一事不如少一事的想法，认为只要完成"规定动作"即可。他们对人大

---

[1] 刘文忠、李文华等：《地方立法的民主性与科学性研究专论：地方人大及其常委会行使重大事项决定权立法的个案研究》，法律出版社，2009，第33页。
[2] 陈洪波、陈国荣：《总结经验 探索前进——2003年度中南六省区人大常委会主任座谈会综述》，载张牢生主编《地方国家权力机关决定权研究》，中国民主法制出版社，2004，第234页。

决定权的重要性及自身应当承担的责任认识不够，对行使决定权的意义感不强，这都导致了其所属人大在重大事项决定权方面难有突破性、实质性的进展。湖北省人大常委会一名原副主任说："据我省市州人大反映，一些地方对本行政区域内应由人大决定的重大事项常常是由党委或党委政府联席会议决定，再以党委政府联合发文，人大既没有决定，也不好监督。"①

由于这些原因，目前湖北省内各级人大在重大事项决定权行使上缺乏主动性，致使其有被虚化、虚置的危险，尤其是更为基层的县乡人大在行使决定权以推进乡村事业发展上表现得还不尽如人意。如何从人大同志的思想认识入手，让人大的重大事项决定权尽快从虚变实，以助推乡村振兴战略实施，仍是我们当前应该着力解决的重要问题。

二 决定、决议的操作性不强，有些甚至是"象征性"决定

从决定的内容和质量来看，省内各级人大就重大事项作出的部分决定太过原则和宏观，操作性不强，而且之前作出的决定、决议中涉及经济、社会等具体事项的极少。同时，在实施乡村振兴战略的大背景下，一些市县乡的人大还没找准结合点，没有作出兼具针对性、实用性、时效性、科学性和可操作性的决定和决议。

造成这种情况的原因首先在于各级人大往往缺乏相关的专业人才，难以在作决定之前对重大事项有足够深入的了解。由于我国各级人大代表绝大多数都是兼职代表，又没有代表助理制度，因而即使人大代表能够走出认识误区，认识到重大事项对本地民生福祉的重要性，人大自身也缺乏专门的部门去对一些重大的民生实事项目进行缜密的可行性论证，无法制定科学的和可操作的蓝图，也缺乏专业人才队伍去对一些重大规

---

① 赵文源：《依法行使重大事项决定权的实践与思考》，载张牢生主编《地方国家权力机关决定权研究》，中国民主法制出版社，2004，第18页。

划提出有效的修改意见和实施建议。"随着社会公共事务的日益复杂化和专业化,一些领域的重大事项决定,如审查批准国民经济和社会发展草案、对各种经济社会发展预期目标的确定、财政预算草案审查中财政资金的损益分配等,都越来越需要依靠专业知识和技术来保证决定的科学性。"① 尽管地方人大常委会组成人员专职化的比例在提高,② 但因人大工作千头万绪,人手紧缺仍是普遍现象。虽然有越来越多的人大代表积极参与到重大民生实事项目的征集、审议、票决、实施、监督等过程中去,但是由于一些事项的专业性太强,而代表在这方面的知识又有限,因此即使对其作出决定,也很难保证决定具有较强的科学性、合理性。

其次,人大及其常委会工作制度的缺陷对其重大事项决定权的有效行使产生了一定的制约,在具体操作过程中存在着如下问题:第一,从时间来看,各级人民代表大会召开会议的频率为每年1次,会期为2~6天,最长也不超过1周,这就使得审议、决定的重大事项数量有限,审议和决定难免有些仓促;第二,地方各级人民代表大会代表组成比例和结构存在一定问题,其中干部代表占据了相当大的比例,使人民代表大会的民意代表性有所下降,不利于客观、科学、高效地审议议案;第三,地方各级人大常委会专职化程度低,人大常委会组成人员的时间、精力往往被牵扯,不能就重大事项进行深入研究、讨论、审议,也因而不可能更好地行使重大事项决定权;第四,人大常委会工作机构服务制度不合理,人大代表、人大常委会组成人员对专门讨论的事项占有资料少、了解信息少,难以深入地展开研究,也就难以提出科学合理的审议意见。③ 很明显,在与重大事项决定相关的议案的提出、审议过程中,人

---

① 徐平主编《人大职权研究》,法律出版社,2017,第214页。
② 在2015年中共中央转发的《中共全国人大常委会党组关于加强县乡人大工作和建设的若干意见》中,提出"优化常委会组成人员结构,逐步将专职组成人员比例提高到60%以上"。
③ 田自勇:《完善人民代表大会重大事项决定权制度的思考》,《河北法学》2014年第3期。

大代表、人大常委会组成人员因时间、精力、信息的限制，只能相对优先地去考虑法律规定的批准性决定，而对其他一些决定往往难以真正把控其质量。虽然作出了一些重大事项的决定、决议，但只是通过倡议性的口号来表明人大对此事项的重视，不仅附有具体执行措施的内容偏少，而且其科学性实际上也难以得到保障。

最后，缺乏严格的程序规定来对重大事项的项目征集，项目初定，项目审议、票决、实施、督查、监督、评估等各个环节进行规范，造成了部分地方人大的决定、决议要么只有抽象的原则性要求，要么对实质性的重大经济、社会事项关注不够。从程序的角度来看，目前各级人大决定权的行使仍存在一些不规范之处。第一，重大事项的提出程序不够严密，导致部分重大事项的质量不理想，内容也过于原则和模糊，不能保证民意代表性和科学化兼备；第二，在调研论证阶段，确定某些重大事项时没有邀请相关专家学者参与讨论，甚至没有召开听证会、咨询会，导致调研论证不充分，没有对其可行性作出完整的评估，往往失于草率；第三，在讨论审议阶段，对一些争议较大的重大事项该如何进行辩论和协商的问题并没有妥善处理和解决，导致对一些事项的认识不全面；第四，在决定表决阶段，如何规范表决形式也没有具体的相关规定；第五，针对督办落实过程中出现的问题，也没有形成及时反馈和解决的程序机制。[①] 正因为代表们提出的部分议案本就质量不高，缺乏相关专家的充分论证，加上审议时间又不够，所以即使议案获得通过，其操作性也必然不强。

当然，实践中部分地方人大的决定是为表明对某个问题的重视而作出的。为保障作出的决定、决议的权威性，确保其得到贯彻执行，地方人大应当高度重视其质量问题，并从多方面对其科学性和可操作性等加以提高。正如京山市人大的一名同志所说的："涉及公路交通、城市城

---

① 曾庆辉：《地方人大重大事项决定权实践探索及完善路径》，《新视野》2017 年第 1 期。

乡规划、基础设施方面的议题，人大要充分发挥决定权……不能追求高大上，而要切合实际。"特别是有些事项虽然重大，但如果在当前阶段没有好的执行手段或执行条件不成熟，人大也不应该在没有充分地调查、研究之前就仓促对其作出决定。"要对现有的人力、物力、财力、科学技术水平等主客观条件进行审慎、科学地论证和评估，确定可行的程度，把需要与可行性有机地统一起来。"① 例如，调研中有个区的同志就曾经提到过，当地的一个田园生态项目在区"十三五"规划出台后被叫停了，原因是区里的旅游开发规划与省国土厅农业用地规划之间存在矛盾，且涉及耕地红线，所以只能变更规划。

三 决定、决议难以落实、追踪，缺乏必要的刚性监督手段

作为国家权力机关，人大作出决定、决议体现了人民的意志，决定、决议具有法律效力。因此，人大重大事项决定权的行使不能到决定通过和公布后就告终，亦即不能"一决了之"，还需要有督促执行的环节。虽然湖北省内各级人大及其常委会已经就涉农问题作出过不少决定、决议，但从目前的实施情况来看，部分决定、决议落实的情况还不是很理想，一方面政府相关部门没有全力配合和执行，另一方面人大对其落实情况的监督也不到位。出现这样的"虎头蛇尾"，原因既有法律制度上的，也有观念上的和人力成本上的。

首先，相关法律保障的缺失以及规章制度的不完善导致了地方人大决定、决议的落实和追踪难度大。如果地方国家机关对于重大事项不向人大报告或者越权作出决定，应当如何处理？如果地方人大已经作出决定、决议，但相关国家机关不执行、消极执行或者拖延执行，又该如何处理？对这类问题，我国法律并没有太明确的规定。1999年制定的《湖北省各级人民代表大会常务委员会讨论、决定重大事项的规定》也只规

---

① 徐平主编《人大职权研究》，法律出版社，2017，第215页。

定人大常委会可依法实施监督，而没有更为刚性的条款。相关法律的缺失和规章制度的不完善，一方面使得地方各级人大在行使重大事项决定权时出现前述的主动性不足；另一方面，对决定作出后和实施过程中政府的失职、不作为等行为缺乏严厉的问责手段，会削弱人大行使重大事项决定权的严肃性和权威性，导致人大作出的部分重大事项决定、决议在实践中难以得到有效落实和追踪。幸运的是，上述规定在2017年9月经过修订，增补了人大常委会可以"依法追究相关国家机关主要负责人责任，并向有关方面通报，作为其职务任免、考核的重要依据；造成重大损失或者恶劣影响的，相关国家机关主要负责人应当引咎辞职"等内容，这应当会对今后人大决定、决议的落实起到作用。

其次，造成地方人大决定、决议难以落实的原因还在于地方人大职权的行使被割裂，各职权之间不能很好地相互支撑。决定权的重要性在于起到补充人民代表大会其他三类职能、协助其他三类职能的作用。[①] 同样，其他职能如监督权，也发挥着为重大事项决定权保驾护航的作用。但是，实践中地方人大的各项职权没能有效结合起来以形成合力，其中的一个体现就是重大事项决定权和监督权之间缺乏足够多的相互支持。"监督权是一种具有纠偏性的职权，一般侧重于事后，被动性较强，而重大事项决定权则是一种确定性职权，既可以是事后的确认，也可以是事前的规划。"[②] 作为各级人大的一项重要职权，监督权理应对重大事项决定、决议的实施，对政府行为进行监督，在必要的情况下，可以"启动质询、特定问题调查、撤职罢免等刚性监督方式"。[③] 尤其是当有关追责问责的刚性制度相对缺位的情况下，人大监督权的行使更是其行使重大事项决定权的重要保障。不过，目前一些地方人大只就监督权本身去

[①] 蔡定剑：《中国人民代表大会制度》，法律出版社，2003，第315页。
[②] 刘文忠、李文华等：《地方立法的民主性与科学性研究专论：地方人大及其常委会行使重大事项决定权立法的个案研究》，法律出版社，2009，第142页。
[③] 曾庆辉：《地方人大重大事项决定权实践探索及完善路径》，《新视野》2017年第1期。

理解监督，造成其职权的行使相互割裂，进而造成各级人大对重大事项决定、决议的落实情况监督力度不够，最终导致了重大事项在具体落实时走偏走样甚至是被冷落废弃，这就背离了初衷，造成人力物力上的浪费。

最后，各种主观和客观的因素也使地方人大对决定、决议落实情况的监督、追踪面临着不少困难。从观念上来看，部分地方人大的同志仍然抱着只想完成"规定动作"而不愿给自己增加"额外麻烦"的心态，这使得他们不愿意去持续追踪决定、决议的落实，认为那是其他国家机关主抓的工作。还有些地方人大代表对决定的象征性意义更感兴趣，于是他们在作出决定之前可能热情高涨、积极推进，而到决定通过后的落实阶段就出现热情明显衰退的现象。同时，"决议决定依法形成后，对'一府两院'及其有关部门执行决议、决定的情况如何监督和评价，目前还没有较成熟的、行之有效的办法"。[1] 从人力的投入上看，目前地方各级人大普遍存在工作人员数量有限而事务又异常繁多的情况，尤其是基层人大面临的情况更是严峻。这种人员上的紧张也导致了一些地方人大的同志把监督地方性法规的执行情况放在优先的位置，而无力投入更多的时间、精力去推动决定决议的落实。对此，阳新县人大的一名同志在座谈中表示："人大的重大事项决定权不好落实，监督工作不到位，代表不充分，自身建设有待加强。"这些主、客观的人为因素交织在一起，其结果就是部分地方人大对决定、决议实施情况的关注不多，跟踪监督不到位，落实督办不尽力，显示出韧劲不足的弊病。

地方各级人大讨论、决定重大事项是一个系统的过程，每个程序和步骤都不可或缺。要使一个充分反映民意的人大决定产生持续性的积极影响，不仅依赖决定作出前的科学设计和论证，更在于决定的落地生根

---

[1] 徐平主编《人大职权研究》，法律出版社，2017，第247页。

及持续的追踪反馈,否则再好的蓝图也是空想。对人大的决定,所有的相关主体都应坚决贯彻执行而不能打折扣,因此目前决定、决议难落实、易缩水的问题必须加以解决。

总的来看,湖北省各级人大的决定权行使与其他省各级人大的决定权行使一样,都存在如下明显不足:被动行使的多,主动行使的少;法律有明确规定的行使的多,法律仅做原则规定或未明确规定的行使的少;作出的决议、决定原则性、宣示性、号召性的多,涉及具体事项的少;作出决定的多,落实到位的少。① 同时,各市县人大以往作出的决定本就数量有限,涉及"三农"事务的更少,至于乡镇人大,其决定权只是在近几年里才从相对虚置转向适度激活状态,因此省内各级人大在如何运用决定权以促进乡村振兴方面还有许多需要改进的地方。

第五节 完善地方人大重大事项决定权行使以促进湖北省乡村振兴的建议

相比于立法权和监督权,重大事项决定权因为法律上并没有明确界定什么是重大事项,所以长期以来地方各级人大都较少行使。2013年党的十八届三中全会明确提出要"健全人大讨论、决定重大事项制度",② 之后《中共全国人大常委会党组关于加强县乡人大工作和建设的若干意见》又对县乡人大行使重大事项决定权提出了更加具体的要求。特别是在中央提出乡村振兴战略的大背景下,地方人大对重大事项决定权的行使变得更为重要了,因为乡村振兴战略实施中存在的大量空白、有争议的地方,都需要人大来汇聚各方意志,形成合意;需要人大明确重大事

---

① 王东华:《完善地方人大重大事项决定权行使制度的三点建议》,《中国党政干部论坛》2010年第12期。
② 《中共中央关于全面深化改革若干重大问题的决定》,中国政府网,http://www.gov.cn/jrzg/2013-11/15/content_2528179.htm,最后访问日期:2020年9月10日。

项的范围和内容,逐步建立起重大事项的选题论证机制,用活重大事项决定权。要用活重大事项决定权,前提是健全重大事项决定权的制度,只有建立起健全的重大事项决定权的制度,才能保障重大事项决定权更加灵活有效地行使。那么,怎样才能更好地健全地方人大的重大事项决定权制度,进而使其用活重大事项决定权呢?

一 理顺机制,确保人大决定权既不缺位也不越位

目前在一些地方,在涉及重大经济、社会事项问题上,都或多或少存在党委包管、政府越权、人大缺位的问题,"党委领导、人大决定、政府执行"的体制机制尚未理顺,以致人大的重大事项决定权边界不明晰。因此,要健全人大的决定权制度,就必须理顺权力机制,廓清权力边界,而要理顺"党委领导、人大决定、政府执行"的权力运行机制,关键在于厘清两方面的关系:人大重大事项决定权与党委领导权、决策权的关系,人大重大事项决定权与政府决定权、执行权的关系。对人大重大事项决定权与党委领导权、决策权以及与政府决定权、执行权进行横向对比(详见表4-3),可以发现:第一,党委领导权、决策权与人大重大事项决定权基本重合,党委决策权范围覆盖人大及其常委会重大事项决定权范围;第二,人大重大事项决定权构成政府执行权之执行依据,人大重大事项决定权的权力范围大于政府执行权,且人大重大事项决定权含有监督职能。

表4-3 人大重大事项决定权与党委领导权及政府执行权内容比较

人大决定权	讨论、决定本行政区域内的政治、经济、教育、科学、文化、卫生、环境和资源保护、民政、民族等工作的重大事项,作出决议、决定; 对法律、法规和上级人大及其常委会决议、决定的执行情况进行审议,提出意见、建议; 对教育、科学、文化、卫生、体育、保险等事业改革和发展以及直接涉及人民群众切身利益的重大改革方案和措施以及实施情况进行审议,提出意见和建议

续表

党委领导权、决策权	讨论和决定本地区经济社会发展战略、重大改革事项、重大民生保障等经济社会发展重大问题
对比结果 1	重合，党委决策权范围覆盖人大及其常委会重大事项决定权范围
政府决定权、执行权	执行本级人民代表大会及其常务委员会的决议，以及上级国家行政机关的决定和命令，规定行政措施，发布决定和命令； 执行国民经济和社会发展计划、预算，管理本行政区域内的经济、教育、科学、文化、卫生、体育事业、环境和资源保护、城乡建设事业和财政、民政、公安、民族事务、司法行政、监察、计划生育等行政工作
对比结果 2	人大重大事项决定权构成政府执行权之执行依据； 人大重大事项决定权权力范围大于政府执行权； 人大重大事项决定权含有监督职能

资料来源：根据刘小冰、徐蕾的《重大事项决定权的权力边界》一文整理而成，中国人大网，http://www.npc.gov.cn/npc/bmzz/llyjh/2017-08/29/content_2027573.htm，最后访问日期：2020 年 9 月 10 日。

第一，如何处理好人大重大事项决定权与党委领导权、决策权的关系？从党委的角度讲，党委决策权范围覆盖人大及其常委会重大事项决定权范围，但这并不意味着党委包办一切事务。中国共产党对国家政治生活所实行的全面领导，主要是基于政治领导、组织领导和思想领导方式之上的政治原则、政治方向、路线方针政策的领导。党要实现这些领导，就必须将自己的主张通过各级权力机关的法定程序上升为国家意志。因此，各级党委必须树立"党支持和保证人民代表大会行使重大事项决定权，就等于在实践科学执政、民主执政、依法执政的现代执政理念"[①]的意识，不以党委领导权、决策权取代人大重大事项决定权。从人大的角度讲，各级人大要敢于和积极行使重大事项决定权，但又要通过建立健全向党委请示汇报制度而把重大事项决定权的行使置于党委的领导下。对此，很多人大的同志都深有体会。荆门市的一名镇人大主席对课题组说："人大应该全方位服务，把党委的战略通过法定的程序，上升为人

---

① 田自勇：《完善人民代表大会重大事项决定权制度的思考》，《河北法学》2014 年第 3 期。

民的意志。"各级人大及其常委会应多与同级党委沟通，根据法定职权原则、大事原则、因事制宜原则①来判断和明确本地重大事项决定权的范围。对于较难确定的事项，人大应在人大常委会会议上对有关事项是否属于重大事项进行听证和表决。②凡属重大事项范围内的决策，都要提交人大并经过法定程序成为国家意志，以提高决策的合法性。各级人大应在党委的领导和支持下，逐步建立起重大事项的选题论证机制，并强化决定、决议的刚性。

第二，如何处理好人大重大事项决定权与政府决定权、执行权的关系？根据宪法和地方组织法的规定，地方各级政府是本级国家权力机关的执行机关，必须执行本级人大的决定、决议和上级政府的决定、命令，但在执行过程中也具有对行政管理事务的决定权、创制权。各级政府不应去决定明显该由人大决定的重大事项，而人大也不要去对一些本属于政府决定范围的相对"琐碎"的事项行使决定权，如"在实践中，有些地方人大对政府机构改革、机构设置、行政区域变更等政府应决定的事项作出决定，这是一种越权行为，应予纠正"。③各级人大应该紧密关注本行政区域内的重大经济、社会民生事务，积极主动行使决定权。同时，在不干涉政府行政事务的基础上，人大应通过其监督权的行使，督促政府认真执行和落实人大的决定决议。"在协调人大与政府的关系方面，可以依照党政联席会议的模式，建立人大常委会领导与政府领导的联席会议制度，定期研究本行政区域内的重大事项。"④

考虑到地方人大决定权缺位的情况远比越位的情况多，当前更为重

---

① 蔡定剑：《中国人民代表大会制度》，法律出版社，2003，第321页。
② 崔英楠、王柏荣：《地方人大重大事项决定权制度再认识》，《行政管理改革》2017年第8期。
③ 汪在祥：《论人大决定权的监督》，载张牢生主编《地方国家权力机关决定权研究》，中国民主法制出版社，2004，第143页。
④ 刘文忠、李文华等：《地方立法的民主性与科学性研究专论：地方人大及其常委会行使重大事项决定权立法的个案研究》，法律出版社，2009，第108页。

要的显然应该是加强地方人大同志的责任感和使命感，尤其是要在全社会树立起尊重人大的"人大意识"，着力弥合人大实际地位与其法定地位之间的差距。一名镇人大主席就曾不无感慨地说起，某上级领导在谈到扶贫资金的使用时只提镇书记和镇长，却压根不提镇人大。俗语云，于细微处见真章，地方党政机关的领导必须在日常事务的处理中体现出对人大的充分尊重，积极支持人大就乡村发展的重大事项行使决定权，确保"党委领导、人大决定、政府执行"的体制机制真正落到实处。

二　多策并举，确保人大决定、决议的可行性和规范性

当机制被理顺时，地方人大的重大事项决定权就能够在党委的支持和政府的尊重下充分发挥作用。但是，人大决定、决议的质量如何，除了要看其执行情况外，也很大程度上取决于其通过的整个程序是否民主、科学。为确保人大决定、决议既可行又规范，课题组在这里谨提出如下五个建议。

第一，加强对待决定事项的调研、审议，确保决定具有可操作性。决定、决议是需要付诸实施的，而不能满是口号或只是一种象征性声明，因此其可操作性非常重要。地方各级人大应该从调研、审议等环节入手，切实加强自身决定、决议的可操作性。首先看调研。郧西县的一名镇人大主席曾在座谈时指出："乡村的规划项目在法律上必须要由人大召开代表会议来决定，要对投资进行风险评估。在实施过程中要组织人大代表视察、调研，实施之后还要进行包括生态环保在内的检查评估。"阳新县的一名人大代表也强调："重大事项决定权的确不好落实，要实事求是谋规划，不能人云亦云，也不能拍脑袋搞规划，要扎扎实实搞调研，无怨无悔求发展，特别是要利用好人大的决定权，让融资流向与乡村振兴有关的项目。"科学的调研能够使人大及其常委会掌握有关重大事项的各方面基本情况，避免盲目决定。人大应与党委保持紧密联系，及时

领会党委的意图，建立与党委决策的衔接机制，尽早围绕党委的中心工作来开展重大事项的调研工作。在调研中应注意几点：一是收集、准备基本的背景资料，设计好调研方案；二是针对要决定的重大事项的性质选择合适的调研方式，如走访群众、开座谈会等；三是认真撰写调研报告，重点写清楚待决定的事项是否具有紧迫性及当前的条件是否成熟等。其次看审议。充分的审议能够使决定、决议经受住人大代表或人大常委会委员的审查，防止出错。一些人大的同志非常重视立法，把立法看作天大的事，而决定却被认为可以"相对马虎"，这是完全错误的。审议工作绝对不能只是走走过场。目前地方人大作出的决定大多只经过一审，而像 2017 年《湖北省人民代表大会关于大力推进长江经济带生态保护和绿色发展的决定》那样经过二审的决定很少，未来可考虑根据待决定事项的重要性酌情增加二审。"在审议方式上，对于常委会组成人员在讨论中存在意见分歧的，应当在讨论的基础上进行辩论，从不同角度、不同层面辩证分析可能产生的利弊得失，使真理越辩越明。"[1] 如果对于某个重大事项的意见分歧很大且经充分讨论仍无法达成一致，则该事项就应暂缓表决。

第二，建立重大事项"年度清单"，推动决定权的进一步制度化。地方各级人大在行使重大事项决定权的过程中总是会面对这样那样的困惑："重大事项的范围有哪些？如何启动重大事项决定权？政府哪些事项应当提请人大审议？政府选择提请审议的重大事项的原则和标准是什么？如何向本级人大报告？重大事项决策失误应承担什么责任？如何追究责任？"[2] 这些困惑表明人大决定权的制度化水平还有待提高，因为正是相关制度、规定的不健全，导致了人大在行使重大事项决定权时出现

---

[1] 徐平主编《人大职权研究》，法律出版社，2017，第 244 页。
[2] 甘肃省人大常委会研究室课题组：《对政府提请人大讨论决定重大事项"年度清单"问题研究》，《人大研究》2016 年第 8 期。

这种无所适从的局面。目前很多地方的人大都已经制定了讨论、决定重大事项的规定或办法,在决定权的制度化上迈进了一大步,但是实践中一些决定、决议的作出仍然略嫌仓促。为此,一些地方人大借鉴了地方各级政府及其工作部门陆续采用的权力清单制度,建立起了自己的重大事项"年度清单"制度,如甘肃省人大、浙江省人大等都是先行者。湖北省人大、鄂州市人大等也在这几年开始制订"年度讨论决定重大事项工作计划",并规定具体负责实施的专门委员会或工作委员会,以便使每年待决定事项可以得到更为充分的研究。其他地方的人大可以观摩学习,加强理论研讨,适时尝试引入这一制度,建立起包含了清单的目的、依据和原则、重大事项的具体范围、职责和工作流程①的标准化清单,促进重大事项决定的科学化、民主化和法治化。当然,项目的确定应该广泛征求意见。正如咸宁市咸安区的一名同志所说的:"项目的选择要反映老百姓的心声,要让涉及公共服务、城镇建设的项目优先得到推进。"

第三,强化监督,对不执行人大决定或执行不力的予以严厉问责。虽然地方各级人大近年来确实更加积极地行使了重大事项决定权,也作出了不少决定、决议,但这些决定、决议的实际效果到底如何,需要进一步地跟踪调查。人大应带着和执法检查一样的积极性和责任感去监督决定的实施,特别是要建立起对决定执行情况的反馈机制,如果发现涉农决定没有很好地维护农民利益,那么要搞清楚是决定本身不合理还是执行中出了问题。如果是前者,就需要对决定进行必要的调整,而如果是后者,就需要加强问责追责。《宪法》规定县级以上地方各级人民代表大会"有权改变或者撤销本级人民代表大会常务委员会不适当的决定",县级以上地方各级人大常委会有权"撤销下一级人民代表大会的

---

① 邹绍平:《建立地方人大及其常委会讨论决定重大事项清单的思考》,《人大研究》2016年第1期。

不适当的决议",这些规定不应只停留在纸面上。同时,对违反人大决定权正常行使或干扰其行使的情况,如重大事项不提请人大决定、不遵循决定的程序和不依法执行人大决定等情况的责任人,也应进行问责追责。"要建立规范的督办制度,通过听取汇报、实地视察、跟踪检查等多种形式,督查决定的贯彻落实情况。要有必要的制约手段,解决规避监督的问题。"[1] 如果督办过程中遇到障碍,还可以提高督办的层次,比如可"先由有关的专门委员会和工作机构督办,在这个层次督办遇到阻力时,上升为主任会议督办,或更进一步上升为人大常委会督办。"[2]

第四,聘请和利用好人大咨询专家,加强对决定案的科学论证。由于地方各级人大代表和人大常委会组成人员很多为兼职,对重大事项所涉及的某一具体的经济、社会事务未必有足够的了解,因此要确保人大作出的决定、决议科学和合理,就应更多地发挥外部咨询专家的作用。特别是,"要建立专家学者参与重大事项决定工作的长效机制,建立分领域和行业的专家库;在重大事项决定案前期调研中邀请专家学者就某一专门问题作理论指导;在重大事项决定案提出和审议阶段专门安排专家论证和咨询环节;建立对专家学者提出的意见和建议的反馈机制;等等。"[3] 近些年来,很多地方的人大都建立了自己的立法咨询专家库,但是对专家的利用情况各不相同。一些地方人大积极听取专家意见,很好地发挥了其专业支撑和智力支持的作用,而另一些地方的人大发放了聘书却没有给专家太多的提供咨询意见的机会。这种状况亟待改进。同时,地方人大除利用咨询专家的才智以服务于立法的需要外,也应把作决定、决议时需要的专业指导考虑在内。比如,人大的

---

[1] 陈穗雄:《地方人大及其常委会行使重大事项决定权初探》,载冼庆彬主编《依法行使重大事项决定权》,广州出版社,2010,第49页。
[2] 林伟果:《完善程序 促进重大事项讨论决定权的有效行使》,载冼庆彬主编《依法行使重大事项决定权》,广州出版社,2010,第78~79页。
[3] 徐平主编《人大职权研究》,法律出版社,2017,第222~223页。

同志可以主动就决定、决议中涉及的疑难问题非正式地咨询专家的意见。这样的协商不见得要遵循很严格的程序，但它却是一种既节省成本又收效快的协商方式。

第五，加强乡镇人大建设，积极推动其对重大事项决定权的行使。作为最基层的国家权力机关，乡镇人大应在乡村振兴战略实施中扮演重要角色。首先，乡镇人大对重大事项的决定权应得到充分重视和保障。乡镇的产业规划、基础设施建设等重大事项必须报经乡镇人大，且一经决定应认真落实，不能因领导班子的更换随意变动。乡镇人大还可在乡镇党委领导和支持下，就本乡镇景观建设、集体经济发展、小集镇建设、征地拆迁、村规民约制定等事项行使决定权。在调研中，钟祥市客店镇人大主席就深有感触地指出，该镇之所以能成为湖北首批旅游名镇，成为美丽乡村建设的范例，就得益于对人大所批准的规划的长期执行；而咸宁市贺胜桥镇人大也利用重大事项决定权在处理农村拆违问题上取得了很好的效果。在新时代，乡镇人大必须克服怠惰思想，勇于担当起责任，以更加积极的姿态保证与乡村振兴相关的各种重大事项的落实和推进。其次，乡镇人大的重大民生项目代表票决制应继续实施和推广。什么样的项目属民生实事项目，应由老百姓说了算，即可通过向社会公开"海选"的方式来征集民生实事项目，然后再由人大代表差额票决，以表决结果作为重大事项决定的内容。目前，围绕这一制度，已经产出了一些富有创新性和可借鉴的实践成果，如江苏省丹阳市导墅镇"五步走"的战略既发挥了人大和民众的积极性，其可行性和后续落实也有所保障，这五步是：实事范围怎样定夺？实事项目干几个？实事工程怎样推进？质量速度怎样规范？工作成效怎样分优劣？[①] 近两年来湖北省的部分乡镇人大也尝试了以重大民生项目代表票决制来决定年度重大民生工

---

① 蔡小红：《民生项目代表票决制的"导墅实践"》，湖北省人大常委会，http://www.hppc.gov.cn/2018/0726/27631.html，最后访问日期：2020年9月10日。

程。这一制度是从项目征集、项目初定,到项目审议、票决,再到实施,最后到督查、监督、评估的系统工程,它保证了重大事项决定的广泛性、合法性、可行性和可监督性,应该得到大力推广。当然,乡镇人大行使好决定权的关键是要加强乡镇人大的组织建设,如配备好乡镇人大主席、更充分地发挥乡镇人大主席团的作用、加强省市人大对乡镇人大工作的指导[①]等,如咸宁市咸安区人大农工委的同志就曾提出,乡镇人大主席团可试点履行类似县级及以上人大闭会期间人大常委会的职责,以听取有关精准脱贫等重大事项的工作报告。

第六节 结语

2018 年 4 月下旬,习近平总书记视察湖北,强调"要聚焦产业兴旺、生态宜居、乡风文明、治理有效、生活富裕,着力推进乡村产业振兴、人才振兴、文化振兴、生态振兴、组织振兴,加快构建现代农业产业体系、生产体系、经营体系"。[②] 要推进乡村振兴战略实施,必须依赖党委的领导,但人大尤其是农业占有相当比重的地方的人大也应该担负起责任,积极行使职权和发挥作用,督促政府落实部署乡村振兴的有关工作,强化农业农村优先发展的政策导向。特别是在推进农业农村优先发展的决策过程中,地方各级人大要找准重大事项决定权与乡村振兴战略的结合点,拓宽结合面,积极发挥主观能动性,用活重大事项决定权。这里的重点在"活",也就是说,地方各级人大要破除认识误区,克服怠惰思想,要有敏锐的议题嗅觉、创新的勇气、变通的工作方法、积极

[①] 2018 年 7 月湖北省人大常委会举行了全省乡镇人大主席培训班,要求全省的乡镇人大主席轮流接受培训,取得了很好的效果。培训时发放的小册子《湖北省乡镇人大工作指南》对乡镇人大如何开会、行权(包括讨论、决定重大事项的权力)等提供了非常细致的指导,调研中有很多乡镇人大的主席都提到过它的帮助。

[②] 《习近平:奋力谱写新时代湖北发展新篇章》,中国共产党新闻网,http://www.cpc.people.com.cn/n1/2018/0430/c64094-29958290.html,最后访问日期:2021 年 4 月 8 日。

的心态和行动等。虽然目前地方各级人大在行使重大事项决定权、强化政策导向方面的作为还不是很多，但是通过理顺权力机制、完善法律来健全人大决定重大事项制度，通过积极沟通、担当有为、创新工作、引入人才、积极行使职能等来用活重大事项决定权，地方各级人大一定能弥补实践中作决定、决议的主动性不足，决议、决定操作性不强，决议、决定落实情况较差等缺陷，实现行使重大事项决定权的民主化、科学化、法治化。

第五章

充分行使人大监督权，助推乡村振兴战略实施

第一节 人大监督权概说

一 人大监督权的含义及内容

人大监督权指的是：各级人民代表大会及其常务委员会为全面保证国家法律的实施和维护人民的根本利益，防止行政、司法机关滥用权力，通过法定的方式和程序，对由它产生的国家机关实施的检查、调查、督促、纠正、处置的强制性权力。[①]

我国人大的监督权与西方议会的监督权不同，正如学者所指出的："人民代表大会的其他职权本质上是一项决定性权力，监督权则是一种保障性权力。两者相辅相成，使人民代表大会成为完整的国家权力机关。我国人民代表大会具有广泛的监督权，人民代表大会与其他国家机关构成监督与被监督的关系，是人民代表大会具有国家权力机关性质的重要

---

① 蔡定剑：《中国人大制度》，社会科学文献出版社，1996，第372页。

标志。"① 所以，不同于西方"三权分立"中权力之间的制约平衡关系，我国的监督权主要是为了保障人大权力机关的地位，这也是由我国人民民主专政的社会主义国家性质决定的，从这个意义上来说，人大监督权意义非凡。

以权力范围来划分，我国人大监督权可以分为全国人大监督权、县级以上地方各级人大监督权、乡镇人大监督权。三者既有相同点也有区别。一方面，根据我国相关法律，三者均包括听取和审议政府工作报告，审查和批准预决算，对法律法规实施情况进行检查，规范性文件的备案审查、询问和质询，特定问题调查，撤职案的审议和决定等监督权力。另一方面，三者面对的层级不同，范围上有所区别，侧重点也不尽相同。在宪法监督上，目前的主流观点认为，全国人大及其常委会是宪法监督的主体；在监督侧重点上，三者层级不同，在监督权的行使方式上也有差异，如与县级以上地方各级人大及其常委会相比，乡镇人大更偏重对政府的执法检查，对于政府的监督以及其他监督方式的运用较为有限。

二　人大监督权的演变

2006年8月，第十届全国人民代表大会常务委员会第二十三次会议通过了《中华人民共和国各级人民代表大会常务委员会监督法》（以下简称《监督法》）。这是统一调整我国权力机关行使监督权的第一部专门性立法。《监督法》从1986年开始酝酿到2006年最终颁布，经历了20年的时间，它明确规定了各级人大常委会对各级各类国家机关行使监督权的方式，是我国社会主义民主政治建设的里程碑，是历史的进步，鉴于它的重要作用，本文就以它为分界点来梳理人大监督权的演变过程。

---

① 杜立夫：《权力监督与制约研究》，吉林人民出版社，2004，第261页。

1.《监督法》颁布之前的人大监督

1954年《宪法》以根本大法的形式建立了人大监督制度，对人大的基本监督职能进行了规定，主要包括监督宪法和法律的实施、审查和批准政府预算和决算、选举和罢免执行机关组成人员、改变或撤销本级人民委员会的不适当的决议和命令、质问权，并且全国人大或全国人大常委会还可以组织特定问题的调查委员会。此时对于监督权的行使主要依托于各级人民代表大会。

1979年，五届全国人大二次会议通过有关决议和《中华人民共和国地方各级人民代表大会和地方各级人民政府组织法》，规定县级以上地方各级人民代表大会设立常务委员会，赋予了省级人大及其常委会制定地方性法规的职权。1979年西藏自治区在全国率先设立了省级人大常委会，到1981年，全国各省、自治区、直辖市也都相继建立了县级及以上的人大常委会。至此，人大及其常委会的格局基本确立下来。尔后，全国人大及其常委会又根据形势的发展，在1994年通过的《中华人民共和国预算法》（以下简称《预算法》）、2000年通过的《中华人民共和国立法法》（以下简称《立法法》）中进一步细化了人大及其常委会在监督形式、监督内容、代表义务及预算监督等方面的规定，以法律的形式确立了人大及其常委会的监督职权。除了这些法律，各种法规、规范性文件如《全国人大常委会议事规则》《关于加强对法律实施情况检查监督的若干规定》等也相继制定，进一步确定了人大常委会的监督范畴及工作程序，将人大监督推向规范化轨道。

在地方层面上，全国多数省（自治区、直辖市）、多个较大的市就地方人大常委会监督职权的行使制定了专门条例。综合来看，这些专门条例所确立的监督方式在遵循国家法律规定的前提下，也进行了一些创新，比如提出个案监督、进行执法检查等，体现出了较高的地方自主性和能动性。

总的来看,这一阶段对于人大监督权的规定主要是散落在各个法律之中,初步绘制了人大监督的"蓝图",但并没有形成统一的监督法,在法律层面上缺乏系统性。同时,地方人大在人大监督上展现出了较大的积极性和自主性,取得了不少创新成果,在推动人大监督制度走向完善上也起到了促进作用。

2.《监督法》颁布之后的人大监督

2006年8月,第十届全国人大常委会第二十三次会议表决通过了《监督法》,此法对人大监督工作的指导思想、基本原则、内容、程序、形式等作了规定,作为我国第一部监督法,其对于发挥法治的保障功能、推进民主政治发展的重要性不言而喻。《监督法》整合了之前散布在《组织法》《预算法》等相关法律之中的监督规定,使之系统化。同时,其还有一系列创新性的规定,例如,变抽象性的监督职责具体化为较有操作性的监督活动,如将"受理申诉和意见"转变为有针对性地要求政府报告工作、审议计划和预算的执行情况、检查执法中存在的问题并提出改进意见等的主动型监督。[1] 此外,《监督法》还设计了在监督者和被监督者之间开展沟通互动的机制,突出了人大常委会作为监督者与其权力相对应的被监督责任,扩大了备案审查的范围等。[2]

《监督法》颁布之后,中央层面上基本上没有就各级人大及其常委会的监督活动再进行过专门立法。《监督法》明确规定:"省、自治区、直辖市的人民代表大会常务委员会可以根据本法和有关法律,结合本地实际情况,制定实施办法。"这使各地可以实事求是、因地制宜地开展相关工作。

各省根据《监督法》的相关规定和我国立法体系,可以制定本地的相关法律法规,经统计,全国31个省、自治区、直辖市(不含港澳台)

---

[1] 刘一纯:《人大监督的实效考察与优效机制研究》,中国社会科学出版社,2014,第15页。
[2] 许安标:《监督法的特点与创新》,《国家行政学院学报》2007年第1期。

主要是采用制定监督规则、监督办法和监督条例、单项法规的方法来立法。全国31个省、自治区、直辖市中，22个省份制定了监督办法或监督条例，北京、山东等9个省份制定了单项法规，或者工作条例、议事规则。①

第二节　地方人大监督权在乡村振兴中的地位和作用

孟德斯鸠曾说过："一切有权力的人都容易走向滥用权力，这是一条千古不变的经验……要防止滥用权力，就必须以权力制约权力。"② 为了防止滥用权力，就必须对权力进行监督。我国宪法赋予了各级人大及其常委会监督权，由人大及其常委会集体行使。党的十九大提出实施乡村振兴战略，以"产业兴旺、生态宜居、乡风文明、治理有效、生活富裕"为总要求，加快推进农业农村现代化。这是决胜全面建成小康社会，开启全面建设社会主义现代化国家新征程的一项重大战略任务，关系重大，需要动员和团结各方力量齐心参与。人大作为国家权力机关，是乡村振兴的重要参与主体，其作用不可忽视。乡村振兴战略是一个较新的战略，其在实施中可能会遇到各种各样的问题和困难，需要有一个强有力的主体来反映乡村振兴战略的这些问题，督促问题的解决，为乡村振兴的顺利进行打下基础。综合以上，在乡村振兴中，人大必须要充分行使监督权，认真履行监督工作，督促"一府两院"等被监督主体工作的改进。具体来说，人大监督工作在乡村振兴中的地位和作用主要表现在以下两个方面。

---

① 周洋洋、林柏海：《监督法颁布后省（区、市）级人大常委会制定监督法律法规的统计与分析》，《人大研究》2012年第12期。
② 〔法〕孟德斯鸠：《论法的精神》，欧启明译，译林出版社，2016，第107页。

第一,为乡村振兴战略实施中问题的解决提供动力。乡村振兴战略是国家的一项重要战略,其顺利实施需要多方主体联动,人大作为国家权力机关,应当积极履行自身职能。而且,乡村振兴战略的一线工作是在基层展开的,相比于人大的其他权力,监督权是包括乡镇人大在内的各级地方人大都拥有的一项权力,因此,行使好监督权至关重要。针对乡村振兴中出现的很多问题,人大可以通过调研、视察、执法检查等各种柔性和刚性的手段对乡村振兴战略的实施情况进行监督。针对监督中发现的问题,人大可以通过督促议案建议的办理、对政府工作进行满意度测评、要求政府定期工作汇报等加以解决。对乡村振兴中存在的问题,如电商发展基础设施不足、政府履职服务平台建设不完善、农村人才吸引力不足等,人大可以督促主管机关加以解决。

第二,促进"一府两院"工作机制的完善。一方面,政府和"两院"的工作机制并不尽善尽美,由于存在部门利益等问题,仅靠政府、"两院"内部力量是无法进行彻底解决的,因此就需要一个独立的外部力量来促进它们完善工作机制。人大是独立于"一府两院"的第三方力量,在职责和利益上是相对独立的,因此对于督促它们完善工作机制具有较大的推动作用。另一方面,在乡村振兴中,人大通过监督可以帮助"一府两院"发现工作机制中存在的不足之处,为"一府两院"完善工作机制、推动乡村振兴的实施提供支持。

乡村振兴战略作为国家提出的一项新的战略,其顺利实施需要各方力量。人大监督权具有重要的支持和保障作用,能够有效地将各国家机关的力量凝聚在一起。新时代要有新作为,人大应当在这一历史关键时期充分行使监督权,积极进行监督工作,促进乡村振兴战略又好又快地实施。

第三节　近年来湖北省各级人大以监督权促进乡村发展的探索

监督权可以说是人大各项权力中行使最为广泛的一种权力，湖北省作为农业大省，长年来对以人大监督权推动乡村发展进行了多种形式的探索，取得了很多成果。

一　省内各级人大常委会的监督工作

自从乡村振兴战略提出之后，各级人大常委会就将落实乡村振兴战略纳入人大常委会的工作安排。为了进一步促进人大常委会工作，各级人大常委会清理、修订了常委会的规章制度，制定了新的人大专门委员会工作规则，进一步促进了人大监督工作的规范化和制度化建设，这是人大监督工作向前迈进的重要一步。湖北省人大在每年的年底进行工作汇报，并且制定出下一年的监督工作计划。乡村振兴工作是2017年提出的，因此湖北省人大在2018年和2019年两年的工作计划中都制定了相关的乡村监督工作计划，并且在制定计划时重点考虑人民群众关心的问题。

湖北省人大常委会非常重视监督权的使用，2017年以来，湖北省人大以推动保障民生工作、促进社会公平正义为出发点，强调依法监督、正确监督、有效监督，不仅在听取和审议政府工作报告、视察调研等常规性工作中认真履职，并且大力推进全省的监督系统建设，如推进省市县三级人大预算联网监督系统建设、建成省预算内固定资产投资监督平台等，并在制度建设上加强了政府向人大报告的制度。在监督方式上，人大也对各种手段进行了综合运用，促进监督手段"刚柔并济"，以监督手段推进监督工作。在人大常委会的自身建设方面，人大也积极进行了探索。例如，武汉市蔡甸区人大常委会不断改进和完善监督工作的流程体系，制定和完善了常委会议事规则、主任会议议事规则、常委会会议议题选定办法、常委会会前视察调研办法、常委会会中询问办法、常委会审议意见办理办法，对监督工作事前、事中、事后的流程进行了进一步明确和规范，实现了监督工作的"闭环"运行。特别是在常委会会议中嵌入了询问程序，常委会组成人员在审议报告时对有关内容和问题有疑问的，可以在审议发言前进行询问，实现了询问监督方式的常态化运用。

在调研中，一名湖北省人大常委会委员指出，现阶段，江浙一带的人大工作和乡村振兴工作做得比较好，湖北省人大可以学习江浙的有益做法；人大监督工作需要有一定的超前性，要增强自身工作的积极性和主动性。人大应综合运用各种监督手段如执法检查、评议述职、专题询问等，并积极创新监督的方式方法，推动政府工作的落实。目前，人大的监督效果在显现，湖北省人大计划每年选择某一部农业方面的法规，对其开展执法检查，一方面对政府进行监督，另一方面也可根据执法检查中发现的问题对法规条例进行修改。人大要认真思考应如何落实选民的意见建议，应如何对政府工作进行监督，以及应怎么完善、修订法律法规，使法律与形势相适应。

二 省内各级人大在涉农问题上对监督权的具体行使

相比于人大的其他权力如立法权、重大事项决定权等，人大的监督权可以说是一种"整合性"权力，即人大监督权并非是一种单独的、不可分割式的权力，听取和审议政府工作报告、审查和批准预决算、特定问题的调查等多种监督方式共同组成了人大的总体性"监督权"。所有的监督方式在行使频率和实施效果上不尽相同，有学者将其分为两大类：适用相对较多的法定监督方式、较少适用的法定监督方式。前者主要指听取和审议"一府两院"工作报告、审查和批准预决算、对法律法规实施情况进行检查,"上述三种方式在人大会议中仪式感较强、社会知名度较大(高),柔性色彩较强,对于被监督对象而言其手段较为缓和,内容也容易被接受"。① 后者则主要指除了以上这三种方式之外的法定监督方式。

1. 听取和审议"一府两院"报告

《中华人民共和国各级人民代表大会常务委员会监督法》第八条规定:"常务委员会听取和审议专项工作报告的年度计划,经委员长会议或者主任会议通过,印发常务委员会组成人员并向社会公布。"第九条规定:"常务委员会听取和审议本级人民政府、人民法院和人民检察院的专项工作报告的议题"。② 而在实践中,人大对"两院"报告的审议往往较少,绝大部分是听取和审议政府的工作报告。这一方面是因为法律层面上人大监督政府的手段多样,易监督,另一方面则是由政府地位和政府权力的性质所决定。一是我国实行"议行合一"的体制,"人大为了使自己的决议得到贯彻落实,就有必要对人民政府执行其决议的状况进行监督"。二是"行政权是一种管理权、执行权,具有天然的扩张性"。③ 而政府工作报告是对政府的工作总结,反映着政府的工作实绩,因此可以说,听取和审议政府工作报告是人大监督政府最重要的一种方式。

政府工作报告可以分为年度工作报告和专项工作报告。在年度工作报告中,人大及其常委会听取的内容多数是根据年初人大常委会公布的年度监督工作计划来确定。湖北是农业大省,乡村建设工作历年就是政

---

① 乔余堂:《与时俱进的湖北人大监督工作》,中国民主法制出版社,2017,第 7 页。
② 《中华人民共和国主席令 第五十三号》,中国政府网,http://www.gov.cn/flfg/2006 - 08/28/content_371161.htm,最后访问日期:2020 年 11 月 26 日。
③ 潘磊:《论人大及其常委会对人民政府的监督——以听取和审议工作报告为中心》,《法制博览》2012 年第 8 期。

府和人大的工作重点，在2017年之前，政府的乡村建设主要是围绕国家提出的一系列乡村发展战略如粮食产量战略、农业和乡镇企业并举战略、小城镇战略、新农村建设战略来进行的。① 2006年，湖北省人大审议了取消农业税、加强农村义务教育、基层民主政治建设等方面的报告，2007年则主要对新农村建设方面的报告加强了审议，2008年、2009年直至2017年也主要是围绕新农村建设的方方面面进行审议。而自2017年乡村振兴战略提出以来，"三农"工作更成为湖北省各级人大审议政府工作报告的重点。2018～2020年，湖北省人大就脱贫攻坚、生态建设、文化发展、农业供给侧改革、旅游业发展、电商扶贫等事关乡村振兴"二十字"方针的工作以及国家的长期战略部署工作等听取政府报告，并督促政府开展农村土地制度改革、新型职业农民培育、农村人居环境整治、精准脱贫等多项工作。人大总体上对这三年的政府工作较为满意，湖北省乡村振兴战略实施较为顺利。而市级及以下的人大，乡村建设也一直是它们监督的重点。湖北省各地乡村基础不同，乡村建设情况也存在较大差别，各地人大在制定年度监督计划和听取政府年度工作报告时也各有侧重。武汉市、潜江市、荆州市、黄冈市、孝感市、鄂州市、天门市等地位于江汉平原，农业发展条件良好，经济水平较高，因此这些地方的人大总体上更关注进一步优化经济环境、发展现代农业、探索农业体制机制创新、"三产"融合等方面；而神农架林区、恩施州等地多山，地处偏远，农业发展条件薄弱，因此这些地方的人大对扶贫搬迁、林区保护、改善经济环境、文化特色发展等较为重视。

听取专项工作报告是在人大日常工作中使用较多的一种监督政府的方式，可以有效弥补人大听取年度报告在时间和次数上的不足，对政府工作的监督更加有针对性。经统计，2008～2018年这十年内，湖北省人

---

① 黄少安：《改革开放40年中国农村发展战略的阶段性演变及其理论总结》，《经济研究》2018年第12期。

大共听取专项工作报告90项,其中政府专项报告共计67项。政府涉农报告28项,占政府专项报告总项数的42%(见表5-1)。这些报告主要涉及:农村生态环境,如水污染防治、秸秆焚烧;农村经济发展,如少数民族经济发展试验区、经济环境改善等;农村基础设施建设,如农田水利建设、综合服务社建设等;农村文化发展,如农村书屋、义务教育等。从整理的数据来看,在省人大听取和审议政府专项工作报告中,政府涉农的专项报告项数占比较大,相较于2008年的1项,近几年听取涉农的专项报告数量占比大且比较稳定。

值得一提的是,湖北省人大常委会2018年度监督计划中将乡村振兴战略实施情况单列为一项报告项目。2018年9月,湖北省十三届人大常委会第五次会议听取省人民政府关于实施乡村振兴战略情况的报告,就如何推动城乡融合计划、推动农业高质量发展、改善农民人居环境,如何促进乡村生态文明建设包括污水治理、垃圾治理、面源污染等人大密切关注的问题审议政府的实施报告,掌握了政府推动乡村振兴的基本政策、规划等。2020年1月17日,《湖北省乡村振兴促进条例》已由湖北省第十三届人民代表大会第三次会议通过,这一条例既是人大监督政府的结果,也将在未来的工作中成为人大审议政府工作报告的依据之一。

表5-1 2008~2018年湖北省人大听取和审议"一府两院"专项报告统计

单位:项

年份	专项工作报告总项数	政府专项报告项数	政府涉农报告项数
2008	10	9	1
2009	5	4	1
2010	9	8	4
2011	7	6	1
2012	6	6	4
2013	5	4	2
2014	10	6	3

续表

年份	专项工作报告总项数	政府专项报告项数	政府涉农报告项数
2015	11	7	3
2016	8	5	3
2017	11	6	3
2018	8	6	3

资料来源：根据湖北省人大常委会官网整理得出。

2. 审查和批准预决算

预算制度是现代国家治理的基本制度，而审查和批准预决算是法律赋予人大的一项重要监督权力。根据《中华人民共和国预算法》第二十一条，县级以上人大可以审查本级总预算草案和本级总预算执行情况的报告；县级以上各级人民代表大会常委会监督本级预算的执行，审查和批准本级预算的调整方案，审查和批准本级决算，撤销本级政府和下一级人民代表大会及其常委会关于预算和决算的不适当的决定、命令和决议。人大审查和批准政府的预决算是推进社会主义民主法治的需要，而又因为预决算涉及政府财政资金的分配和使用这一"命脉"，故此人大审查和批准预决算权力的使用情况，实际上也反映着人大和政府的关系、人大的地位。

从 1996 年开始，湖北省人大常委会在《宪法》《预算法》《审计法》等法律的基础上，先后制定了《湖北省实施〈中华人民共和国预算法〉办法》《湖北省实施〈中华人民共和国各级人民代表大会常务委员会监督法〉办法》，出台了行政事业单位、企业国有资产监督管理的地方性法规，夯实了预算审查监督的制度基础。[①] 此后，湖北省各地也相应出台了预决算办法，如《来凤县人民代表大会常务委员会监督财政预算决算暂行办法》《荆门市市级预算审查监督办法》《潜江市财政性资金借出

---

① 乔余堂：《与时俱进的湖北人大监督工作》，中国民主法制出版社，2017，第126页。

偿还监督办法》等，为本地人大预决算监督工作的开展提供了较大的支持。

近些年来，湖北省在加强人大审查监督力量上也做了较多工作，不仅建立了预决算审查监督专家库，成立了预算审查监督代表联络员队伍，建立了预算审查监督第三方协作机制，而且还成立了预算专门机关，规范人大监督工作。例如，2016年恩施州的来凤县率先在全州成立预算工委，配备专职人员，安排专项经费，强化对预决算的审查监督，而在2016年之前其对预决算的审查监督工作均是由财经委负责。预算工委在各地的相继建立推动了各地人大预算监督工作的规范化建设。人大预决算监督工作是否顺利，还要看人大与政府的沟通顺畅程度。2013年出台的《湖北省人大常委会预算工作委员会与省人民政府相关部门关于建立沟通协调工作机制的意见》，和省人大与财政、审计、国税、地税等联系部门制定的《关于建立沟通协调工作机制的若干规定》，都是在努力破解人大与政府间预算信息不对称难题，增强预算审查监督的及时性、有效性。

预算信息公开方面，湖北省在近几年取得了较大的进步。自2012年以来，湖北省多次对预决算信息公开提出要求。湖北省人大常委会官网报道，竹山县通过报纸、网络等平台及时公开部门预算和"三公"经费信息，全县83个一级预算单位，除消防、武警、人武部三个涉密单位外，其他80个一级预算单位部门预算及"三公"经费信息，均按照统一口径、统一格式、统一时间，全部向社会公开，公开面达100%。根据财政部公布的2018年度地方预决算公开透明度排行榜，在财政部年度考核中，湖北省预决算信息公开工作综合排名全国第4，其中政府预决算公开度排名第1，湖北省在信息公开上已经走在全国前列。[1]

---

[1] 《财政部发布2018年度地方预决算公开度排行榜》，中国政府网，http://www.gov.cn/xinwen/2019-12/31/content_5465457.htm，最后访问日期：2020年11月26日。

按照《预算法》的要求，省人大财经委、省人大常委会预算工委在每年省人民代表大会会议和7月召开的省人大常委会会议之前，要依法组织预决算审查工作。① 根据湖北省农业相关部门的信息，湖北省涉农的预决算项目主要包括七类，即一般公共服务支出、教育支出、科学技术支出、社会保障和就业支出、医疗卫生与计划生育支出、农林水支出、住房保障支出。从公布的信息上看，湖北省涉农预决算资金总量较为稳定，由于对涉农资金预决算的监督主要是包括在对一系列政府预决算报告的监督中，可以推知，湖北省在涉农预决算的监督上也逐步走向规范化。

3. 对法律法规实施情况的检查

对法律法规实施情况的检查即平常所说的执法检查，《监督法》第四章第二十二条规定："各级人民代表大会常务委员会参照本法第九条规定的途径，每年选择若干关系改革发展稳定大局和群众切身利益、社会普遍关注的重大问题，有计划地对有关法律、法规实施情况组织执法检查。"执法检查已经成为人大监督工作的重要手段，也是适用范围较广、使用次数较多的手段。由于执法检查是对法律法规实施情况的检查，因此有效地实现了理论和实践的统一，对于促进法律法规完善、推动乡村工作都有正向作用。

在省级层面上，湖北省不断完善与执法检查有关的规章制度，特别是2018年出台的《湖北省人大常委会执法检查工作规程》，进一步规范了执法检查工作，提高了人大执法检查的工作质量，为乡村振兴战略的实施打下了坚实的基础。在执法检查方式方面，湖北省人大引入了第三方评估来助力执法检查，对湖北省的生态文明尤其是水环境建设情况进行检查。第三方评估通过定性定量分析来进行价值判断和数据评判，②

---

① 陈艳斌：《打造人大预决算审查监督升级版》，《楚天主人》2017年第3期。
② 张天科：《为人大执法检查引入第三方评估叫好》，《人大研究》2019年第6期。

更加理性客观地评价了政府部门的工作,并发挥了参谋和咨询的作用,大大减轻了人大常委会的监督工作负担,增强了监督工作的科学性。同时,这种对"外脑"、对专业人才的重视也为人大和外部力量的进一步合作打下了良好的基础。在执法检查的内容上,自1980年以来,湖北省人大常委会先后对100多件法律法规的实施情况进行检查。2008~2019年,湖北省人大共进行了20次涉农执法检查,其中检查国家法律法规实施情况8次,对湖北省条例实施情况检查12次,执法检查内容包括企业发展、特殊群体权益保护、生态环境治理、非物质文化遗产保护、农业机械化等内容(见表5-2)。同时,湖北省人大常委会还积极配合全国人大常委会的执法检查工作,通过对省内的涉农法律法规实施情况进行检查和后续督办,督促政府改进工作。

表5-2 2008~2019年湖北省人大涉农执法检查情况

年份	执法检查的内容
2008	《中华人民共和国中小企业促进法》 《中华人民共和国妇女权益保障法》 《湖北省散居少数民族工作条例》
2009	《湖北省旅游条例》 《中华人民共和国水法》
2010	—
2011	《中华人民共和国农产品质量安全法》 《中华人民共和国民族区域自治法》
2012	—
2013	《湖北省优化经济发展环境条例》 关于散居少数民族法规的执法检查
2014	《湖北省湖泊保护条例》
2015	《中华人民共和国农业法》 《中华人民共和国妇女权益保障法》

续表

年份	执法检查的内容
2016	《湖北省旅游条例》 《湖北省非物质文化遗产条例》 《湖北省水污染防治条例》
2017	《湖北省农业机械化促进条例》 《湖北省农村五保供养条例》
2018	《湖北省林业有害生物防治条例》 《中华人民共和国大气污染防治法》 《湖北省林业有害生物防治条例》
2019	《湖北省水污染防治条例》

资料来源：根据湖北省人大官网整理。

在省级以下各级人大层面上，各地也是非常重视对涉农法律法规的执法检查。自2017年以来，各地进行了多次涉农的执法检查。根据不完全统计，这期间武汉市人大对《中华人民共和国农民专业合作社法》进行了执法检查，咸宁市人大对《咸宁市古民居保护条例》《旅游法》进行了执法检查，随州市人大对《湖北省河道采砂管理条例》进行了执法检查，黄冈市人大对《湖北省湖泊保护条例》《黄冈市饮用水水源地保护条例》进行了执法检查，鄂州市人大对《渔业法》进行了执法检查，仙桃市对《中华人民共和国农产品质量安全法》《湖北省实施〈中华人民共和国农产品质量安全法〉办法》进行了执法检查，等等。

执法检查这一监督方式的运用是人大对政府相关工作的监督。在执法检查后，人大往往会根据检查的结果对政府提出意见或者建议，督促其进行整改或者对相关工作体制加以完善。例如，2017年9月，巴东县野三关镇人大组织州、县、镇三级人大代表共20人对全镇食品领域的安全生产、加工、销售、安全管理等进行了专项执法检查，在执法检查中，代表们严格履行监督职责，提出整改建议12条，[①] 对于有效消除当地农

---

① 2018年《全省乡镇人大主席培训班材料》第3期，第34页。

村食品安全隐患具有重要作用。

在人大的执法检查活动中，执法调研专委会负责组织人大的执法调研活动，对于现阶段的执法调查方式，一名专委会委员说："针对乡村振兴战略的性质和农村基本情况处在变动中的特点，人大执法检查的方式可以灵活一些，可以观察乡村振兴工作需要法律法规跟进的程度，也可以观察现阶段法律法规在乡村中的实施情况，让法律法规更好地发挥作用。"

4. 规范性文件备案审查

规范性文件备案审查也是人大的一项监督权力。早在1982年，我国《宪法》就赋予了地方各级人大常委会撤销本级人民政府不适当决定、命令和下级人大不适当的决议的权力。2006年《监督法》出台，将"规范性文件备案审查"作为单独的一章，明确列为人大的监督权之一。《监督法》第五章第二十九条规定："县级以上地方各级人民代表大会常务委员会审查、撤销下一级人民代表大会及其常务委员会作出的不适当的决议、决定和本级人民政府发布的不适当的决定、命令的程序，由省、自治区、直辖市的人民代表大会常务委员会参照立法法的有关规定，作出具体规定。"虽然相比于听取和审议"一府两院"报告等前三项监督权力，这项监督权力应用得相对较少，在人大的年度监督工作计划中也只有寥寥不多的描述，但是可以发现，湖北省近几年正在完善规范性文件备案审查制度，对其重视程度在慢慢提高。

2006年底，湖北省人大通过了《关于办理报送省人大常委会备案的规范性文件审查工作的意见》，2009年省人大常委会出台《规范性文件备案审查工作规程》，2013年省人大通过了《湖北省各级人民代表大会常务委员会规范性文件备案审查工作条例》，至此，湖北省规范性文件备案审查的相关制度基本成型。《湖北省各级人民代表大会常务委员会规范性文件备案审查工作条例》第八条规定："人民代表大会专门委员会、常务委员会工作机构按照职责分工，承担相关规范性文件的审查工作。"① 这就进一步明确了具体备案审查的承担主体。而随着湖北省人大及其常委会后续的调研、培训、下发通知等措施，湖北省各市、州、直管市、神农架林区人大常委会等都开始对规范性备案审查的机构设置和队伍建设进行完善和优化，湖北省的备案审查工作也取得了一定的效果。

据统计，2015年湖北省人大常委会共审查规范性文件70件，其中接收报送备案审查的规范性文件65件，涉农文件7件。2016年湖北省人大常委会共审查规范性文件73件，其中接收报送备案审查的规范性文件72件，涉农文件13件。2018年省人大常委会共收到文件制定机关报送备案的规范性文件62件，经法规工作室形式审查，予以登记备案的61件，其中涉农文件12件。② 从具体的备案审查文件的内容来看，涉农的文件多是依附于具有全面覆盖性的面向全省的文件，而不是单独的聚焦于乡村。仅仅聚焦于乡村发展的文件约占涉农文件的15%。

以上是对规范性文件的接收情况，关于这些文件的审查结果，笔者发现，其多数是对规范性文件进行的适当修改，以使其符合相关要求；撤销决议、决定等较为"激烈"的手段运用的较少。

5. 询问和质询

《监督法》第六章对人大的询问和质询权力作了规定，第六章第三十四条对询问作出了规定："各级人民代表大会常务委员会会议审议议案和有关报告时，本级人民政府或者有关部门、人民法院或者人民检察院应当派有关负责人员到会，听取意见，回答询问。"第三十五条则对

---

① 《湖北省各级人民代表大会常务委员会规范性文件备案审查工作条例》2013年9月26日湖北省第十二届人民代表大会常务委员会第五次会议通过，https://baike.so.com/doc/25708288-26796077.html，最后访问日期：2020年11月26日。

② 根据湖北省人大官网整理得出，http://www.hppc.gov.cn/，最后访问日期：2020年11月26日。另外，官网内2017年湖北省规范性文件备案审查相关信息缺失。

质询作出了规定:"全国人民代表大会常务委员会组成人员十人以上联名,省、自治区、直辖市、自治州、设区的市人民代表大会常务委员会组成人员五人以上联名,县级人民代表大会常务委员会组成人员三人以上联名,可以向常务委员会书面提出对本级人民政府及其部门和人民法院、人民检察院的质询案。"[1]

相较于询问,质询可以说是一种刚性监督手段,严厉程度较高,全国人大在20世纪80年代对宝钢工程建设等进行质询,在当时鼓励了不少地方人大对质询权力的使用。截至2018年,湖北省人大及其常委会共提出质询案10件(含涉农质询案5件),其中1985年4月湖北省六届人大三次会议提出3件,分别是鄂州市代表团提出的《关于葛店化工厂污染区域的污染问题长期得不到解决的质询案》、武汉市代表团刘叔超等20名代表提出的《关于物价问题的质询》、武汉市代表团梅水林等20名代表提出的《关于湖北省教育工作案》;1989年4月湖北省七届人大二次会议提出2件,分别是范乐山等19名代表提出的《强烈要求湖北省人民政府立即落实中共湖北省委鄂发〔1985〕29号文件案(关山地区群众饮长江水的问题)》、陈家宽等12名代表提出的《对我省文物保护问题的质询案》。从以上可以看出,质询案全都是于20世纪80年代提出,而之后再也没有质询案提出。[2]

2010年9月,湖北省人大首次开展专题询问工作,就农村饮水安全工作中的问题对省水利厅、发改委、财政厅、住建厅、卫生厅、环保厅等6个部门负责人进行询问,要求其就有关问题进行答复,并在专题询问的基础上作出《关于进一步加强农村饮水安全工作的决议》,对询问中出现的问题进行后续监督。湖北省人大将会前专题调研、会中专题询

---

[1] 《中华人民共和国主席令 第五十三号》,中国政府网,http://www.gov.cn/flfg/2006-08/28/content_371161.htm,最后访问日期:2020年11月26日。
[2] 陈洪波:《湖北人大史上的十件质询案》,《楚天主人》2018年第5期。

问、作出决议决定、会后跟踪监督等多种方式融合在一起，为此后的专题询问工作的开展开拓了思路。首次专题询问后，湖北省各地涌现出了开展专题询问的热潮，湖北省各级人大就"小农水"以奖代补资金到位情况、农产品质量安全、农村社会保障、医药卫生体制改革、矿山整治工作、湖泊保护、饮用水安全保障、优化经济发展环境、食品安全、"山更青、天更蓝、水更绿、土更净、城乡更美"五项专项工作、扶贫攻坚、精准扶贫等多项工作进行了专题询问。

湖北省各级人大自2010年以来就不断对专题询问工作进行探索。在询问对象上，围绕涉及全局工作、群众关注的重大问题开展专题询问，将询问的对象由原来的普通政府人员扩展到包括副省长、省长等高级政府官员在内的群体。2014年9月，湖北省十二届人大常委会第十一次会议就《湖北省湖泊保护条例》的实施情况开展专题询问，除了湖北省发改委、财政厅、水利厅、林业厅等政府部门主要负责人到场接受询问外，主管这项工作的副省长也到场参加专题询问，就一些相关事项答复人大。2015年12月在恩施州人大常委会就建设美丽恩施五项专项工作召开的专题询问会上，州水利水产、农业、规划、环保、国土、林业等部门及县市负责人回答了关于水体保护、大气治理、清江保护等在内的相关问题。在询问方式上，由分组会议拓展到联组会议，将现场询问、媒体采访、现场直播、网络互动等方式结合起来。2015年钟祥市人大就突破性发展文化旅游业议案办理的情况开展专题询问，现场12名市人大代表对政府相关人员进行了询问，同时在专题询问现场引入媒体力量，进行电视直播，使被询问者"红了脸，出了汗"。市政府负责人表示将会认真采纳意见，抓紧时间制定路线图，并加以落实。此次询问使钟祥市文化旅游业相关政策得到了良好执行。在询问结果上，专题询问、后续督办力度的加大直接促进了相关政府部门工作的改进，对进一步促进询问权的使用也具有积极意义。

6. 专题调研

《中华人民共和国全国人民代表大会和地方各级人民代表大会代表法》明确规定:"县级以上的各级人大代表根据安排,围绕经济社会发展和关系人民群众切身利益、社会普遍关注的重大问题开展专题调研。"专题调研的主要目的是通过对特定问题进行细致的分析研究,形成调研报告或高质量的议案和建议。[①] 在湖北省人大官网上可以看到,湖北省人大在2011年的监督工作计划中开始将专题调研纳入其中,2011~2019年,湖北省人大开展了多项涉农专题调研,具体如表5-3所示。

表5-3　2011~2019年湖北省人大开展涉农专题调研情况

年份	涉农专题调研内容
2011	湖北省粮食工作情况 湖北省社会保险工作情况 湖北省公安机关打黑除恶工作情况
2012	农村面源污染防治工作情况 学前教育三年行动计划落实情况
2013	《湖北省建筑市场管理条例》贯彻实施情况 湖北省大别山、武陵山、秦巴山、幕阜山4个集中连片地区扶贫开发工作
2014	湖北省金融服务经济发展情况
2015	湖北省农业(含林业)保险情况 《体育法》及我省全民健身条例实施情况
2016	粮食安全相关的农村土地承包确权等情况 《湖北省农村扶贫条例》《中共湖北省委湖北省人民政府关于全力推进精准扶贫精准脱贫的决定》贯彻实施情况 民族地区精准扶贫工作情况
2017	湖北省促进就业工作情况 湖北省乡村旅游促进精准扶贫情况 湖北省脱贫攻坚情况 《教师法》及湖北省实施办法贯彻落实情况

---

① 李家贵:《浅议县人大代表视察与代表专题调研》,《楚雄日报》(汉)2020年第3期。

续表

年份	涉农专题调研内容
2018	《湖北省耕地质量保护条例》 "十三五"规划中期生态环保评估 "聚力脱贫攻坚、五级代表在行动"活动收集的93件省级层面意见建议办理落实情况
2019	长江经济带发展

湖北省人大对涉农专项调研较为重视，从表5-3可以看出，湖北省人大在粮食安全、精准扶贫、人才建设、农村经济环境优化、乡村旅游、教育发展等多方面进行了专题调研，调研过程中，运用文字、照片、视频等多种形式记录调研情况，并形成报告，对调研中乡村发展存在的问题进行记录，就问题进行整理的同时也就其中的成功经验进行积极推广。人大调研呈现出"两个结合"的特点。一是内外结合，即内部调研和外部考察学习相结合。各级人大对省内情况进行调研时，还积极对省外如浙江、江苏等的乡村建设情况进行调研。阳新县木港镇计划发展蚕桑产业，为了学习相关经验，当地部分人大代表专门调研考察了以此闻名的浙江淳安，对蚕桑产业发展模式、桑园管理、茧丝绸产业链、政府扶持政策、蚕茧丝绸市场行情等都进行了全面的调研学习；在蚕桑技术合作方面，该镇也与浙江淳安建立了互助合作关系，目前，木港镇的桑蚕发展模式备受肯定。二是统分结合，即集中调研与分组调研相结合。通过这种方式，人大实现了对区域内各项工作情况全面、全过程的了解和掌握。在此基础之上，人大通过调研报告等形式为党委、政府决策提供支持。2017年以来，神农架林区木鱼镇人大代表围绕产业发展、生态保护、乡风文明、乡村治理等内容确定调研课题，先后完成高质量调研报告5份，如优化木鱼镇旅游接待环境的调研报告、遏制农村人情风的调查报告、做优做强木鱼镇茶产业的调研报告等，这都纳入了党委政府决策的范围。

7. 其他人大监督工作

（1）代表视察。《中华人民共和国全国人民代表大会和地方各级人民代表大会代表法》第二十二条规定："县级以上的各级人民代表大会代表根据本级人民代表大会常务委员会的安排，对本级或者下级国家机关和有关单位的工作进行视察。"[①] 代表视察与专项调研不同，代表视察具有督导性，其仅限于对被视察单位的督导，并不对问题作出处理，但视察后人大提出的意见建议等可以通过法定程序交由相关部门处理。2019年11月，阳新县人大常委会组织县人大代表对黄颡口镇花果村美丽乡村建设试点村项目建设和"厕所革命"进展、半壁山管理区垃圾转运站项目、城东新区良荐村农村环境综合整治项目等县政府"十件实事"进行视察，并就相关问题对县政府提出建议。2019年12月，随州市人大常委会组织湖北省第十三届人大驻随代表和部分省直机关代表开展会前集中视察，视察紧紧围绕经济社会发展重点问题和群众关心的热点问题开展，代表们详细了解了市四大产业基地建设、民生工程进展、生态环境保护、乡村振兴示范带建设、现代农业发展、人居环境整治、美丽乡村建设等情况，为在即将召开的省十三届人大三次会议上审议各项报告与决议、提出议案和建议作准备。咸宁市人大常委会副主任带领咸宁市人大代表到赤壁市开展集中视察调研，详细了解了赤壁市的茶产业发展、茶文化挖掘、羊楼洞古镇项目建设情况等，推广其成功经验，助推本市农业发展和文化发展。

（2）议案、建议的督办。议案和建议反映着人民群众的利益与呼声，直接地体现着人大代表与人民群众的关系，也是人大推动乡村振兴战略实施的基本的方式之一。在议案和建议的交办机制、政府答复、监督平台建设等方面，各级人大常委会在基于自身实际的基础上积极创新。

[①] 《中华人民共和国主席令 第三十八号》，中国政府网，http://www.gov.cn/flfg/2010-10/28/content_1732997.htm，最后访问日期：2020年11月26日。

首先，在交办机制上，即时办和常规办相结合，对反映强烈、关系重大的建议即时交办，对其他建议在人大会议后由人大常委会或主席团召开专门会议集中交办，实现了议案、建议办理时间的合理分配；清单式交办，分清议案建议所涉政府部门，明确各主体责任；提级领办，建立了政府领导班子成员领衔办理人大代表建议的办理制度。其次，在回复方面，部分人大常委会为了提高政府等部门的重视程度，要求政府在答复代表时，必须以红头文件答复。最后，在监督平台建设方面，湖北省部分地区建立了人大代表履职服务平台，实现了议案建议工作由传统手工办理向网络办理的信息化管理，具有"一站式"、无纸化、信息化等特点。据了解，平台启用之后，办理效率得到了大幅提高，人大一年的议案、建议在很短的时间就可以处理完毕。如果人大对办理效果不满意，也可以通过"二次办理"重新要求相关部门进行落实。宜昌市在2017年7月底建成履职服务平台之后，到2017年底约半年的时间里，在代表评价为"满意"的367件议案建议中，有4件建议是因为"不满意"评价被退回，承办单位重新办理、重新答复后达到"满意"的。

湖北省各级人大在推进代表议案和建议的办理上均取得了不错的效果。以武汉市蔡甸区为例，近几年来，人大督办议案共16件，代表建议共204件，办理满意率均在97%以上，而诸如《加大精准扶贫力度，促进城乡统筹发展案》《关于推进"三乡工程"建设，实施乡村振兴战略案》等议案的顺利落实则进一步体现出人大在推动乡村振兴战略实施方面的积极作用。

第四节　湖北省地方人大在以监督权促乡村发展中存在的不足

乡村发展涉及方方面面，监督权作为人大的主要权力之一，对于促进乡村振兴战略的实施具有重要作用。但是,监督权作为一种"集合性权力",在行使过程中难免会出现诸多问题。正如任喜荣教授所指出的:"对于地方人大监督权的文本规定是一回事,其实际运行所面临的客观情势又是一回事。"[1] 与其他省份相似,湖北省人大监督工作存在着很多不足,制约着人大工作的开展。

一 法律法规不健全,人大监督尚缺完备的法律保障

人大监督权是宪法赋予人大的一项重要权力,对该权力的规定散见于《组织法》《代表法》《预算法》等多部法律之中。2006年出台了《监督法》,这部法律是统一规定人大监督权的第一部专门性立法,从这个意义上来说,其意义重大。但是深究其内容,可以发现,《监督法》只是简单地对人大的监督权力进行了整合,并没有在一些具体的问题上实现突破。湖北省虽然出台了湖北省内的监督工作条例,但依然在一定程度上缺乏指导性。具体来说,问题主要包括以下几点。

(1) 模糊性表述过多,不够细化。最为典型的一个就是特定问题调查制度,《监督法》对这一制度的规定非常有限,仅对组织主体、条件进行了简单规定,但是对一些最基本的概念比如特定问题的界定没有作出具体的解释。过于宏观和模糊的表述直接影响了监督权在实际工作中的行使,导致部分监督权无法得到充分行使。

(2) 程序性规定不完善。"程序能以法治权,将公权力行为置于法律规范的约束之下,从而从制度上克服了公权行为的任意、武断、专横以及职权的混乱。"[2] 健全监督程序是人大行使好监督权的基础,程序性规定直接影响着人大监督权的实体行使,如何以"程序"促"实体"是当前法律亟须回答的一个问题。缺乏程序性规定这一问题在涉及人大监

---

[1] 任喜荣:《地方人大监督权论》,中国人民大学出版社,2013,第6页。
[2] 黄学贤:《中国行政程序法的理论与实践》,中国政法大学出版社,2007,第9页。

督权的相关法律、条例中是普遍存在的，无论是预决算审查、专题询问还是其他监督方式，都或多或少地存在着程序性规定不完善的问题，尤其是在后续处置上程序性规定尤为缺乏。"现行法律法规结构不尽合理，注重设置行为模式，忽视设置后果模式。"①"法律规定人大常委会监督情况应当向社会公开，但对于'公开'的载体却没有明确规定。因此，通过什么载体公开以及如何公开，是在制度运行过程中需要认真研究的问题。《监督法》第八条、第十条和第二十条的时间规定，在落实过程中还有可以预见的难度。第二十六条规定的执法监督，在实践中也还需要不断创新和探索具体方式。第二十九条对于撤销下一级人民代表大会及其常务委员会作出的不适当的决定、决议的规定，其撤销对象有待进一步明确。"②《监督法》虽然赋予了地方人大部分自由裁量权，但是像监督程序这样基础性的问题，应该在《宪法》《监督法》等国家性法律中体现出来，以为地方性法规、条例作遵循。

（3）部分法律立法观念落后，难以满足新时代监督工作的需要。监督工作涉及面广、变化快，为了满足新形势对人大监督工作的新要求，地方人大要发挥主观能动性，在监督手段、监督方式上积极创新，如引入媒体监督、信息化监督、深化专题询问、建立多方联动机制等。监督方式的创新需要在法律上有与之配套的规定，然而不难发现，有关人大监督的多部法律制定时间较早，立法观念相对落后，在面对新形势下人大监督工作时难免会显得"力不从心"。在调研中，多地人大工作人员呼吁人大监督方面的法律法规应当与时俱进，以为人大工作提供指导和参考，提高法律的应用价值。

---

① 李凤军：《论人大的监督权》，中国政法大学出版社，2015，第150页。
② 邱家军：《人大监督现状及前景——"监督法与人大监督的未来走向"研讨会综述》，《人大研究》2007年第3期。

二 监督主体思想觉悟不够，缺乏主体意识和使命感

人大及其常委会作为国家权力机关的组成主体，理应充分发挥主动性，推进各项监督工作的开展，保障乡村振兴战略等各项工作的顺利开展。调研发现，部分地区人大主观上存在着"不敢监督、不愿监督"的错误倾向，部分人大将监督工作看作是一种负担性而不是支持性的工作；还有部分人大虽然认识到了监督的重要性，但是主动开展监督工作的积极性较差，缺乏使命感和责任感，连带着在行为上存在消极不作为的现象，抵触、畏难、规避等情形较为严重。

在调研中，课题组发现，人大机关工作人员总体年龄偏高，大部分地区人大工作人员年龄在 45 岁以上，其中 50~60 岁的人员占比最高，35 岁以下年轻人占比较低，"新鲜血液"注入不通畅。人大组成人员中，很多是曾经在党政机关、事业单位担任过领导职务的老领导，很多人由于年龄即将"到线"而到人大工作后，难免产生"退居二线"的思想，也就不愿意积极主动行使监督权了，这在一定程度上削弱了人大的监督工作力度。

三 体制不顺，人大监督权的完整性保障不足

自 1978 年以来，中国的政治体制改革一直在深化，政治体制是国家稳定的关键，胡锦涛同志在党的十八大报告中指出："政治体制改革是我国全面改革的重要组成部分。必须继续积极稳妥推进政治体制改革"。① 政治体制改革涉及方方面面，此部分的政治体制改革主要是指人大与党委、人大与政府、人大与司法机关之间的关系，这三者关系的处理，关系着地方人大监督权行使的独立性和完整性。我国法律赋予了人大监督权，但同时根据我国的法律设计和制度设计，党委和"一府两

---

① 《胡锦涛文选》第 3 卷，人民出版社，2016，第 632 页。

院"在工作中也具有监督权等权力,这就对人大监督权的完整性提出了挑战:如何协调好人大监督权与"一府两院"的监督权的关系?如何避免作为监督者的人大陷入"不能监督"的尴尬处境?

首先,党委与人大的关系是政治体制改革中非常关键的一个问题。"党政不分"长期以来是困扰人大监督权的重要方面。蔡定剑认为:"人民代表大会与执政的共产党的关系,可以这样概括:在法律制度中,人民代表大会是最高的,党必须遵守宪法和法律,人民代表大会有权监督宪法和法律的实施,对政党违反宪法和法律的行为有权追究。然而,在国家政治体制中,人民代表大会是在党的领导下,人民代表大会要接受党的领导。"[1] 人大要接受执政党的领导,但是其又享有对执政党的监督权。事实上,尽管我国采取了很多措施对党政工作予以明确和区分,但我国依然存在着"党政不分"的现象,党委可以和政府共同发文对一些工作进行安排部署,直接介入经济、文化、社会生活,在这种情况下,人大既难以确定监督的范围,又难以区分在一些党政共同发文的情况中党委和政府二者各自的责任,影响了人大监督工作的开展。此外,"特别是在我国的政治实践中已经形成了'党委决策,政府执行'的政治体制,因而,地方人大对其他国家机关的监督,就会直接或间接地监督到地方党委身上,就会使得地方人大及其常委会的监督工作难以进行。"[2]

其次,在人大与政府的关系中,我国实行政府双重管理监督制度,政府不仅要接受本级人大的监督,还要接受上级政府的指导与监督。这种政治体制的设计存在一些弊端:若下级人民政府执行上级人民政府的不当决策,人大如何开展监督?如何判定政府工作过失的责任归属?若本级人大与上级政府就同一件事出现了不同的监督结果,本级政府应该如何选择?若本级人大与上级政府带来不同的指导意见时,本级政府该

---

[1] 蔡定剑:《中国人民代表大会制度》,法律出版社,2003,第31页。
[2] 蔡玉龙:《地方人大监督权研究》,博士学位论文,河北大学政法学院,2015,第107页。

听谁的？本级人大与上级政府的双重领导给本级政府带来的工作上的负面后果由谁"买单"？就目前情况来看，暂时还无法对这些问题给出明确的答复。

最后，人大也不是监督"两院"工作的唯一主体。"地方人大应有的监督权由于制度的结构性设计问题被侵蚀和削弱，人大的监督权无法实质性地发挥。"[①] 在垂直体制之下，"两院"的工作也要接受上级检察院、上级法院的监督。人大监督法院的某案件，如果是上级法院决定的，甚至上级法院作了判决，那人大该如何监督？同时，人大只是从整体上对同级法院、检察院进行抽象的、形式上的监督，不能超越司法案件审理程序直接介入具体的案件审理，只能督促司法机关尽快纠正错误，或者对他们提起质询，监督工作受限。

从以上可以看出，人大虽然是国家权力机关，其监督权虽然是法律所赋予的，但是人大的地位和权力的行使在实际的工作中并不能得到切实保障，党委、政府的权力范围与人大的监督权范围存在交叉关系甚至包含关系，这种关系不仅造成政府工作、司法机关工作在决策、执行和效果评判上的矛盾，也侵蚀了人大的监督权，使得人大在监督上只能起到一个辅助者而不是主导者的作用。

四 人大监督过程不够完整，监督刚性不足

在实践中，人大的监督权行使不完全的一个重要原因是地方人大及其常委会的监督活动是时间性的，制度原因和人大工作人员、人大代表自身原因使得人大无法经常性持续性地开展监督活动，致使人大监督过程不够完整。此处的人大监督过程不完整主要指的是相较于事中监督和事后监督，人大的事前监督权行使得不太充分，监督频次较低，无法做到对"一府两院"的全过程监督。在人大法定的几种监督方式中，运用

---

① 任喜荣：《地方人大监督权论》，中国人民大学出版社，2013，第100页。

次数较多的监督方式如执法检查、听取报告等基本上都是事中监督、事后监督。法律法规规定的监督方式中事前监督方式较少，预算审查是其中一个重要的方式，但是预算审查年度使用次数较少，监督作用有限，而各地人大在实际工作中对事前监督的相关方式创新也较少，总的来说，事前监督是相对缺乏的。人大监督过程的不完整，即非全面性、阶段性的监督存在弊端，一方面较注重事中、事后监督而错过了纠错的最佳时间，致使一些乡村振兴工作如人才引进、土地规划等在立意和措施采取上不符合实际情况和民众需求，无法实质性监督政府等被监督者的工作。在这种情况下，如果政府等的工作不符合实际情况，就会造成部分不可逆转的后果，造成人力、物力、财力资源的浪费。此外，这种不完整的监督过程不利于维护人大监督权力的完整性，影响对"一府两院"的实际制约效果。长此以往，在人大监督中将形成一个循环：人大监督过程不完整—被监督者不重视人大—人大监督地位弱化—人大监督作用减小—人大监督过程更加不完整。这种恶性循环在没有外力的干预下，将会导致人大监督权形同虚设。

在人大的监督手段方面，人大监督缺乏刚性。询问和质询、特别问题调查等被认为是人大的几种刚性监督手段。刚性应当是人大监督的固有属性，然而在实践中可以发现，对本级政府的计划、预算及审计监督，检查法律法规的实施情况等几种柔性监督手段是代表们广泛使用的监督手段，刚性监督手段的运用则非常不充分。刚性监督一直是近些年来人大建设的重点，虽然人大也创新了很多监督方式，如述职评议、专项报告工作会等，但这些手段也基本属于柔性监督的范畴。根据调研中一名人大代表的介绍，在基层人大，人大对于政府、司法部门的刚性监督是比较尖锐的问题；在大型项目的监督方面和在专项工作监督方面，人大的监督权较为模糊；过多的柔性监督也使得人大在议案建议的提出方面作用较弱，对于政府等部门的工作失误，人大难以提出有针对性的议案建议。

第五节　完善地方人大监督权行使，促进湖北省乡村振兴

人大的各项工作要围绕党的战略意图来展开，特别是要通过落实监督工作，充分贯彻党的战略意图。在乡村振兴战略实施中，人大尤其是基层人大的监督必不可少，而人大的正确监督和有效监督很大程度上也体现着人民的监督。正如一名被调研者所说："乡村振兴是大的课题，在党的领导下，人大应该充分发挥监督作用，把农村工作做到实处。"

一　健全监督法律法规，为地方人大监督权的行使提供法律保障

人大监督必须有法可依，没有健全的法律法规，人大不可能对"一府两院"的运行过程实行有效的监督。因此，应当健全人大监督的法律法规，使其对人大监督工作以指导和约束，为人大监督工作提供法律保障。

一方面，要加强立法监督。《监督法》《代表法》等多个法律法规都对人大常委会、人大代表的监督工作作了规定，但是这些对于实际中的监督工作的指导作用是不够的。针对现有法律中关于人大监督工作的空白领域和模糊领域，应当加强立法，弥补空白领域，对一些模糊规定进行细化，使监督便于实施。在立法的过程中，地方人大立法应注意不能与上位法相抵触，要尊重上位法的地位，在充分认识上位法的立法原则、目的的基础之上，对下位法进行修改。同时，各级人大常委会在适用法律的过程中，如果发现了法律、法规、规范性文件中出现不合理、不适应时代发展、与其他法律相抵触的情况时，应当积极反映情况，推动其完善。

另一方面，要健全监督各环节的程序规定。既要具有可操作性，便于经常性监督，又要使监督富有成效，从而使监督制度处于一个良性有序的运转状态。因此，要完善现有法律文件中对于人大监督的程序性规定，明确各种监督形式的适用范围和条件，根据监督权的层次特点，制定适用不同范围、不同力度等级的程序规则，建立完整的程序链，串联起监督的提起、调查、审议、表决、处置等多个环节，实现各个环节互相协调，构建完整的程序体系。[①] 要加强各程序环节期限的制度建设，在充分关注各程序环节的属性的前提下，对各种监督方式设定明确合理的期限，这就将监督工作反映在期限上，对于促进各种监督方式的灵活转换具有重要的推动作用。这不仅会促进人大监督工作的顺利进行，而且能切实形成对于"一府两院"的压力，使其在乡村振兴战略的工作中能够自觉地遵守法律，严格程序，最终推动乡村振兴战略顺利实施。

二 建设现代监督政治文化，提高人大主体监督意识

人大监督权是现代政治文明的产物，传统的政治文化不一定适应现代人大工作的要求，尤其是新时代人大监督工作的需求。在新时代，必须要建设适应时代要求的现代监督政治文化，推动人大主体监督意识、责任意识的全面提高。结合传统政治文化的特点、地方人大监督权的使用现状以及中国特色社会主义的总体要求，现代监督政治文化应该具备以下几个特点。

一是民主性。这里所说的民主性，即主权在民，强调高度尊重人民的主体地位，尊重人民合法权利。在我国，中国特色社会主义民主是在中国历史传承、文化传统、经济社会发展基础上长期发展、渐进改进、内生性演化的结果，是在我们追求民族独立、人民解放和国家富强、人

---

① 冯健鹏：《地方人大监督权的行使》，中国民主法制出版社，2016，第199~200页。

民幸福的长期奋斗中逐步形成的,① 它强调民主的实质性。经过了几十年的发展,历史已经证明,中国特色社会主义民主确实能够真正发挥我国制度优势,能够真正保障人民当家作主的地位。人大组成人员主体监督意识的缺乏部分是受传统政治文化"官本位"等思想的长期影响,而现代民主思想尤其是中国特色社会主义民主思想则能够为广大的人大组成人员和人民群众在自觉行使监督权上提供思想支持,以推动人大积极开展监督工作。人民群众也能够在一系列关系自身利益的重要事情如乡村产业发展、生态建设等方面对人大进行监督,增强其履职压力和动力。可以看到,在部分地区,这种民主性已经根植于人民中,并推动了多项乡村建设工作的开展。比如,京山市人大将人民群众关心的重大事项作为监督议题,通过综合运用各种监督手段如听取报告、深度调研等对农村饮用水、水窖水库的修建、污染防治、农村信用合作社等工作进行监督,对促进当地乡村发展起到了推动作用。天门市将公开透明的媒体监督引入人大监督工作中,同样也印证了提高民主性的重要意义。

二是法治性。人治是依靠人格权威、掌权者的威严和特权进行统治,与人治不同,法治强调以法治国、依法治国,其不以人的意志为转移。法治政治文化,即是尊重法律在社会政治生活中的崇高地位,以法律为依据、手段来展开政治活动,进行相关的价值判断。我国是社会主义法治国家,法治性是建设现代政治文化的不可或缺的一部分。人大的地位由法律赋予,人大监督权的行使由法律规定,可以说,从一开始人大就是在法治的环境中孕育而生的,而在调研中发现的人大监督意识淡薄的根源之一就是现代法治意识的淡薄。为此,应当积极发展现代法治性政治文化,凸显法律崇高地位,以法律的强制性来制约人大的"不愿监督",并使其提高对人大监督工作的责任感和使命感,使其积极行使监

---

① 范勇鹏:《人民要论:中国特色社会主义民主为什么富有生命力》,《理论导报》2018 年第 12 期。

督权力。湖北省很多地区人大都会要求机关工作人员和人大代表参加法律知识的考试和培训，在乡村振兴战略提出后，又进一步将乡村振兴有关法规、条例纳入了培训的范畴，这是一项建设现代法治性政治文化、推动人大监督工作顺利开展的有力举措。

现代民主法治政治文化的构建是一项艰巨的任务，需要落到实地、长期坚持。强化人大的民主法治意识，必须通过多种方式进行，可以通过人大培训、举办专题讲座、考核考试等一系列软硬措施切实将民主知识、法律知识输入人大中来，增强人大机关人员、人大代表的监督意识。同时，也应认识到人大监督意识的提高不能只依赖于人大自身，被监督对象如"一府两院"、社会公众的监督意识也要跟上。在人大的监督工作中，党委、人大、政府、司法部门、公民、媒体等的重要作用也应当发挥。这些主体都是社会的重要主体，对社会生活发挥着不可忽视的作用，而现代监督政治文化的形成过程其实就是各主体相互作用的过程。因此，建设现代监督政治文化离不开各主体的参与。人大的监督工作要顺利进行，首先要提高党委、政府和人大的参与意识，确保人大监督工作能得到有效的支持和配合。其次，乡村振兴战略的重要主体是广大的农村群众，其对政府等被监督部门的工作的好坏有切身的体会，因此，提高公众尤其是农村群众的参与意识尤为重要。最后，舆论监督是"第四种权力"，近年来也可以看到舆论监督的作用是非常大的，为了监督政府的工作、加强监督主体与农民群众和社会的联系，必须要重视媒体的参与。只有多方联动才能营造一个良好的氛围，推动人大监督意识不断提高。

三　理顺人大与党委、"一府两院"的关系，增强协调性

"党委支持，人大有为"可以很好地描述党委与人大的关系。地方人大的监督工作需要党委的领导和支持，"人大监督工作只有围绕党委中心工作开展，与党委中心工作同步合拍，才能得到党委更多的支持和

重视,取得应有效果",① 实现人大有为。人大监督工作与党委工作产生矛盾的原因有两方面:党委权力较集中和我国长期存在的党政不分现象。而理顺二者关系的突破点显然也在于此。党的领导和党的执政地位是历史形成的,是人民的选择,也是保证其他一切工作顺利进行的关键,但是在实际工作中,在坚持党的领导的同时应该避免以党的领导代替人大的工作,厘清党委监督与人大监督各自的范围,防止在二者有交叉的范围内党委对人大权力造成一定的侵蚀的情形的出现。法治在理顺二者关系中也是非常重要的,"由于法治方式与迄今的'章法'方式相比所具有的显著优势,补充党委与人大关系规范,不仅是进行'理顺'工作的必用方式,而且还是检验党委与人大关系是否理顺的直观标准。当我们的宪法等法律还欠缺这类规范的时候,就还不能说党委与人大关系已经理顺"。② 在党委与政府的关系上,可以"按照党政分工的思路处理党政关系,建立科学的党政关系,就意味着按照社会主义民主政治的要求,形成由政党领导和引导、人大立法和监督、政府管理和执行的程序和格局,使党、人大、政府协调一致地工作"。③ 党政分工有赖于政治体制的改革,应该对加强党对一切工作的领导作出合理的制度安排和设计,整合职能交叉重叠的党政机构,深化地方党政机构改革,尊重行政机关的执行机关地位和独立性,实现党政各司其职。

就人大对"一府两院"的监督而言,"一府两院"应当树立自觉接受人大监督的意识,尊重人大监督主体地位,主动接受人大监督。同时,人大也应加强自身建设,应当采取措施提高人大机关成员、人大代表的监督能力,提高其监督水平。因此,应当强化对人大监督主体的日常培训,在语言能力、运用法律法规的能力、议政的能力、社会活动的能力

---

① 河北省人大常委会研究室:《庆祝全国人民代表大会成立六十周年理论研讨会论文汇编》,河北人民出版社,2015,第212页。
② 蒋劲松:《论党委与人大关系之理顺》,《法学》2013年第8期。
③ 张荣:《准确把握"党政分工"概念》,《北京日报》2017年第14期。

等方面进行集中性和分散式相结合的培训,提升其履职能力,使其能够在土地规划、基础设施建设、产业发展等乡村振兴重要事项方面有效监督政府的工作,提升自身威望,促进乡村振兴战略的顺利实施。如荆门市人大就人大代表的履职能力进行培训,积极开展工作评议,目前已对政府工作部门和在荆门的垂直管理部门开展了工作评议,基本做到了全覆盖,有力地树立了人大权威。

四 加强人大机关自身建设,着力提高监督实效

人大机关自身机构建设、人员建设情况直接影响着人大的监督实效,"打铁还需自身硬",人大应当加强自身建设,完善机构建设,优化人员结构。党的十八大报告提出要"健全国家权力机关组织制度,优化常委会、专委会组成人员知识和年龄结构,提高专职委员比例,增强依法履职能力"。[1] 党的十八届四中全会通过的《中共中央关于全面推进依法治国若干重大问题的决定》明确提出"增加有法治实践经验的专职常委比例"。[2] 这是自党的十三大报告后,在党的代表大会报告中和决议中再次将人大委员专职化问题作为健全国家权力机关组织制度、加强人大制度建设的重要问题而提出来。现阶段,应提高各级人大尤其是县级人大常委会组成人员专职化的比例,争取尽快实现六成以上专职的目标,以与《中共全国人大常委会党组关于加强县乡人大工作和建设的若干意见》的要求相一致。为了推动专职化的顺利进行,应当建立并完善履职保障机制,确保依法行权。目前湖北省乡镇人大主席已全部专职化,但是这还不能满足乡镇工作需要,还应至少配备一名专职副主席和一名干事,有条件的地区还应根据工作需要配备办公室主任。对于这些专职化的人

---

[1] 《胡锦涛文选》第3卷,人民出版社,2016,第633页。
[2] 《中共中央关于全面推进依法治国若干重大问题的决定》,中国政府网,http://www.gov.cn/zhengce/2014-10/28/content_2771946.htm,最后访问日期:2020年11月26日。

员，需要给予充足的编制、财力、物力保障。另外还要逐步优化县乡人大任职人员的年龄结构，特别是人大常委会、专门委员会、乡镇人大主席的年轻化非常重要。在人大常委会中，应当适当增加相当数量，至少能够任满两届的中青年委员，形成"两头小、中间大"的合理年龄结构，使每一届都有一定数量的委员继续留任，避免"大进大出""一届一茬"的现象，实现老中青梯次配备。地方党委在配备干部时，也需要摈弃把到人大机关任职当作临退休干部提高职务级别的途径的观念，而是要把人大当作培养年轻干部的有力阵地。

人大的监督工作必须要抓住重难点，牵住"牛鼻子"，增强监督的实效性。综合乡村振兴战略的要求和人大自身的工作内容来看，人大应对以下事项重点关注。①预算和项目中的资金流向。资金的分配是反映政府工作的重要方面，加强预算和项目中资金流向的监督，实质上就是加强了对政府工作的监督。对此，在乡村振兴中，人大监督主体人员应该组织工作视察，进行质询，审查国民经济和社会发展规划，如每年的预算决算增量是什么，增量增在哪里？钱每年怎么安排？自上而下拨付的资金尤其是精准扶贫资金是否专款专用和合理使用？农村产业项目资金的结构如何？财政资金的投入方面是否安排了？地方财政是否投入？农用资金使用的效益和回报如何？等等。②与乡村发展相关的项目、规划的执行情况。这包括：监督乡村水电、交通等工程项目的进度和质量，监督精准扶贫工作，监督乡村重大产业的发展，监督农村的安全生产，监督对农业科技人才的培养，监督乡村规划是否充分听取民意及是否在执行中保持着连续性，等等。在开展检查等监督活动时，人大应该全面深入地进行，了解这些项目哪些方面得到了发展，政府部门给予了哪些支持，目前存在哪些问题，需要怎样的帮助等，然后在此基础上提出破解难题的合理化建议，并督促政府部门予以采纳，对于短期内无法解决的问题还要进行跟踪督办和跨年度督办。在必要时，人大可明确列出问题清单,向各承办单位交办,还可进行"回头看"和下书面整改通知单,确保中央省市县出台的一系列"三农"帮扶政策取得实效。③环境保护。人大应专门围绕农村环境综合治理和生态保护开展专门监督工作,比如视察农业面源污染整治情况,广泛宣传环境保护的法律法规,建立和完善定期巡查、日常监管的工作机制,这对于乡镇环境的保护的意义是非常重大的。正如一名在调研中受访的基层人大代表所指出的:"由于乡镇没有环保的执法权,所以乡镇一级政府觉得环保不是他们的事,而市环保局一共几十来人,又管不过来,所以要依靠人大的积极支持。"

五 规范监督过程和程序,提高人大监督手段的刚性

人大监督主体应当对政府等被监督主体的工作全过程进行监督,坚持事前监督、事中监督、事后监督的有机结合,强化程序。人大要健全和完善会议程序、财政预决算审查程序、备案审查程序,为监督打好基础。在事前,要提前将有关报告送到人大常委会委员手中,为审议做好充分准备;提前向社会公布常委会会议的相关信息,如会议时间、议题、参与人员,收集听取群众的意见。对于乡村振兴战略的有关事项,人大要认真审议政府等被监督主体关于乡村振兴的具体规划、预算中资金的分配比例等。在事中,要对乡村振兴各项工作的执行情况加强走访调研,举行座谈会,邀请政府部门人员、农民群众、专家学者、媒体等到场,听取相关部门关于乡村振兴的执行情况的汇报,并就其中存在的问题要求相关部门人员作出回复,并限期整改,通过媒体等对会议情况进行报道。在事后,人大应对政府的决算情况、乡村振兴实施成效、政府等部门的工作成效等实行监督,抓好跟踪和反馈。在事后评估中,应建立有效的监督评估程序和体系,邀请第三方如公民、专家个人或者独立机构参与评估,建立向公众反馈的机制,形成"评估信息公开—公民意见搜集—对公民意见进行处理—再对公民意见的处理情况向公众反馈"的完整链条。

针对目前人大监督刚性不足的情况，应该注重在多个层面增强人大监督刚性，弥补现有监督方式在运用上的不足。那么，如何增强监督的刚性呢？一是要通过制度来保障和支撑。制度体现在计划性、程序性、规范性、长效性、强制性等方方面面。① 应继续坚持和完善人大常委会组成人员联系代表、代表联系选民制度，完善代表履职评价机制和激励机制，完善规范性文件备案审查制度、议案和建议的承办制度、信息公开制度、信访处理制度、定期考核制度等，从各个角度完善人大对内和对外的各项有关监督的工作制度。制度建设是一项复杂而系统的工程，不可能"毕其功于一役"，各级地方人大要多结合本地实际情况，有针对性地对相关制度进行完善，使制度能够真正成为人大规范自身并推动监督工作的重要抓手。在长期的实践当中，湖北省部分地区人大在实践中也在制度上作了探索，如宜昌市人大为了强化人大常委会审议意见的落实，创造性地推行了"两测评两公开"审议监督机制，在进行初次监督时注重与跟踪监督相结合，对"一府两院"在法定期限内提交的对常委会审议意见的处理情况的报告进行审议和满意度测评，在二次测评时既注重过程监督，又注重结果监督，跟踪问效，防止审议意见"一交了之""一回了之"的现象。满意度测评情况通过新闻媒体、人大网站、人大常委会公报等途径进行公示，增强了监督的透明度。"两测评两公开"机制在宜昌生态建设、农村环境整治、乡村产业扶持等诸多事项中均得到了应用，引发了社会的广泛关注。此外，还有部分地区人大对审议意见和代表建议的落实情况，设置了"常委会审议意见催办卡"和"代表检查视察建议催办卡"，在提示催办后仍未落实时，专函催办，直到落实为止，这都有效加强了人大监督的刚性。

二是要综合运用多种监督手段，"刚柔并济"。对于刚性监督手段的倡导不等于否认柔性监督手段存在的必要性和合理性。单独使用刚性手

---

① 席盘林：《漫议人大监督的刚性》，《人民代表报》2015 年第 3 期。

段阻力较大，需要采用柔性手段进行"中和"；而单独使用柔性手段，则在一些重要的事项上又难以取得理想的效果，唯有综合使用柔性手段和刚性手段，才能够推动人大监督工作向纵深发展。为了促进二者更好结合，对于质询、特定问题调查等多种刚性监督手段，省级人大可以制定条例、办法等对其适用情况、使用程序等进一步细化，提高可操作性，为人大监督工作提供参考，鼓励刚性监督手段在实际中的应用，为"刚柔并济"创造条件。在调研中，课题组发现很多地方在探索二者结合上已经有了实质性的进展，可以作为其他地区的参考。比如湖北省人大农业农村委在推进《湖北省湖泊保护条例》的执行中，就综合使用多种监督方式，通过预调研—执法检查—专题询问—向上级提交研究处理情况—跟踪视察的方式，有效地解决了咸安区斧头湖珍珠养殖和沙洋县长湖刘岭闸以及鲁店闸湖域投肥养殖等问题，促进了湖北省的湖泊保护工作。

第六节　结语

乡村振兴战略是一项重大工程，不仅仅关系到我国农村地区的兴旺，也关系到整个国家的社会主义现代化建设。正因为其战略地位如此重要，所以人大的监督工作显得尤为重要。其不仅可以发现乡村振兴中"一府两院"，尤其是政府工作中出现的问题，而且也能够促进和完善有关人大监督权的制度、机制建设。乡村振兴的顺利实施离不开人大的监督工作。

人大监督权是人大的一项重要权力，人民代表大会及其常务委员会是行使这项权力的主体。党的十八大以来，习近平总书记就坚持和完善人民代表大会制度、发展社会主义民主政治发表了一系列重要论述，为加强和改进人大监督工作提供了理论指导，有力推动了人大监督工作的开展。在乡村振兴中，人大不仅创新了多种监督方式，而且取得了监督的成效，推动了农村地区的产业发展和基础设施建设，维护了农民的合法权益。但是无可否认的是，与人大的其他权力相比较，无论是在受重视程度还是在实效方面，监督权都不如其他权力，但其又是其他几项权力发挥作用的保障。如果人大监督权不能完全发挥作用，那将会直接影响人大整体职能的发挥。因此，人大监督权亟须进行强化。

习近平总书记指出："人民代表大会制度的重要原则和制度设计的基本要求，就是任何国家机关及其工作人员的权力都要受到制约和监督。"① 在人大监督工作中，处理好党委、人大、政府的关系是很重要的。现阶段，三者的关系存在不协调的地方，人大与政府工作的交叉影响了人大对于政府的有效监督，使监督权在某些领域中存在空白，监督工作存在不敢监督、不能监督的尴尬局面。因此，在未来，我国应对现有的体制、各权力主体之间的关系作出进一步的规定。除了党委、人大、政府的关系需要理顺之外，人大监督权的保障还需要健全监督法律法规，建设现代监督政治文化，增强人大监督主体意识，规范监督过程和程序，等等。要坚持全方位、多视角对人大的监督工作进行完善，只有这样，人大才能真正行使法定权力，群众的利益才能真正得到保障，他们的要求才能得到满足。

值得注意的是，人大监督权的完善不是单个步骤可以完成的，而是要通盘考虑，在把握整体的基础之上，才能完善和协调人大监督工作的各个部分。乡村振兴战略是一项系统性的工程，任何一个环节的缺失都会引起整个系统的运行不畅。人大监督权是协调乡村振兴中各相关主体之间利益、需求的重要工具，人大的监督权在乡村振兴战略中的有效行使、监督工作的顺利进行，有助于营造团结稳定、文明和谐的政治局面，有利于把各方面的智慧和力量凝聚到实施乡村振兴战略上来。

---

① 习近平：《在庆祝全国人民代表大会成立60周年大会上的讲话》，人民出版社，2014，第11页。

第六章

推进人大代表工作，助推乡村振兴战略实施

第一节 人大代表的"代表性"概说

根据《宪法》，人大代表经民主选举方式产生，代表人民行使国家权力。人民代表大会制度是最具广泛性、代表性、先进性的政权组织形式。其中，"代表性"是人民代表大会制度的核心特性，这是由社会主义国家的本质决定的。我国是社会主义国家，人民是国家的主人，国家的一切权力属于人民，人民代表大会制度是我国的根本政治制度。人民代表大会制度的运行也需要有载体，人大代表是从人民群众中来的，其代表工作可以说是人大的最基础职能，人大代表工作是整个人大工作的基础性工作。因此，"代表性"最为核心，最为重要。

"由于直接民主无法实际贯彻，因而需要代表。代表可以说是一种延伸的直接民主，人民不是直接统治国家而是通过他们的代表（统治国家）。"[①] 因此，对于代表以及"代表性"的理解至关重要。皮特金在

---

① 应奇编《代表理论与代议民主》，吉林出版集团有限责任公司，2008，第18页。

《代表的概念》中,对代表的具体概念进行了探讨:形式代表问题的核心是代表与选民的关系,而实质代表问题的核心则是人大代表的代表性问题。[①] 这为学术界和实务界研讨代表履职以及后来的"代表性"概念的界定打下了一个重要的基础。

虽然"代表性"问题主要涉及实质代表,但是明确代表与选民的关系无疑对这一问题的解答具有重要的作用。目前较为流行的"集中代表说"认为,代表不是特定选区和选举单位的受托人,而是全体选民利益和意志的集中代表者。但是也有很多学者认为人大代表既是全体选民的集中代表者,也是特定选区和单位的受托人,只是二者先后性不同而已。但是无论如何,这些争议都明确了人大代表必须要反映选民要求的观点。

而具体到"代表性"上,很多国内学者对"代表性"的含义进行了阐释。张建民认为:"人大代表的这种代表性从法理上说是代理性,而不是替代性、取代性。因为人民选出自己的代表后,是要求代表们按照选民意愿去行事。代表们不是用自己的行为去取代选民的行为要求……可以说,这也是一种契约关系。"[②] 这一观点鲜明地体现了我国人民代表大会制度下人大代表与选民的委托代理关系——人大代表代表人民行使权力,其权力行使需要符合广大选民的意志和利益。黄学贤、朱中一将代表性概括为两个方面:"一是人大代表所代表的人民的全面程度;二是人大代表履行代表职责的有效性。"[③] 龚宏龄批判了对人大代表"代表性"长期以来存在的一个理解上的偏差,即"每当谈及人大代表的代表性,人们下意识想到的是人大代表的数量及构成比例",[④] 其对于"代表性"的看法与黄学贤、朱中一的看法是相同的,认为"代表性"不仅仅

---

① 〔美〕汉娜·费尼切尔·皮特金:《代表的概念》,唐海华译,吉林出版集团有限责任公司,2014。
② 张建民:《论人大代表的法理定位》,《岭南学刊》2004 年第 6 期。
③ 黄学贤、朱中一:《完善人大代表的代表性》,《浙江人大》2006 年第 2 期。
④ 龚宏龄:《人大代表的代表性内涵探析》,《人大研究》2011 年第 7 期。

在于代表队伍的构成，还在于代表的动态职责，即实质上代表做了些什么。为此，其从对民意的了解和整合、真实而恰当地表达选民的利益、谋求利益的相对均衡这三个方面来进行分析，以考察代表在实际工作中的功能。综合众多学者的研究，可以这样说，"代表性"包括广泛性和责任性等几个方面。

在广泛性上，要实现"代表性"，就需要保证各阶层、各行业、不同性别的人员都有适当比例、适当数量的代表，使得每一个阶层、群体都有反映意志的正式渠道。具体到基层人大，即是指保证基层有适当数量的代表可以代表基层群众的利益。在责任性上，人大代表需要反映基层群众的利益、要求与呼声，而这主要是通过各种代表工作来体现的。基层人大的代表工作包含方方面面，涉及基层人大的制度建设、代表培训、代表结构优化、议案建议的收集和办理、代表走访调研等。代表工作进行的密度如何、顺畅与否、效果好坏，直接关系到人大代表的"代理"角色完成度，因此，做好代表工作对于切实实现代表的"代表性"是十分重要的。

第二节 代表工作在乡村振兴中的地位和作用

2010年3月闭幕的十一届全国人大三次会议表决通过了修改《选举法》的决定，修改后的《选举法》强调全国人大和地方各级人大应当有适当数量的基层代表，特别是工人、农民和知识分子代表。数据显示，我国十二届全国人大共2987名代表，来自一线的工人、农民代表401名，占代表总数的13.42%，比十一届全国人大提高了5.18个百分点。[①]可以看出，此条规定不仅反映了代表的广泛性，而且进一步增强了人大

---

① 《十二届全国人代会代表名单公布 一线工人农民代表大增》，中国青年网，news.youth.cn/gn/201302/t20130227_2916621.htm，最后访问日期：2021年4月27日。

的代表性，对于各级人大尤其是基层人大的结构优化具有非常重要的意义。

习近平总书记在党的十九大报告中指出："中国特色社会主义进入新时代，我国社会主要矛盾已经转化为人民日益增长的美好生活需要和不平衡不充分的发展之间的矛盾。"[1] 目前，我国城乡发展依然存在较大的差距，城乡二元体制鸿沟还没有逾越，乡村振兴战略体现了新的社会矛盾下人们对解决我国城市与乡村发展不平衡问题、激发乡村发展活力、促进公平正义的需求。在这种新的社会背景下，实施乡村振兴战略必须用全新的理念，必须重视发挥人的作用。各级人大都肩负着发挥代表作用、促进乡村振兴的重大使命。在人大的架构中，基层人大是人大工作贴近人民群众的"最后一公里"，基层人大代表则是保证这"最后一公里"畅通的重要主体。基层人大代表由群众直接选举产生，其工作地点也在县、乡镇，无论是在地缘还是在乡情上都是真真正正贴近于农村、农民的，他们在促进农村发展、联系选民、沟通意见方面具有无可比拟的优势，是联系群众的纽带，也是党和国家机关与民众之间起上传下达作用的桥梁。鉴于基层人大数量多，占比大，因此，各级人大尤其是基层人大尤其应加强履职意识，提高主体履职能力。

习近平总书记关于坚持和完善人民代表大会制度的重要论述，明确提出了做好新时代人大工作的重大原则、思路举措、重点任务，为推动人民代表大会制度和人大工作与时俱进、完善发展提供了根本保证，为做好新时代代表工作提供了指引和遵循。在这一论述的引领下，各级人大应该在各方面为代表工作提供保障，充分发挥人大代表的参谋作用、引领作用和纽带作用，落实到乡村振兴战略上，这几个作用主要是指以下几个方面。

---

[1] 习近平：《决胜全面建成小康社会 夺取新时代中国特色社会主义伟大胜利——在中国共产党第十九次全国代表大会上的报告》，人民出版社，2017，第11页。

第一,人大代表可以通过开展视察调研的方式,了解本地区乡村发展现状。代表们应对当前的产业发展、农村人力资源、环境保护、乡风乡貌等事关乡村振兴的情况开展视察,对乡村整体情况取得全面深入的认识;应围绕乡村振兴战略的发展定位、目标任务、工作要求和实施路径,结合脱贫攻坚、乡村文明建设、农村体制改革、乡村治理体系等事项深入调研,搜集社会各界和民众在乡村振兴战略实施过程中提出的意见、建议,在尊重实际情况和客观规律的基础上,为本地乡村振兴的产业发展、乡村布局规划、环境治理等事项出谋划策,确保相关部门将有限的人力、物力、财力用在最适合的项目上,实现资源效用最大化。

第二,充分利用人大代表来自人民的优势,突出代表的模范带头作用,树立人大代表典范。代表应带头积极学习好、宣传好、贯彻好乡村振兴战略,在理论和实践层面积极探索,发挥代表在思想素质、社会资源、知识眼界等方面的优势,为本地产业发展引入财力、人才、产业;带头发展优势产业,探索特色农业、智慧农业的发展之路,促进一二三产业融合,增强新型主体对产业融合发展的引领作用。还可以通过将乡村医生、教师、乡镇企业家等一大批"新乡贤"吸收进人大代表的队伍中,优化代表结构,从根本上保证基层人大代表队伍的引领性、带动性。

第三,借助代表联络站、人大代表之家等代表履职平台,让代表联系选民、群众反映问题更加便利;创新平台建设方式,使代表履职可以与企业、选民等多方主体相结合,"一台多用"。基层人大代表应注重日常走访,收集选民的议案和建议,畅通代表与选民之间的沟通渠道,了解群众关于乡村建设的看法。基层人大代表应督促地方政府在重要的乡村事务包括土地流转、乡村规划、文化发展、环境整治等事项上向选民公开信息,并积极征求意见和建议,一方面保障群众的知情权,另一方面可以有效减少乡村振兴推进过程中的阻碍,增强代表、政府与群众的互相理解，推动相关项目的顺利实施。

第四，各级人大代表应加强培训，学习好与乡村振兴战略有关的知识，掌握好技能。代表们应通过学习不断激发内生动力，增强履职责任感、使命感和履职能力；系统学习乡村建设理论，将原有的理论知识和乡村振兴战略的新要求结合起来，以理论指导实践。各级人大应创新培训方式，通过专题培训、示范班培训、参观学习、研讨交流等方式，不断提升各级人大代表对乡村振兴战略的认识，以此来督促人大代表在乡村振兴的过程中充分发挥其参谋作用、引领作用和纽带作用。

人大的代表工作形式多样，包括但并不局限于以上几类，在乡村振兴的具体实践中，基层各级人大在工作中还进行了其他方面的创新，如代表信息化平台的建设、创新民生实事项目人大代表票决制、阵地"十有"标准等，这些实践充实了人大的代表工作，也为乡村振兴战略的实施提供了强有力的保障。

自新中国成立以来，乡村建设就处在我国发展的重要位置，基层人大的代表工作也在不断推进。结合我国数十年的乡村发展经验，不难发现，基层人大在乡村建设中扮演着极为重要的角色。基层人大反映民意、下情上达，为乡村谋发展、为农民谋利益的角色越来越重要。乡村振兴战略作为我国的重大举措，关乎国计民生。在关心农民利益、发展农业农村方面，这一战略和人大的目标和使命不谋而合。为了实现这一目标，实现人大工作和乡村振兴战略的有力结合，人大代表应积极履行代表职能，做好代表工作，发挥代表作用，适应乡村新常态，展现新作为，积极推动乡村振兴战略的实施。乡村振兴战略的顺利实施不仅依靠国家的统筹规划，还要依靠农村层面的积极有效的配合与行动；而基层人大正是通过各种代表工作，实现国家层面与农村层面的沟通，这为乡村振兴战略的实施提供了有力保障，有助于最终实现农村美、农民富、农业强。

第三节　近年来湖北省各级人大推进代表工作，促进乡村发展的探索

湖北省是我国农业大省，乡村发展至关重要。人大代表工作是促进乡村发展的重要组成部分，促进乡村健康有序发展，需要推进人大代表工作。近年来，湖北省各级人大积极发挥创造性和主动性，并借鉴外省经验，结合自身实际，围绕制度、组织、履职平台、人员等多方面做了许多有益探索，进一步促进了人大自身的完善，为代表工作的顺利开展提供了保障，本节就主要围绕以下几个部分来进行。

一　保障机制

人大代表工作的保障机制主要包括制度保障、人员保障、经费保障。在制度保障层面，各乡镇人大建立了较为完善的制度。一是建立健全了乡镇人大工作制度，明确了乡镇人大主席团工作职责，乡镇人大主席、副主席工作职责，乡镇人大办公室工作职责，信访工作制度，档案管理制度等。二是建立并完善了代表工作制度，即代表学习培训制度、联系代表制度、组织视察以及检查和调查制度、议案建议督办制度、工作评议制度、代表小组活动制度、代表联系选民制度、代表述职评议制度等，为规范人大工作提供了制度遵循，使代表工作有工作计划，代表有工作目标，月月有活动安排，为基层人大的工作提供了进一步的保障。此外，为了加强人大代表之间以及人大代表与群众之间的联系，人大健全并完善了"双联"机制：人大主席团组成人员走访人大代表应坚持就近原则以及采取分线联系的方式，对相关代表进行走访联系；在人大代表联系选区选民的联系机制上，每名人大代表应固定联系选民不少于5名，每季度不少于1次。

在人员保障方面，鄂办发〔2017〕40号文件出台之后，各乡镇人大主席基本上都实现了专职化，有条件的地方还增设了专职副主席。截至2018年2月，湖北省103个县级人大常委会主任以及926个乡镇人大主席中，99%为专职。在乡镇层面上，绝大多数配备了人大专职主席和人大干事，有的还配备了专职副主席和人大办公室主任。[①] 这些都极大地推进了人大的正规化建设，为人大助力乡村振兴提供了支持。根据各地不同的实际情况，各地在配置情况上也有所区别，如随州市所有乡镇都是按照人大专职主席、专职副主席、人大干事三人标准配备，而在咸宁市则又增加了人大办公室主任的配置。此外，有的地区还探索了乡镇人大主席的职业发展。例如，武穴市等地明确乡镇专职人大主席由党委副书记转任，其排位是在镇长之后、其他党委副书记之前；而如果乡镇专职人大主席是由其他岗位转任的，则他排位在党委副书记之后。这种安排在一定程度上打破了湖北省人大主席职业发展的"天花板"，激励了人大主席的任职积极性，也为完善人大主席晋升机制提供了一条新的思路。

在经费保障层面，大部分乡镇人大的工作经费、代表活动经费纳入了财政预算，有力地保障了代表工作。在京山市罗店镇，随着基层人大组织的实体化、活动经常化，各项经费均列入本级财政。乡镇人大的活动经费、会议经费、选举经费采取实报实销的政策。代表的误工补贴分为两部分，县（市）人大代表每年补贴1200~1500元，乡镇人大代表每年补贴800~1000元，经济条件较差的乡镇代表补贴则在500元以下。在宜昌市，13个县（市、区）人大代表活动经费的标准则提高到了1500~2000元。但是课题组也发现，仍有部分乡镇在经费方面较为紧张，无法实现代表活动自由。例如，部分乡镇人大代表开展工作所需文件费、资料费、伙食补助费都无固定经费来源，要通过乡镇长审查批准才能报销，审查批准程序较为烦琐且时间较长。

[①] 金明涛、胡冬梅：《县乡人大建设阔步迈进新时代》，《楚天主人》2018年第1期。

二 对人大代表的培训

2016年中央专门就加强和改进人大代表有关工作发出通知，对服务代表履职、加强管理监督提出明确要求。代表素质的高低，直接关系到实际生活中人民利益和呼声的反映程度，关系到我国的民主化进程。近年来，湖北省进行了多次人大代表培训活动，致力于提高代表的素质和能力。湖北省人大常委会非常重视对代表的培训，经过多次的专题研究，省人大常委会将省人大代表履职培训学习列为常委会的工作重点，把加强代表思想政治和能力作风建设列入"必修课"。在培训对象上，无论是乡镇人大代表还是省级人大代表均在一起接受培训；在培训内容上，湖北省对代表的法律知识、文字能力、动员能力、政策学习能力等都进行了培训，取得了较好的学习效果。除了省级人大重视培训外，其他各级人大也都非常重视培训。在乡村振兴战略实施的背景下，各级人大也都对人大代表加强了关于乡村建设，如产业发展、污水治理、人才管理等的培训，提高了各级人大代表对乡村振兴战略的认识。

除此之外，人大坚持多形式代表培训，实施"请进来"与"走出去"相结合的培训方式。一方面，邀请专家、企业带头人、上级人大代表等进行交流，与他们就乡村振兴中的重难点问题进行讨论，请他们回答代表提出的问题。此外，乡镇人大主席团成员到各代表小组，组织代表学习《宪法》、《代表法》、乡村振兴战略、贷款政策、扶贫优惠政策等；人大还购置相关书籍供代表使用，努力打造学习型人大代表队伍。另一方面，组织代表"走出去"，学习省内、省外乡村振兴战略实施得好、代表工作做得好的地方的经验，开展工作交流，进一步丰富了人大代表的知识。有的地方人大还建立了代表学习的平台。以崇阳县铜钟乡为例，该乡镇人大在"乡人大代表之家"设立"读书阁"，使代表可以在代表之家查阅人大特刊、书籍，自学相关人大知识；乡人大办公室会不定期向代表发放有关文件和学习资料，提高了代表的知识文化水平和履职能力，也提升了人大代表写议案建议的能力。

在培训的具体安排上，各级人大都会在年初就制订本年度的培训计划，并根据实际情况的变化及时更新培训计划。在培训时间的把握上，各级人大则会根据培训内容以及其他的保障条件来安排时间，短则半天，长则3~4天，确保人大代表能够充分消化其中的内容。培训过程中，培训老师还会跟人大代表进行互动，听取人大代表的意见和建议，保证较为活跃的课堂气氛。在来凤县漫水乡，乡人大每年年初制订培训计划，以人大会议、代表活动为学习平台，代表每年学习培训不少于两次，培训主题广泛，重点学习扶贫领域的相关政策和乡村振兴战略专题知识。

三 人大代表的议案、建议的收集与办理

人大代表的议案、建议是代表工作的集中体现。在调研过程中，课题组发现各级人大在议案、建议的收集方面都非常积极。在乡村振兴战略提出之后，有关产业发展、人才引进、乡村规划、基础设施建设等议案和建议的比例相比过去得到了大幅度的提高。据悉，代表之家、代表的日常走访活动是代表收集建议的主要渠道，相较于过去，近年来选民主动反映情况的现象越来越多。选民反映的情况经过人大代表内部讨论，其中重要的问题形成代表最终提交的建议和议案。在议案和建议的质量上，近年来在中心工作的引导下，议案不再"蜻蜓点水"，大部分建议议案关注基础设施建设、产业发展、教育、公共卫生、社会保障等领域。2018年鄂州市梁子湖区人大常委会通过《关于加快实施乡村振兴战略 全面促进乡村发展的决定》后，及时部署区镇两级456名代表参加"我为乡村振兴献计献策"活动；其中，优先做好农旅结合文章、发展村级集体经济组织、发挥村级理事会作用等20

条建议被区政府采纳。

在议案和建议的办理上,各级人大都形成了较为完善的议案、建议办理情况汇报制度,主要做法包括严格落实办理工作责任制、落实建议办理结果与代表见面制度以及落实规定时间等。在对议案、建议的跟踪督查方面,在各单位自查的基础之上,乡镇人大主席团、代表小组还采取了"一听,二看"的方式,即听取各单位的议案、建议办理情况的工作汇报,并且实地查看议案、建议的办理情况,对于督促承办单位落实议案、建议具有积极的促进作用。较为完善的制度,再加上人大代表责任感不断增强,选民权利意识不断提升,议案和建议的办理效率得到了大幅度的提高,选民对办理的满意度也较高。在巴东县野三关镇,镇人大分别在2017年的6月、11月开展了两次代表活动,举办其他活动18场,收集代表意见、建议40件。对意见和建议,镇人大高度重视,认真研判,及时召开职能部门会议来交办、督办,办结率达93%。

同时,湖北省还开展了议案、建议办理的"回头看"活动,进一步提高了议案、建议办理的效果和质量。2018年,省人大常委会着力督办省级层面建议,及时开展2017年度省级层面的问题和建议"回头看",通过看现场、访代表、问群众,逐条确认办理结果和存在的问题,对需要进一步办理的进行了再交办和再督办,并将2018年省级层面的7件建议交有关部门办理。截至2018年12月15日,全省所有6124个代表小组开展了活动,走访入户39.1万户,代表参加活动17.4万人次。对2017年度3088件意见、建议进行了"回头看",已办和正在办理2805件;2018年新收集意见、建议10673件,已办和正在办理10466件。

四 人大代表的"聚五"行动

乡村振兴战略是实现"两个一百年"奋斗目标的一项重大战略举措。2018年中央一号文件,即《中共中央 国务院关于实施乡村振兴战略的意见》提出，到2020年，乡村振兴取得重要进展，制度框架和政策体系基本形成。其表现之一，即到2020年在现行标准下农村贫困人口实现脱贫，贫困县全部摘帽，解决区域性整体贫困。由此可见，精准脱贫不仅是三大攻坚战的重要组成部分，更关系到我国乡村振兴战略的实施。

2015年9月，湖北省委十届六次全会通过《关于全力推进精准扶贫精准脱贫的决定》，以"精准扶贫、不落一人"为总要求，将脱贫攻坚作为工作大局和中心任务，向"绝对贫困"发起总攻，坚持精准扶贫、精准脱贫，努力做到脱真贫、真脱贫。各级人大坚持把"聚五"行动作为依法履行人大职责的又一重要抓手，高度重视，积极谋划，研究制定了"聚五"行动方案，明确各代表小组的工作任务。同时，人大代表深入村组宣传扶贫政策，走访贫困户，了解扶贫政策的落实、扶贫干部"绣花功夫"的落实、产业奖补政策的落实等情况。在此过程中，人大代表收集了一批贫困户所思所想的问题，各代表小组还对所收集的议案和建议进行整理，并将其归类，再交办给相关的部门，并督促办理。此外，人大代表除了通过一些常规的调研走访、意见收集等方式外，还积极探索新的方式进行扶贫工作，如吸收村中的产业发展带头人进入代表组织的调研等活动小组中，通过其产业示范和引领作用带动其他贫困户脱贫致富；还有的代表根据当地的资源现状，积极联系规划部门、企业、银行，为当地乡村发展提供帮助。为了更精准发现问题、更精准推动问题整改、更精准督促扶贫政策落实，部分地区人大还探索开展了"代表结对扶贫脱贫"活动，要求每个代表、每个企业都要结对帮扶一定数量的贫困户，确保帮扶措施真见效、贫困户真脱贫。

除此之外，人大代表们还展开了"聚五"行动的"回头看"活动，代表们进村走访、收集民意，对之前未解决或者解决效果不好的民生项目向相关部门反馈，并积极督促办理。人大代表"聚五"行动取得一些典型成果，截至2017年9月8日，京山市各级人大代表深入走访调研和积极帮扶，开展医卫服务、文化下乡、法律援助、就业培训等各类活动126次，帮助流转土地1356亩，吸纳务工贫困人口6560人，产业入股2256人，为贫困村、贫困户捐助资金93.61万元，提供就业岗位409个，带动735户贫困户增收。[1] 在利川市的"聚五"行动中，利川市1200余名各级人大代表分为98个代表小组，295个入户小分队，走访贫困户1389户、非贫困户483户，收集意见建议553条，形成书面意见建议306条。[2] 利川市人大代表在活动中探索的"三员"经验（即监督员、宣传员、示范员），多次得到省州人大肯定和主流媒体报道，真正体现了聚焦精准、聚力脱贫。总的来说，在课题组调研过程中，所到的县市人大都对"聚五"行动所取得的良好效果给予了高度评价。该活动开展以来，湖北省9万多名各级人大代表走访了群众29.8万户，提出建议9423件，督促解决了一批群众反映强烈的突出问题。[3]

五 人大代表履职的痕迹化管理

痕迹化管理，是在各种管理工作过程中，从时间和管理内容方面，不留间隙或空白、死角的缜密的工作记录，包括交接班记录和证据。痕迹化管理不仅在企业中运用的多，在人大的日常工作当中运用的也越来越多。

人大代表在日常的履职活动中，除了采取传统的文字记录外，还增加了拍照留影、语音录入等电子化的记录方式，并将其中部分资料放入代表活动走访记录等资料档案中以完善信息，方便查看。就目前来看，人大代表的痕迹化管理相关文件和资料主要包括代表走访调查记录、代

---

[1] 《"人大代表行动"督查专报（45）》，湖北省人大常委会，http://www.hppc.gov.cn/2017/1103/23521.html，最后访问日期：2020年11月26日。
[2] 《利川千余名各级人大代表助力精准脱贫》，恩施州人大常委会，http://www.esrd.gov.cn/2017/1211/607610.shtml，最后访问日期：2020年11月26日。
[3] 《省人大常委会要求发挥代表作用》，湖北省人大常委会，http://www.hppc.gov.cn/2018/1011/28323.html，最后访问日期：2020年11月26日。

表提出的意见和建议清单、人大代表办理答复、对代表的评议等。这些资料一方面会综合起来，形成诸如代表建议办理情况等相关文件，另一方面也会形成代表个人的综合履职档案，"一人一档"，使代表履职情况一目了然，实现了代表行为的"有迹可循"。在建立乡镇人大工作台账方面，人大推行"两册、一卡、一簿"，即县乡人大代表花名册、人大代表建议和意见登记册、人大代表履职登记卡、代表小组活动记录簿。部分人大还探索建立了完善的台账制度，相关的台账主要包括会议记录簿、代表小组活动登记簿、代表联系选民登记簿、选民和群众来信来访登记簿、议政重大事项登记簿等，这些台账包含信息完全，是痕迹化管理的重要组成部分。在实施乡村振兴战略背景下，人大还将有关乡村振兴的事项如乡村产业扶持、农村电商平台建设、"厕所革命"等纳入痕迹化管理的范围，增强了对相关事项的管理。

咸宁市咸安区向阳湖镇人大立足代表监督实效，按照代表意见、建议"一案一档"的原则，从代表建议提出到代表建议落地，每个环节都记入代表履职"一人一档"，并对建议、意见全过程跟踪督办，形成精细化跟踪督办机制。镇人大对代表建议实行"清单化"办理，做到"四有四确保"。一是有受理清单，明确建议编号、建议内容和领衔及附议代表名单，确保受理率100%；二是有交办清单，明确牵头单位、办理责任人和时限要求，确保交办率100%；三是有办理回复清单，明确办理意见和办理情况要以书面形式回复代表，确保回复率100%；四是有代表征询清单，明确办理结果必须向代表征询意见，确保满意率100%。天门市岳口镇人大也积极进行了台账工作创新，其以人大代表联系群众登记表等文档对人大代表联系群众情况进行了记录，主要包括代表基本情况、选民反映事项、选民的议案和建议的办理情况、选民的满意程度等，真正实现了责任落实到人、事事可追溯。

六 人大代表向选民述职

人大代表的述职，是指人大代表在任期内定期或不定期地对自己履行人大代表职责的情况向选民或选举单位汇报，并接受其批评的一种代表自我监督形式。述职的内容是人大代表在人民代表大会会议期间依法执行代表职务和人民代表大会闭会期间履行代表职责的情况。调研发现，湖北省人大代表向选民述职不仅在述职方式而且在述职结果的处理等方面均有所进步。一是选民监督代表力度增强，多年来人大开展三级代表年度述职测评活动，以选区为单位召开人大代表述职测评大会；乡镇主席团成员带头述职、代表全面述职、连任代表示范述职，向选民汇报履职情况，并进行张榜公布，接受选民的监督。对于被评为"不满意"的代表，人大可采取劝退措施。二是代表履职动力增强。述职测评活动和评先表优有机结合，部分地区制定了代表履职积分制管理办法，优化了激励机制，完善了考评表彰方法，形成了制度规范；对于积分排前的代表给予通报表彰，并给予奖励，对于积分排名靠后的进行约谈提醒并督促整改。这种制度一方面增加了代表和选民之间的互动，变人大主导为选民主导，充分尊重选民对代表工作的监督权，激发选民监督的主动性；另一方面，加强对述职结果等次，包括基本称职和不称职人员的规范，对严重不称职的可以直接罢免，规范了代表的活动。

2008年以来京山市罗店镇探索开展市人大代表向选区选民述职并对代表述职进行评议的活动——代表履职怎么样，由选民来监督"打分"。只要是罗店镇选民选出的市人大代表，履职情况全部要由选民评议。按照代表述职评议办法规定，履职不称职的代表，将被列入下一年度再次述职对象；再次评议仍不称职的，建议其辞去代表职务或依法予以罢免。这一述职评议制度有力地增强了对代表的约束，在这种约束和压力下，代表主动联系选民的动力增强，一系列围绕民生问题的建议和意见，在办理完成度上也有所提高。

第四节 湖北省各级人大在推进代表工作中存在的不足

代表工作的推进涉及面广泛，事务繁多，就目前湖北省各级人大的代表工作来说，虽然其在制度、组织等多方面取得了一定的成绩，但是依然存在着许多不足，如代表结构不合理、保障不强、培训仍有欠缺、履职意识和能力有待加强、对代表的管理和监督不到位、代表职业发展受限等，这些问题的存在与湖北省的人大建设基础、各地实际情况密切相关。这些不足的存在对各级人大代表工作的开展是不利的，削弱了人大对乡村发展的支持力度，阻碍了乡村振兴战略的顺利推进。因此，有必要对这些不足进行深入分析，以促进下一步有针对性的改进。

一 人大代表结构有待优化，代表工作缺乏保障

与一些国家实行专职议员制不同，我国的人大代表实行兼职代表制，因此，我国人大代表大多具有多重身份，即人大代表可能兼有民营企业家、党政机关干部、农民、企事业单位负责人、工人等一种或者多种身份。《选举法》对我国各级人大代表的结构提出了要求，规定全国人大和地方各级人大的代表应当具有广泛的代表性，应当有适当数量的基层代表，特别是工人、农民和知识分子代表。因此，从这个层面上来说，人大代表结构优化就是要保证基层代表在总体人大代表数量中占有合理的比例。但是目前，人大代表的结构明显不合理，反映在以下几个方面。

(1) 党政领导干部代表比例较高。一般来讲，党政领导干部代表占代表总数的25%左右为宜，但是现在其所占比例要远远高于这个数字。"这一方面导致人大代表的覆盖面和代表性不够广泛，广大工人农民在

国家权力机关中的话语权较弱；另一方面也导致国家权力机关与人民群众的联系受到影响，不利于表达广大百姓的真实诉求。同时，过高的党政领导干部比重也不利于对'一府两院'，特别是对政府工作进行有效的监督，甚至经常出现自己监督自己的情况。"[1]

（2）来自农村的一线代表占比低。农村一线代表如农民工、专业技术人员、乡村企业家等占比较低，在县乡人大中，村党支部和村委会组成人员占农民代表的比例较高，农民代表结构单一。乡村振兴战略要求人大代表队伍应当积极吸收"新乡贤"，但是很多乡镇对于"新乡贤"的重视程度不够，代表组成结构未进行适时调整，不能响应乡村振兴战略的号召。

有学者将以上两种现象概括为代表结构的"样本化"，认为明确的代表比例的要求，往往造成首要目的"不在于代议而仅仅在于构建富有选择性的'完整'代表样本"这种现象，"代表观念认知上，长期以来，人们'把选代表提名的标准与遴选英雄模范、标兵标准混淆'，从而形成了以政、商及社会各界精英为主的人大代表名额分配模式"[2]。

在代表工作的保障机制方面，人大代表活动经费和编制不足。《代表法》中规定代表的活动经费应当列入本级财政预算来予以保障，专款专用，但在实际操作过程中，许多人大尤其是县乡两级代表活动经费仍然较少，一些县乡并没有把代表的活动经费列入本级财政预算；还有一些县乡把人大代表活动经费列入了预算，但因县乡财政压力较大，财政困难，不但经费总量较少，而且代表工作经费也不能完全到位，有的地方甚至连500元的误工补贴都不能凑齐。经费的缺乏打击了代表的履职积极性；在乡村振兴的过程中，由于缺乏经费保障，代表在开展工作时

---

[1] 李正斌：《人大代表结构的优化及民主意义》，《前线》2013年第4期。
[2] 徐理响、黄鹂：《人大代表结构与代表身份选择合理性问题探析》，《中南大学学报》（社会科学版）2016年第1期。

难以全身心投入，阻碍了乡村建设的进展。在人员编制上，编制不足等问题影响人大相关机构成员的充实。目前，在编制总体控制的情况下，省内各乡镇除人大主席普遍专职外，部分已达到人大副主席、干事配备标准的地区也因职数限制而无法配备到位，编制成为制约各级人大班子建设的重要因素。除此之外，代表活动的时间安排和代表本职工作存在一定冲突。有的人大代表在时间和精力上也难以满足繁重的代表工作的需要。作为肩负听取民情、反映民意、为民办事职责的人大代表尤其是基层人大代表，平时各项工作繁多。由于主席团成员、人大代表很多都不是专职的，而是兼职的，他们除了代表工作之外，还有党政机关、企业事业单位等的工作。代表的专职工作任务繁重，在协调本职工作与代表工作上显得有心无力。"虽然相关法律明文规定了在闭会期间代表要参加本级人大安排的代表集体活动，代表所在单位不得阻挠且要保障其履职时间，但在具体实践中人大代表深感在兼顾本职工作之余开展代表履职活动的时间太短，而某些人大代表直属上级机关却抱怨影响开展本职工作的原因之一就是有些代表履职时间过长。"①

二　对人大代表的培训仍有欠缺，代表履职意识和履职能力有待强化

代表培训是提升代表履职水平和履职能力的重要途径，也是新时期开创人大工作新局面的必然要求。随着社会的发展、乡村振兴战略以及一系列相关政策的实施，人大代表在客观上需要更多且更加科学有效的培训来提升自身水平。然而，现有培训无法满足这种需求，现有对人大代表的培训存在诸多不足。①培训时间不够。人大代表的培训时间较短，大部分培训不超过半天，甚至只有一两个小时。由于时间较短，内容较

---

① 程同顺、王虹：《人大代表履职保障机制研究》，《广西师范学院学报》（哲学社会科学版）2017年第3期。

多，培训浅尝辄止，代表们难以消化新接触的知识，且不能全面深入地了解培训内容，达不到预期效果。②培训计划不系统。很多地方人大在制订培训计划时往往着重于短期的培训，没有明确届内代表培训和年度代表培训，在确定代表培训机构和教师、培训主题、培训课程等方面随意性较大，未形成一套完整的体系，导致代表在培训时存在内容断层、培训内容衔接不上等问题。这种系统性不足使代表对培训的接受度和获得感大大降低。③缺乏培训教材。各级人大培训方式多采用讲座方式，教师也多是宣读法律条文或报刊文章。虽然也有专家深入讲解，并利用PPT进行教学，但是这些都只是一种即时的培训。缺乏培训教材，导致很多代表对于培训内容只能形成短期的记忆，在培训完一段时间之后就会忘记培训内容。据了解，近年来湖北省每次县乡人大换届后，新产生的代表较多，他们迫切需要通过各类高级别的培训来适应人民代表的角色。然而在基层，县级人大常委会要么没有精力和经费，要么没有专业能力来对新代表进行培训。

有的人大代表履职意识不强，甘当"哑巴代表"。目前，部分代表对于人大的作用、职责等仅停留在表面理解上，对自身应当履行的职责、肩负的重大使命认识不清，对乡村振兴的基本方针、原则和基本内容等不熟悉，仅仅把代表身份当作一种荣誉和待遇，而缺乏应有的履职意识和责任感。在人大常规性的活动中，部分人大代表对代表培训、常规会议、收集建议以及其他一些代表活动持消极态度，很少参加代表会议，或即使参加会议也很少发言，更不会主动地联系选民、找选民收集建议，不作为思想严重，可以算得上是名副其实的"哑巴代表""透明代表"。在乡村振兴战略的实施过程中，有部分代表以工作忙为由，拒绝对人大要求的事项如"厕所革命"、垃圾分类等进行调研走访，在产业发展、乡风文明等方面也不能起到良好的模范带头作用。此外，一些代表也缺乏应有的法律意识、严谨意识、创新意识等。

乡村振兴战略涉及面广，很多工作的进行都需要专业知识、专业技术的支撑。我国各级人大代表在知识结构上与乡村振兴战略的要求存在不相匹配现象，这种现象在基层人大中尤为突出。在基层人大，很多代表学历层次不高，法律、经济、政治等必备知识欠缺，其他的如环境治理、生态修复、基础设施建造、农业发展等知识的掌握情况也不是很好。此外，人大代表的履职能力也是参差不齐，在一些基本的能力如文字表达能力、动员能力等方面较差。在调研中，有些市县的人大常委会主任反映，部分代表对于如何履职还处于"迷茫"状态，且提出的建议大多聚焦于提问题，而不是找问题根源、思考解决办法。在乡村振兴战略各项事项的落实上，许多代表对于一些重要的事项如土地流转、人才引进、产业规划、环境治理等不能提出针对性的建议和意见，在思想上盲目跟风，随意附和，而不顾本地的实际情况，缺乏独立思考和理性分析，在乡村建设、人大履职等领域难以形成很好的意见和建议，提出的建议质量不高。

三　对人大代表的管理和监督不到位，人大机关成员职业发展有限

人大享有监督权，但是人大自身也需要监督，现有的对人大代表履职的监督机制，无法对人大代表进行有效监督。首先，法律规定过于原则，操作性不强。"选举法虽然规定了直接选举的代表要受原选区选民的监督，但是没有规定由谁来组织监督。若把这个规定理解为选民自发组织监督，那么在实践中几乎不具有可操作性。"[①]　其次，《代表法》《选举法》对代表接受选民监督的内容、程序、手段也未作明确规定，致使选民对代表的监督无法具体化，监督难以真正落实。虽然一些地方的人

---

① 任斌：《我国人大代表履职问题》，《人大研究》2008年第3期。

大在代表履职管理监督方面出台了针对性的制度和措施，但还处于初步探索阶段，在设计考虑上还不够成熟，缺乏硬性设计，导致其实际的监督效果并不显著。选民是监督代表的重要主体，但是实际工作中人大代表与选民虽然有一定的联系，但是这种联系多是人大代表收集建议、走访选民等活动，监督色彩较弱。除了正式的评议会之外，代表在日常工作中基本处于没有监督的状态。再次，相对来说，选民尤其是基层群众监督意识较为薄弱，再加上选民信息渠道不畅通、选民联系代表少，使得一些代表形成"履职好与不好一个样、干多干少一个样"的认识，影响其履职热情和动力。最后，不合格代表退出方式单一。一般来说，只要代表不存在犯大错、严重违纪等行为，一般不会被罢免；而罢免程序也因为程序复杂、门槛过高、成本巨大等原因很少被采用，这些因素就有可能助长代表碌碌无为、不求有功只求无过的消极心理。

与党委、政府不同，人大机关成员的职业发展空间非常有限。例如，在乡镇人大，就乡镇人大主席来说，在人大体制内，做到人大主席之后，基本上就没有再往上晋升的机会了。在地方排名上，有的乡镇人大主席不是党委班子成员，在地方人事排名上最高排到第三位，一般排在第五位，开展工作有时候会面临困难。此外，乡镇人大主席也没有一个完善的、有激励的职业发展路径，削弱了其履职的意愿。在江苏省南京市高淳区调研时，课题组发现，当地乡镇人大主席晋升空间较大，高淳区6个镇人大主席全部都是比较年轻精干的，其职业通道为镇人大主席—镇长—镇党委书记。一方面这样的安排能让干部迅速熟悉当地政务情况，另一方面也培养了镇政府领导的人大意识。担任镇长和镇党委书记的人员必须要有人大主席的经验，这就提高了人大的地位，在党委、政府、人大之间畅通了职业渠道。然而，这种新探索也只是刚刚开始，江苏省除了南京市高淳区之外进行这种探索的地区还不多，湖北省更是没有对这种晋升渠道的探索。总体来说，人大机关成员在职业发展上空间有限。

第五节　推进人大代表工作，促进湖北省乡村振兴

在乡村振兴战略的实施过程中，人大代表不仅是不可缺席的重要参与者，还应该是活跃在乡村振兴幕前的主要角色。"代表性"是人大制度的核心特性，代表工作是人大的基础性工作，做好代表工作是推进人大其他工作的基础，是体现代表责任意识的重要形式。针对湖北省各级人大目前在代表工作中存在的问题，各级人大、各级人大代表应增强积极性、主动性、创造性，不断反思，创新发展思路，积极改进，补足影响代表工作开展的短板，为更好发挥人大代表的主体作用、助推湖北省乡村振兴战略顺利实施提供条件。

一　完善人大保障机制，优化人大代表结构

首先，要逐步增加人员编制，增强经费保障。在代表编制方面，要科学统筹人员编制，统一规范，明确各级人大尤其是基层人大的组织机构设置，理顺机构职能；安排专门编制，领导编制应与其他编制区别开来，不让领导编制挤占其他职位的编制名额。如果规定的编制确实不能满足人大的工作需要，则需要地方党委调整编制构成，保障人大的编制数量。在经费保障层面，人大应认真计算本级人大各项活动的开展需要的经费数额，并且要在此基础之上，审议政府关于人大活动经费的数量，认真督促政府把代表活动经费真正列入本级财政预算。为了更有序地开展代表工作，部分经费可以交由代表小组自由支配。但是应当注意的是，必须要对经费的使用明细进行公开，防止经费被滥用。在代表的经费补贴方面，应根据各地的实际情况，确定误工补贴的标准，条件好一点的地方可以适当提高补贴标准。对于基层

人大以及一些偏远、经济落后地区的人大，确有财政压力的地方，可考虑申请上级财政补贴。

其次，要整合代表资源，促进代表结构优化。合理的代表结构对于发挥人大制度的优越性十分重要。优化代表群体结构，使各利益阶层、各利益群体之利益表达的意愿在代议制框架下达到平衡，是坚持和完善人民代表大会制度的重要课题。① 对代表结构的优化可以从以下两方面着手。一是要适当增加涉农代表的比例。乡村振兴战略是面向乡村的一项重要战略，涉农代表的适当增加不仅可以更好推进这项战略，而且也是促进我国人大代表结构进一步合理化、确保代表广泛性的重要举措。在选举代表的时候，各级地方人大要吸收本地熟悉农村农业发展的能人、在本地具有威信的村民和"新乡贤"，让他们进入代表队伍，充分发挥其熟悉形势、联系面广、信息资源丰富的优势，激励他们在自己擅长的领域积极履职，整合其资源为乡村振兴服务。正如一名被调研者所反映的："乡村振兴要充分发挥人民代表履行代表职责的积极性，多选一些了解农村、热爱农村的人当选人大代表，多为民办实事、好事。"二是要保证代表知识结构多样化。如今是知识社会，人大代表也需要跟上时代的发展，人大代表不仅要具有一定的科学知识，还要懂得法律、经济、文化、教育、科技等方面的知识，以提高整体知识水平和议政能力。② 三是可以建立限制提名或分类选举机制。对于人大代表目前存在的党政干部占比过大的局面，为了保证农民、工人等的被选举权，可以采用限制提名的方式来选举，也可以进行分类选举，如将党政干部单列，按照规定的比例选出党政干部人大代表，为其他群体代表的选举提供空间。

---

① 《人民论坛》评论员：《优化人大代表结构》，《人民论坛》2006 年第 9 期。
② 王石山：《地方人大代表结构优化与素质提高之我见》，《唯实》2003 年第 5 期。

二 加强对人大代表的培训,提高人大代表的履职意识和履职能力

首先,要创新培训方式。第一,为代表精心制订学习计划,采取"走出去"学与"请进来"学、集中学与分散学、老代表帮带学和履职实践学等形式,常态化加强代表的履职能力培训,帮助代表认识人大地位和作用、牢记代表的职责和使命,努力提高其履职能力和业务水平。比如,邀请部分表现突出的县、镇人大代表,现身说法;定期邀请县人大常委会组成人员和专家为代表开展有关人大制度、代表履职、议案写作等方面的专题培训;选送基层人大代表到全国人大培训基地短期进修,带领相关行业人大代表赴外地"取经"等。在调研中,有多位乡镇人大主席向课题组表示,层次丰富、形式多样的学习,让他们受益良多,既拓宽了他们履职的思路,也增添了他们履职的动力。第二,坚持邀请代表列席主席团会议,参加主席团组织的视察和调研活动,通过阅读有关文件资料、收看录像、开展专题研讨等形式,丰富代表们的学习内容。每次调研视察活动前,组织代表对议题相关知识进行集中学习,让代表在调研视察前对活动主题有充分的了解,不当外行,并将这种做法形成制度化安排,长期坚持。第三,依托"代表之家"和"代表小组活动室",集中培训与小组创新培训相结合,增强培训实效,定期组织代表履职培训。还要建立自学机制,借助乡镇文化站的帮助,在"人大代表之家"设立"读书阁""学习角",使代表可以在代表之家查阅人大特刊、书籍,自学相关人大知识;另外,还应组织代表撰写学习心得和履职体会以及民情日记。如十堰市人大十分重视人大代表、机关组成人员的素质培训,通过制订学习培训计划,有针对性地开展专题学习和专题讲座,就时下热点问题和代表履职工作的重难点问题进行培训,并有计划地组织人员赴全国人大培训基地开展培训或外出学习考察,博采众长,推动人大代表的履职意识和能力的提升。

其次,要引导代表学习党的重大方针政策。栗战书委员长在主持十三届全国人大常委会履职学习专题讲座时提出:"必须把学习贯穿始终,建设学习型人大常委会","既要突出学习重点,又要拓展学习领域"。[①]只有人大代表的法律意识、有为意识增强了,素质和履职能力提高了,才能提出高质量的议案和建议,为乡村振兴的制度框架设计出谋划策,才能更有效地监督政府,持续地为乡村治理创造条件。党的重大方针政策是代表应该学习的重要内容。具体来说,可以采取代表小组集中学习的方式,有计划地组织代表系统学习党的十九大精神和习近平新时代中国特色社会主义思想。同时,代表还要学习党的有关"乡村振兴""三大攻坚战"的方针政策,提高政治素养。政府和人大也可就有关决策,主动与代表们沟通,邀请代表列席重要会议,让代表能及时了解国情、县情、镇情,为建言献策打好基础。通过集中学习、座谈讨论、心得交流等形式,不断增强代表意识,提高依法行使权利的素质和能力。2019年3月,湖北省人大邀请国务院发展研究中心农村经济研究部部长、研究员叶兴庆同志,做了乡村振兴战略有关情况的专题辅导讲座,并组织与会人员开展了乡村振兴现场实地调研,理论与实践结合,"双管齐下"提升代表培训水平。2019年黄陂区也举办人大代表履职能力提升专题培训班,紧密结合基层实际,开设了诸如"人大代表需要什么样的政策水平""新时代黄陂区全域旅游发展实践与乡村振兴战略解读"等专题,实现了深度和高度的融合。

再次,要加强对代表法律素养的培训。地方人大尤其是基层人大要组织代表集中学习《宪法》《监察法》《选举法》《代表法》《湖北省乡镇人民代表大会工作条例》等法律法规和人民代表大会制度的基本理论

---

① 《栗战书:加强学习增强本领 为做好新时代人大工作筑牢思想基础提高能力水平》,百家号新华网客户端, https://baijiahao.baidu.com/s?id=1598618350594685089&wfr=spider&for=pc,最后访问日期:2021年4月27日。

和相关知识。对人大代表学习的成效，应进行现场测试，具体了解代表的学习效果。在培训活动中，为了让代表对培训内容理解得深刻、透彻、全面，人大可以购买相关法律法规学习辅导书，供代表参考学习。人大也可以打造代表的自我学习平台，如可以在代表活动室中购买一些有用的杂志、报纸、书籍等，充分发挥代表履职平台的作用。此外，人大代表要带头学习并在人民群众中间宣传宪法和法律，自觉做学法、遵法、护法、用法的表率，提高运用法治思维和法治方式推动工作的能力，让法律意识成为人大代表的"潜意识"。2018 年武汉市人大常委会在 6 月 12～15 日举办了两期市人大代表培训班，约 240 名市人大代表、各区人大代表和工作机构工作人员参训。在培训会上，人大常委会邀请了省人大常委会的相关领导讲解《代表法》，并邀请中南财经政法大学教授讲解宪法知识。

最后，要加强代表履职专业性知识培训。让代表广泛地学习现代农业发展、生态保护、农村金融、农业科技、文化服务、基层治理等知识，加快知识更新，拓宽视野，全方位提升理论水平和能力素养，不断增强代表履职的实效性。各级人大都要为代表提供务实的培训机会，以传授"干货"为核心，增强代表实践的本领；组织开展代表履职能力专题培训，切实增强代表履职能力培训的针对性，让代表熟悉执行职务的方式和程序。基层人大要通过集中学、走出去学、请进来学等各种方式，为代表提供学习先进经验和理论的机会和交流经验的平台，让代表在实践中学习，在学习中提高。通过学习培训丰富代表知识、开阔视野、明确代表职责和义务、提升代表履职能力。罗田县 2019 年度县乡人大代表培训班学习了全国"两会"精神，并就相关法律法规以及如何审议报告、如何撰写议案建议等相关业务知识进行培训，为提高代表的理论素养、知识水平、业务能力和履职能力作出了努力。

三　强化代表主体作用的发挥，促进政策宣传与落实

一是要发挥好代表的桥梁纽带作用。人大代表是联系国家机关和人民群众的纽带，在宣传国家政策、传达上级精神、反映民情民意上有积极的作用。一方面，人大应建立起党委、人大机关各部门、人大代表、新闻单位等共同参与、相互促进的宣传格局。在宣传内容上，要宣传国家重大政策，对重大政策形成的原因、措施、意义等进行解释，特别是要利用微博、微信等新媒体平台宣传，增强人大新闻报道的可读性，增加宣传的深度和广度。在乡村振兴战略的大背景下，代表应注意发挥农村的主体作用，可以通过各种方式如告示、广播以及传统的口口相传的方式等向农民说明乡村振兴的重要意义，阐述农民在乡村振兴中的重要地位，包括受益主体、建设主体和治理主体等，激发广大农民的积极性、创造性。另一方面，人大代表要深入基层一线，广泛收集意见，真正了解群众需求与群众的所盼所思，在此基础上提出有针对性的意见和建议，并督促意见和建议的落实。人大应推动人大代表联络工作常态化、规范化，建立健全县区人大常委会联系镇、街道人大以及县区人大常委会组成人员联系代表的工作制度，完善代表联系选民制度。此外，应对代表联络站如代表之家、代表小组活动室等进行提档升级，打造"代表联络站+"新模式，搭建街道、社区、工业园等代表联络点，为选民提供看得见摸得着的联络平台，并面向社会公示代表基本信息，吸引选民主动与人大代表联系，提出自己的意见和建议。可借鉴向阳湖镇"人大代表形象之窗"展板的形式，通过在公共场所和各代表小组活动室设立代表公示牌和代表履职公开栏、发放代表联系卡、建立代表接访日制度等，公开代表必要信息，为选民联系代表提供便利。此外，在调研中课题组发现，天门市岳口镇建立了相对完善的代表联系选民制度，该镇制作了较为详细的人大代表联系群众登记表，建立了村务

三级会议制度，基本实现了选民全覆盖，很好地保证了村民的知情权。同时其代表联系选民的制度以翔实的纪录、规范的流程畅通了选民联系代表的渠道，积极为群众解决问题，加强了人大代表和选民之间的联系。

二是要发挥好代表的模范带头作用。人大应注意发挥农村一线代表和能人代表的作用，鼓励代表带头促进产业发展，引领群众发展当地优势产业，激发群众参与乡村振兴战略的内生动力。此外，人大代表可以与贫困户建立一对一的"手拉手"帮扶关系，帮力、扶智，做好传帮带工作，实现扶贫工作从"输血"向"造血"转变。要着力用好"家乡牌""亲情牌"，积极联络在外工作和创业人员，动员各方面力量，为家乡的建设发展出主意、引资金、牵线搭桥，形成助推发展的"吸铁石"和"蓄电池"。在这方面，京山市罗店镇人大代表办专业合作社促进农民就业，江陵县人大代表王文成选址贫困村创办生态农业公司，大量招聘当地农民，为推进精准扶贫起到了模范带头的作用。在武汉市开展的"三乡工程"之中，也涌现出了不少带头回乡创业、引领群众致富的优秀人大代表。人大代表是一种职务，又是一种荣誉，更多的是责任和义务。人大代表要努力践行"人民选我当代表、我当代表为人民"的承诺。在乡村振兴中，要注重提升人大代表自身素质，鼓励人大代表比担当、比奉献，争做乡村振兴带头人、传播者，涵养核心价值观。各级人大应积极号召人大代表在乡村建设、经济发展、扶危济困、"双联行动"等方面充分发挥引领示范作用，努力做到一个代表"一盏灯"、一个代表"一面旗"，为乡村振兴营造良好氛围。如天门市代表董文平在"聚五"活动中带领爱心人士，对贫困户进行走访慰问，制定了具体帮扶措施，在他的带动下，天门市有多家单位和爱心人士为贫困户筹措资金和物资，送去关爱。

三是要发挥好代表的监督、推动作用。①以议案、建议为抓手，

"抓住议案办理的牛鼻子",解决重点难点问题。人民代表大会制度建立伊始,人大代表便被赋予了提出议案的权力,同时也被赋予了提出建议、批评和意见的权力,这两项职权也是人大代表执行代表职务、参与管理国家事务、代表人民行使当家作主权利的重要方式。相比人大代表履职的其他途径,议案建议具备自下而上的传达民意的功能,代表通过收集选民的意见和建议,形成议案,提交给人大,督促政府进行办理。如针对当地道路过于狭窄,不能会车的情况,随州市万福店镇凤凰山村人大代表积极调研,就道路拓宽问题提出议案,推动当地政府铺路,最终实现了路面的拓宽和道路路况的改善。代表对议案和建议的办理,可以用"办成率""满意率"取代"办结率""答复率"来进行考评,以加强政府对议案和建议办理的质量的重视。②注重工作评议等其他监督手段的创新和运用。基层人大可采取工作评议的方式,对涉农政府部门的财政资金拨付、审批手续、贷款绿色通道等工作进行评议,以构建良好的营商环境,促进农村产业发展。

四是要发挥好代表中"新乡贤"的作用。"新乡贤"是相对于传统乡贤而言的,2016年的"十三五"规划纲要第一次在国家文件中提到"新乡贤"一词,其不仅包括传统的贤达之士,还包括现代拥有人力、财力、物力、信息资源等的乡村精英。其中,"新乡贤"中的部分人由于在村民中具有较高的威望和信誉,因此在基层人大的直接选举中被选入人大代表队伍,不断优化着人大代表的人员结构。因此,地方人大应鼓励人大代表参与环保志愿者协会等农村地方协会组织,并积极弘扬"新乡贤"文化,推动"新乡贤"与村两委、村民的融合,建立健全乡村居民利益表达机制;要注意引导"新乡贤"代表在乡村治理中发挥作用,充分利用其现代知识、技能和文化视野,使其参与基层社会建设、经济建设和政治建设,化解村中的矛盾冲突,促进其发挥引领乡村文化建设、传承乡村文化文脉等的重要作用。

五是要发挥好代表对党委政府的参谋作用。人大代表数量庞大，拥有审议权、提案权等多项权利。同时相较于人大机构，人大代表的履职方式更加灵活、多元，其可以通过履职活动对乡村社会各方面建设进行深入探索，可以调研收集问题，发挥代表身份优势来协助党委和政府贯彻落实各项政策，畅通民意收集渠道，为党委和政府的相关工作提供信息。在这之中，议案和建议可以说是最能够反映代表的作用。议案来源于代表对民意的收集整理，被人民代表大会通过后具有法律效力，对影响政府公共政策起到直接作用。基层人大代表由选民直接选举产生，占代表总数的比例高，来自基层并根植基层，能充分反映基层群众的利益，并能正确引导基层群众的诉求。代表可以搜集基础设施、医疗教育、生态保护等方面的民意，形成议案，以保障社会大众的利益，提升民生福祉，推动中国地方民主进程，保障人民代表大会制度在基层的顺利落地。通过多地的调研走访，课题组发现，围绕乡村民生项目以及乡村发展的议案和建议数量占比较大，比例在不断提高。

四　加强对代表的履职管理与监督，促进代表依法履职

人大工作主体是代表，其作用靠代表、水平看代表、潜力在代表。人大代表的性质决定了其必须真正地代表选民和原选举单位的利益，代表的产生永远是"由下而上"的过程，因此，代表的履职效能就很重要。[①] 要让人大代表在乡村振兴战略的实施中发挥作用，代表的履职水平和质量必须提高，为此要加强对代表履职的管理和监督。一方面，把解决实际问题、推动政府工作摆到突出位置，可以通过组织类似于"聚五"行动等高质量的代表活动来体现代表价值，激发代表履职的积极性；另一方面，各级人大还要探索建立完善的代表履职管理和综合评价

---

① 李晓波：《刍论我国人大代表履职制度的完善——以人大代表"个体履职制度"为视角》，《理论导刊》2017 年第 3 期。

体系，加强对代表履职的管理和监督。

（1）总结、完善和推动代表履职档案工作，建立代表履职综合评价体系。首先，要建立履职"清单"，明确代表年度履职基本要求，可将如下六个方面的内容纳入代表履职档案：一是出席人民代表大会情况，二是提出议案、建议情况，三是参加视察、检查、调研活动情况，四是联系走访选民情况，五是参加集中学习和自学情况，六是向选民述职、接受群众监督情况。其次，基层人大可以对代表履职情况进行综合评价，将评价结果作为推选履职积极代表和推荐连任代表人选的重要依据。如咸安区向阳湖镇对代表的履职就进行了较为完备的档案管理，实现了代表履职"一人一档"。

（2）强化代表向选民述职的刚性要求，使代表述职制度化和规范化。代表应每半年一次或至少每一年一次向选区选民或选举单位进行述职，接受选民监督，由选民评定代表是否称职。人大应听取选民意见和代表所在单位意见，对代表的履职工作进行全面评议，坚持直选代表口头述职与间接选举代表书面述职相结合，有序引导间接选举代表回原选举单位开展口头述职，推进代表述职全员化。"要坚持正面引导，把握述职方向，防止述职流于只讲成绩不讲缺点的形式主义。要引导选民代表珍惜自己的权力，广泛联系选民，征求选民意见，代表本选区选民积极发言，踊跃提出建议意见，切实搞好对述职代表的评议，促进人大代表更好地履行职责、接受监督。"[①]

（3）完善代表履职管理机制。制定严格的代表履职监督制度、代表失职追究制度、代表履职目标管理考核制度；建立代表执行职务情况登记、考核和建档等制度；定期开展批评、劝诫代表不作为等活动，对严重失职和滥用代表权力的代表采取批评、暂停代表职务、劝辞或依法罢免职务等处理措施，以杜绝"干不干一个样、干好干坏一个样"的现象。

---

① 林德生：《理性认识代表述职》，《人大研究》2013年第11期。

五 推广先进经验，促进各级地方人大的经验交流

各地人大在工作中都对各项工作进行了很多探索，对于其中有益的经验，其他地方可以借鉴，这也是促进人大代表工作顺利进行的一条"捷径"。根据课题组的实际调研，湖北省有以下经验值得参考。

一是推广"党支部建在代表小组上"的做法。目前地方人大的改革举措将促使人大在代表选民、行使法定职权方面更加有力，人民代表大会的制度优势得到进一步发挥，从而使人民代表大会更有能力发挥整合利益、凝聚共识的功能。宏观权力分配层面，需要基层党组织在加强对同级人大的组织领导、宏观领域领导的同时，更多地向其放权。与此同时，加强党对人大的组织领导，推荐一批政治立场坚定、业务能力强的优秀代表担任人大的领导职务，确保人大围绕国家的大政方针行使国家权力。同时课题组建议在代表活动小组中建立临时党支部，提升临时党支部党员代表的履职能力和服务群众能力，把党的领导贯穿于"代表行动"的始终。通过组织常态化的代表活动，发挥活动小组中临时党支部的作用。比如现阶段可以组织党员代表开展经常性法律知识、政策理论的学习；围绕精准扶贫、土地流转等乡村振兴战略中的重点工作，认真宣传落实中央方针政策和工作部署；深入基层走访群众，重点围绕教育、健康、社会保障、住房和脱贫质量，认真收集民意，反映民情，及时督促相关部门解决好关系人民群众切身利益的问题。

二是促进"代表之家"建在产业链上，助推当地的经济发展。探索代表活动向产业链、行业、新经济组织和行业组织延伸之路，可以为人大代表依法履职提供新的有效平台和载体，助推当地经济发展。为充分发挥人大代表在产业培育、农村经济振兴中的主体作用，可考虑将"代表之家"建立在产业链上，让人大代表活动开展在产业链上，从而使代表可以全过程、全方位参与新时代乡村建设和发展，有力推动产业兴旺。

产业链上的"代表之家"还能增强代表们投身招商引资、参与"三农"项目推进的主动性和积极性，解决代表履职内生动力缺乏的难题。京山市罗店镇人大和京山市马嘉领农业科贸有限公司采取将"代表之家"建在产业链上的创新做法，让代表活动的触角延伸到当地农业企业，把代表履职延伸到产业链上，进一步增强了代表活动的实效，并在当地经济建设中发挥着积极作用。同时，此举通过充分利用专业合作社、企业和行业组织现有的基础设施，既解决了资金缺乏、场地不足的瓶颈，又扩大了"代表之家"规模，突破了人大代表活动的地域制约，为丰富代表在人大会议闭会期间的活动创造了条件。

除了湖北省外，还有很多省份的人大在代表工作方面作出了探索和创新，为代表开展工作提供了便利，促进了代表工作的顺利进行，这些有益的经验是值得借鉴的。"他山之石，可以攻玉"，因此，应注重建立各省之间、省内各市之间的经验交流机制，形成内外部联动的人大工作促进乡村振兴的格局。具体来说，一方面要搭建内外部经验交流平台。目前，各地人大主要是通过邀请外部专家和人大代表到本地举行讲座、定期到外地学习、省市级组织的各种交流活动等方式来加强地区交流，学习先进经验，这些方式值得进一步推广。但同时，针对当前乡村振兴战略现状、人大代表结构的变化，还应该继续创新交流方式，如推动人大在线、智慧人大等互联网交流平台的建设。另一方面，要强化经验交流的针对性。目前的经验交流会有很多是采取宣讲的方式，在互动上有所欠缺，代表们关心的问题不能得到充分解答。针对此问题，各级地方人大需要更加合理地设计经验交流的具体内容和方式，多举办一些互动性较强的交流活动，增强交流双方的直接互动，以提高交流的效率和实际效果。

第六节　结语

　　乡村振兴战略是一项长远的系统工程，需要行之有效的政策，也需要人力、物力、财力全方位的投入，更需要各相关主体的支持和参与，而人大在其中不能缺位。人大是宪法规定的国家权力机关，是全面担负起宪法法律赋予的各项职责的工作机关和同人民群众保持密切联系的代表机关。代表工作是各级人大的基础性工作，代表工作的顺利开展离不开人大在组织、制度、经费等各方面的保障。人大代表作为人大的组成人员，是人大组织、落实各项工作的主体，也是乡村振兴中不可或缺的重要力量。

　　对于推动乡村振兴战略的实施，各级人大尤其是基层人大有着天然的优势，这种优势地位对于强化各级人大的作用、提高各级人大的地位具有积极作用，但同时，这反过来也对各级人大代表的工作提出了新的期望，要求人大代表承担更多重要的任务，扮演更重要的角色。要结合战略需求、乡村实际进行工作创新，进一步推动人大代表与乡村、村民的交流和融合，以自身履职全面激活乡村发展的活力。在调研中，课题组发现，人大代表们正以日趋开放的心态和更加积极的方式，探索代表与选民之间更加广泛、深入的沟通途径。代表们为了反映好民意，走访选民，实地视察，深入调研，创新了多种代表权力行使方式，广泛听取了群众的意见和建议。产业发展、环境治理等乡村振兴的重要方面已成为代表议案和建议的关注焦点。在调研中，一名被调研者告诉课题组："乡村振兴只靠自上而下的动员而没有老百姓的参与是搞不好的。"目前，全省各级人大对如何推动代表工作、乡村振兴工作取得了共识，即乡村振兴不仅是人大的事，也不仅仅是普通农民的事，而是人大和农民的共同使命，人大和群众应该紧紧联系起来。

当然，在现阶段，各级人大在代表工作的推进方面还存在很多局限性，其对于乡村振兴战略实施的积极作用也较为有限；人大代表履职平台建设水平参差不齐、代表素质和履职能力不能满足工作要求等问题普遍存在，这些不足之处也是亟待改进的。因此，在乡村振兴中，接下来应进一步推进人大各方面的建设，让代表准确及时地把握乡村振兴战略实施过程中群众利益的变化和群众需求，鼓励代表提出议案和建议，指出问题症结所在，为问题开出标本兼治的"药方"。所有这些都需要人大代表和百姓建立起密切的联系，于细微之处关注民生，于深远之处考虑政策的实效，从而不断推进乡村民主政治的发展和乡村治理水平的提升。

综合来说，人大工作还是在不断向前进的，人大在乡村振兴中的作用也在不断增强。在人大代表工作与乡村振兴战略的实施中，人大及人大代表已经做了一些工作，但是另一方面，鉴于乡村振兴战略提出的时间不长，对于如何实施这一战略的问题，目前还正处于一个探索阶段。因此，下一步，人大及人大代表应就如何构建灵活有效的代表选民互动机制，如何进一步推动代表工作和乡村振兴战略的有机结合等问题加强思考，体现人大的时代担当。

第七章

地方人大在湖北省乡村振兴中的角色

——基于问卷调查结果的分析

课题组通过座谈会、乡镇走访、发放问卷等形式，对湖北省人大，全省的12个地级市、3个省直管县级市、恩施土家族苗族自治州、神农架林区以及武汉市下辖的6个郊区的人大进行全覆盖式调研，调研方案兼顾平原、山区、林区、民族地区、革命老区，以及城市郊县等。前面的章节重点分析了课题组通过与上述地方人大工作人员、人大代表开展座谈和访谈获取的资料和信息，这些资料和信息主要反映了地方人大视角下乡村振兴战略的实施情况，包括取得的成就和存在的问题。然而村民是乡村振兴战略的直接受益者和一线实践者，他们的诉求和期望直接决定了乡村振兴的工作重点和方向。一方面，地方人大和政府机构不能只埋头苦干，还应该把握村民的所思所想，综合考虑区域实际和村民期望，制订既能促发展又能安民心的战略规划；另一方面，地方人大在乡村振兴战略实施的过程中也要获得村民的反馈，认识到当前工作的成就和不足，及时调整规划和政策，以扬长补短。因此在调研的后期课题组开展了问卷调查。课题组发放的问卷一共有3套，分别针对市级人大（课题组调研第一站为市级人大，后来又调研了县区级人大）受访者、乡镇人大受访者和普通村民受访者（详见附录），期望能够通过问卷了解地方人大的基本现状和其在乡村振兴中的工作情况，以及村民对地方人大和乡村振兴的基本认识和看法。这一章将重点分析课题组通过问卷获取的信息。

课题组在召开座谈会后向市级人大（包括后续调研的县区级人大）和乡镇人大受访者发放了问卷，在乡镇走访过程中也向村民们发放了问卷。这些人大是随州市、潜江市、神农架林区的人大和武汉市汉南区的区人大，以及这些市区下面的部分乡镇人大。① 此次调研课题组一共发放了160份问卷，回收了155份问卷，② 其中市级和县区级人大40份，乡镇人大49份，村民问卷66份。下面将分别对这3套问卷进行分析。

通过问卷分析可以发现，地方人大助推乡村振兴战略实施中的优先事项顺序是产业振兴、人才振兴、生态振兴、文化振兴、组织振兴。地方人大作用机制主要是监督作用，其次是代表和决定作用，最后是任免作用。地方人大受访者对地方人大监督作用和重大事项决定作用发挥效果的评价更高。总体来说地方人大受访者对于地方人大在促进乡村振兴战略实施中的作用的评价比较好。就村民的角度而言，村民受访者对地方人大工作的排序是代表工作、监督工作、决定工作和立法工作，对地方人大代表工作的期望是联系群众、收集意见、整理资料形成议案、跟进实施及时反馈。对乡村振兴战略，有68.25%的村民受访者表示了解，12.70%的受访者表示非常了解，14.29%的受访者表示一般了解，4.76%的受访者表示完全不了解。在村民对乡村振兴战略目标的重视程度上，大部分村民受访者认为产业兴旺是最重要的，持此观点的占62.5%；其次是生态宜居，持此观点的占18.75%；再次是乡风文明，持

---

① 对于部分与工作单位有关的缺失值，课题组利用相同工作单位的数据进行了补充。
② 由于课题组在调研后期才开始发放问卷，因此问卷发放没有覆盖所有调研范围。

此观点的占 15.63%；最后是生活富裕，持此观点的占 3.13%。

通过问卷分析课题组了解了以下几个问题。首先，课题组明确了地方人大的作用机制，即地方人大在参与地方事务治理的过程中主要是通过监督工作发挥作用，接下来是代表工作和决定工作，然后是任免工作。其次，问卷结果表明地方人大在助力乡村振兴战略实施的过程中通过把握关键环节和主攻方向，合理配置资源，促进"五大振兴"。具体而言，地方人大将产业振兴和生态振兴作为关键，同时抓住人才振兴和文化振兴，稳步推进组织振兴。再次，课题组观察到村民对地方人大的工作有比较好的了解，同时非常认同乡村振兴战略。最后，课题组从地方人大和村民两个角度了解了当前湖北省乡村振兴战略实施中取得的成就和存在的问题。

第一节　地方人大助推乡村振兴的情况

在建设国家治理体系和实施乡村振兴战略背景下，地方人大工作的重要性进一步凸显。前面的章节利用座谈获取的信息对地方人大在乡村振兴战略实施中的工作现状、取得的成就和先进经验，以及工作中存在的问题进行了阐述。本节主要是对前面内容的补充和拓展。具体来说，本节将以下两部分内容对地方人大助推乡村振兴的工作现状进行介绍：第一部分是市级（包括后续调研的县区级。以下简称市区级）人大受访者的基本情况、人大的基本情况和人大在乡村振兴中的表现，第二部分是乡镇人大受访者的基本情况、人大的基本情况和人大在乡村振兴中的表现。在对问卷调查的结果进行分析时，课题组采用的是 Stata 12 软件。

一　市区级人大助推乡村振兴的情况

（一）市区级人大受访者的基本情况

图 7-1 和图 7-2 反映了此次调研中市区级人大受访者的基本情况。

课题组对受访者的性别、民族、户口类型、政治面貌、年龄、工龄、学历、职务和所在人大进行了统计。

下面对图7-1中的信息进行解读。观察值显示的是问卷中回答了相应问题或者落在相应选项中的受访者数量,横轴是问题的选项,纵轴是各选项的答案所占百分比。可以从图中看出,在市区级人大受访者中,91.2%的人是男性,100%的人是汉族,89.3%的人是城镇户口,100%

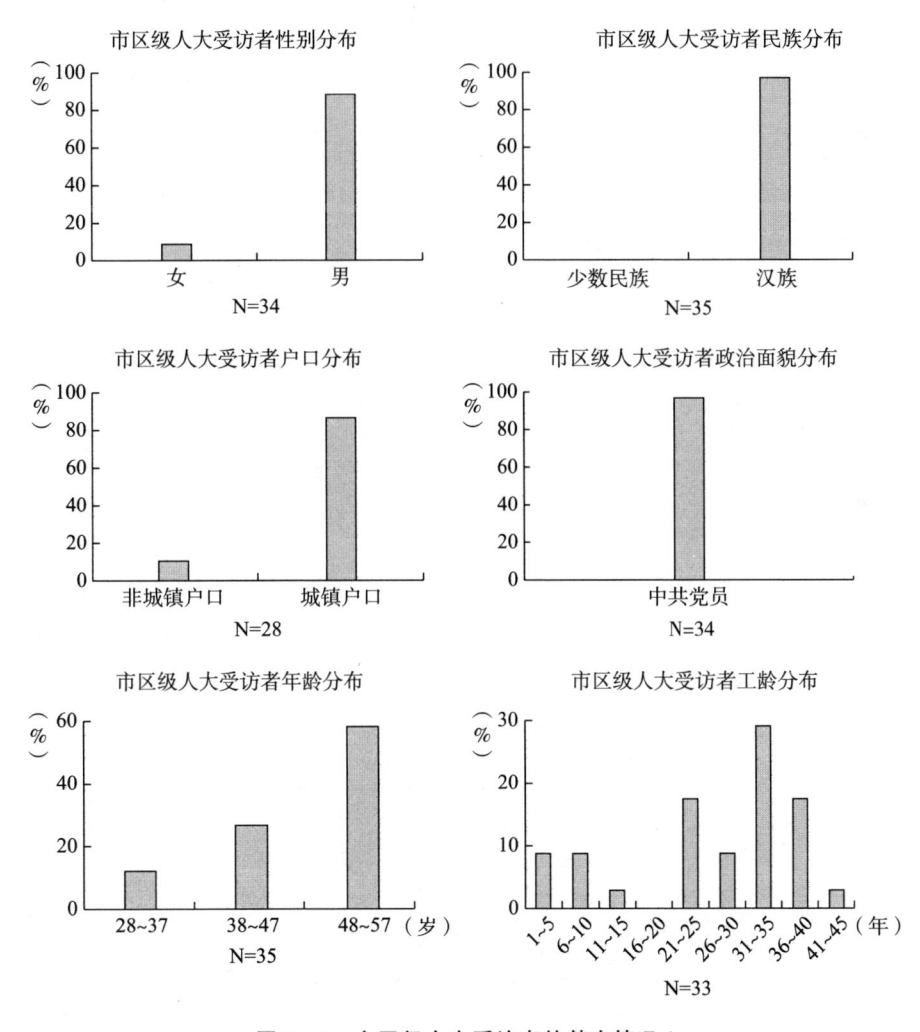

图7-1 市区级人大受访者的基本情况1

的人是中共党员。在年龄分布上,回答了问题的市区级人大受访者年龄主要是在 48~57 岁,大多数受访者的工龄在 21 年以上。可以看出市区级人大工作者多数为工龄较长的汉族男性。

图 7-2 反映了市区级受访者的学历、职务和所在人大的分布情况。从图中可以看出,在学历上占比最大的是大学学历,占 55.9%;其次是大专,占 35.3%。受访者在人大所任职务涵盖了乡镇人大主席、秘书长、副秘书长、专委会主任和副主任、常委会委员以及办公人员。[①] 其中占比较多的是人大专委会成员,包括主任和副主任,共占 50%。受访者来自 4 个人大单位。

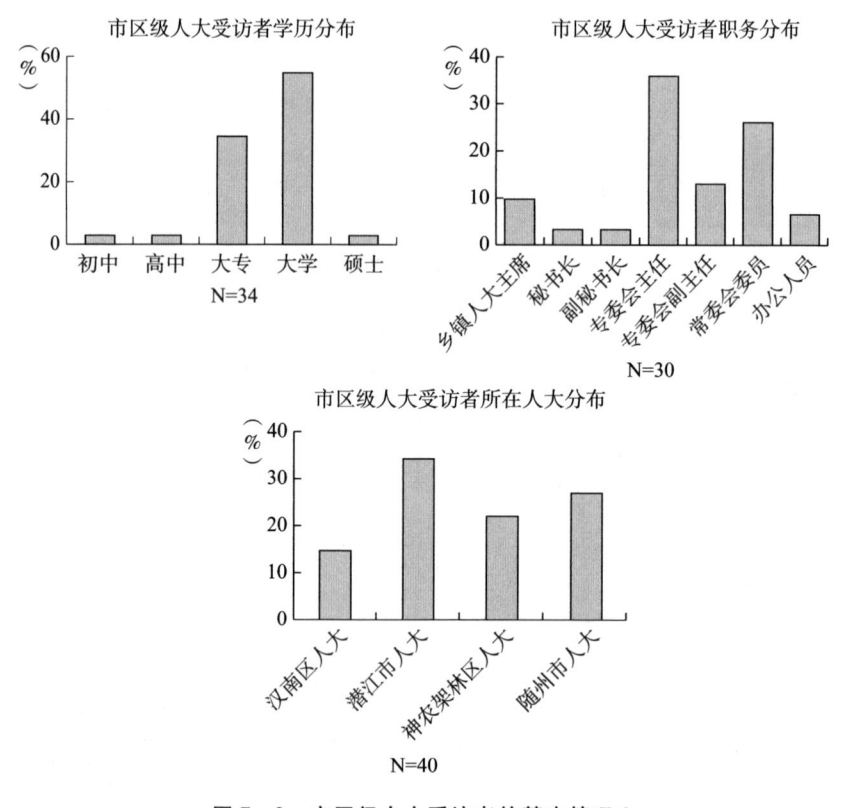

图 7-2 市区级人大受访者的基本情况 2

[①] 在课题组的座谈中,有乡镇人大主席列席座谈,发表意见,并在会后参与了问卷的填写。40 份问卷中有 31 份来自不设区的市级人大和区级人大,另有 9 份来自设区的市级人大。

总体而言，市区级人大受访者大部分性别为男性，大部分年龄为48～57岁，工龄多数在21年以上，多数拥有城市户口，政治面貌均为中共党员，职务主要是专委会主任和副主任。

（二）市区级人大的基本情况

1. 人员配备和资金情况

人员配备主要指人大常委会组成人员中专职和兼职的数量。各地人大常委会成员的人员配置有所不同。根据课题组统计的受访者的回答，所有人大常委会成员都是专职多于兼职，专职占比超过66.7%。就专委会的人员配置而言，大部分专委会人员总数在5人以上，不同地区的人大在专职、兼职和工作人员的分布上有所差别。在访谈过程中很多专委会主任和副主任表示，专委会成员数量不太够，很多既是专委会成员又是办公人员，这种身兼数职的情况影响了专委会的专业化和工作效率。

图7-3反映的是受访者所在人大在活动经费方面的情况。从图中可以看出，只有极少数受访者所在人大的经费没有列入本级预算中，说明大部分人大活动的开展都有资金保障。

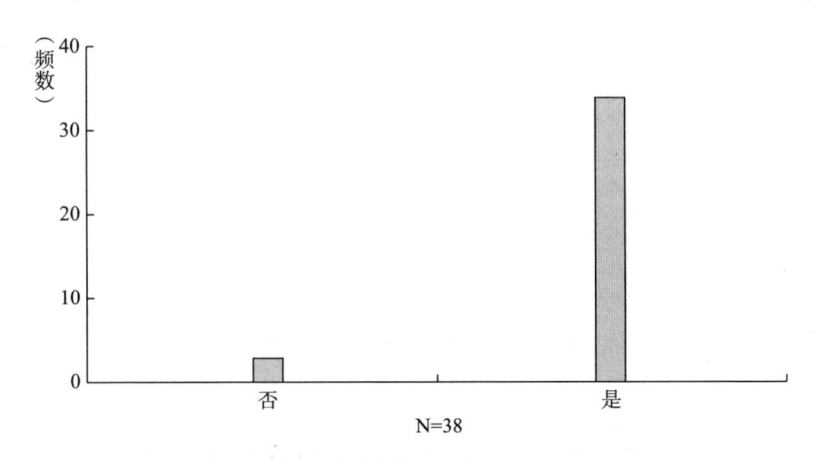

图7-3 市区级人大活动经费是否列入本级预算

2. 会议召开情况

图7-4显示了受访者所在人大会议召开的情况。从图中可以看出，

大多数受访者所在人大人代会每年召开 1 次,少数召开 2 次。每年人大常委会会议召开的情况中,召开 6 次的最多。根据法律规定,人大常委会作为本级人代会闭会期间行使人代会职权的机构,要在人代会闭会期间讨论、决定本行政区域内的政治、经济、教育、科学、文化、卫生、环境和资源保护、民政、民族等工作的重大事项,因此常委会会议多次召开是比较合理的。根据调研,每年人大常委会主任会议召开次数,以 8 次为最多,大部分都在 9 次以下。绝大部分受访者所在人大的人大常委会会议有固定会期。此外,几乎所有回答了问题的受访者所在的人大的常委会会议都邀请了人大代表列席。

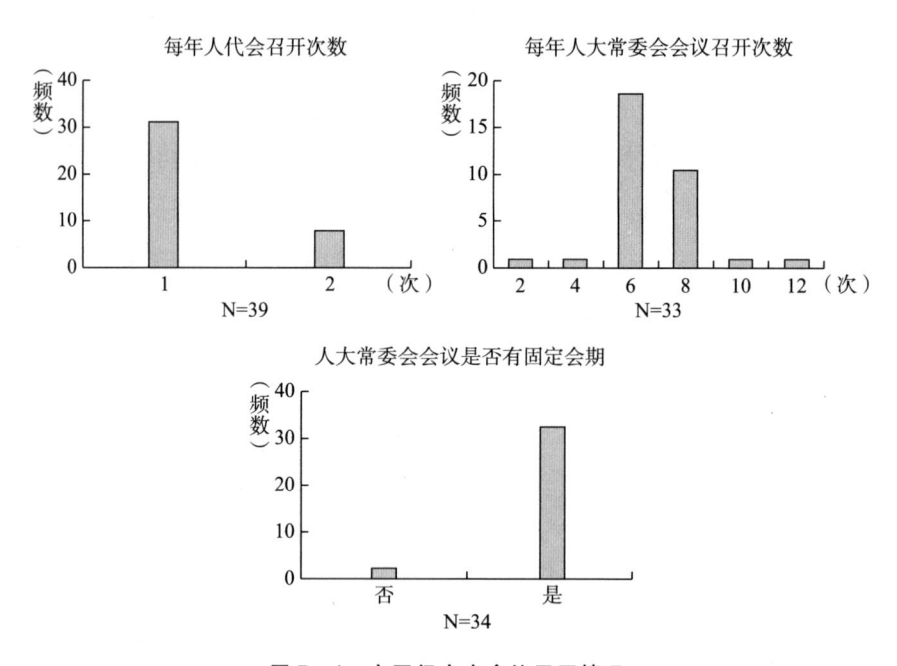

图 7-4 市区级人大会议召开情况

3. 与同级政府关系

图 7-5 显示了人大专委会与政府部门之间的关系。专门委员会是在权力机关领导下担负某种专门任务的机构,它们研究、审议和拟订有关议案;对同委员会有关的问题,进行调查研究,提出建议。在座谈会中

课题组了解到，由于专委会通常负责某一专业问题，因此专委会经常就这些问题与政府有关部门交流。专委会与相应政府部门的关系与专委会的工作效率有极大相关性。融洽的关系和适当的接触既有利于专委会掌握相关信息并对政府部门进行监督，又有利于专委会在必要时与政府部门进行合作。从左边的图中可以看出，大部分受访者所在专委会与相应政府部门的接触平均一个月 1~3 次，少数平均一个月 4 次及以上。从右边的图中可以看出，全部受访者都同意其他专委会与政府部门接触频繁。总的来说，专委会与相应政府职能部门之间的接触是比较频繁的，这也是人大专委会与政府在实施乡村振兴战略等方面合作的一个基础。

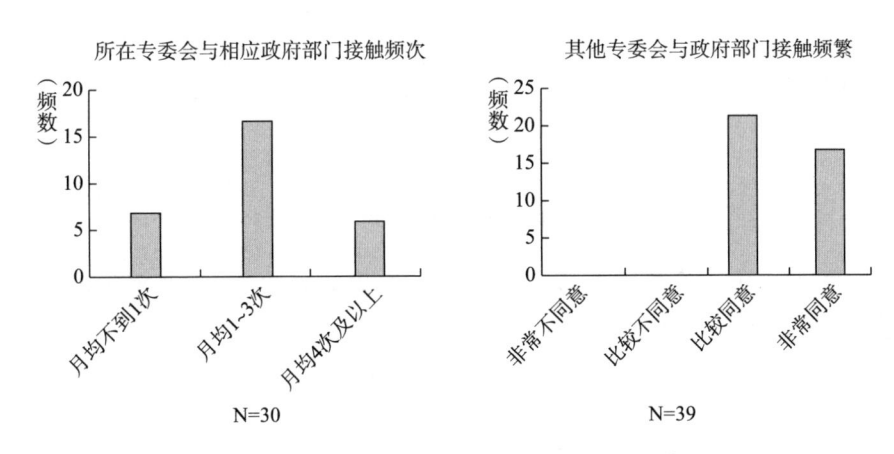

图 7-5 市区级人大专委会与政府部门联系情况

4. 与人民群众关系

图 7-6 展示了受访者所在人大与人民群众联系的大概情况。人民是人大权力的来源，因此维护与人民群众的关系，反映人民群众的利益、解决人民群众的问题是人大工作的核心内容之一。从图中可以看出，受访者所在人大来信来访的件数和次数主要分布在 20 以下，来信情况中有 4 个异常值在 50 以上，群众来访中有 3 个异常值在 50 以上。将异常值排除之后得到的具体情况是：26.67% 的受访者所在人大收到 1 件群众来信，20% 的受访者所在人大收到 5 件，93.33% 的受访者所在人大收到的

来信件数在 10 件以下。在群众来访中占比较多的是 5 次，占比 30.77%，76.92% 的来访次数在 10 次以下。在乡村振兴背景下群众来信来访中涉及乡村振兴的比例在 50% 以下。关于受访者所在人大与群众在来信来访上的联系不太频繁的问题，有两个可能的原因，一是人大与人民群众的关系更多地是由人大代表来维系，直接与人大联系的情况较少；二是相对于人大来说，人民群众会更多地找政府或者基层自治组织等与他们实际生活联系更密切的单位反映情况。

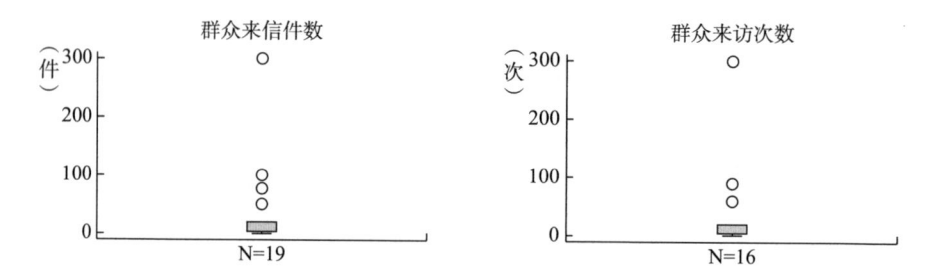

图 7-6 市区级人大与人民群众联系情况

相比于图 7-6 展示的传统形式的联系方式，图 7-7 展示了网络新媒体兴起的背景下市区级人大与人民群众互动的情况，主要是受访者对市人大网站、微信公众号平台在信息公开、网民互动等方面的情况的主

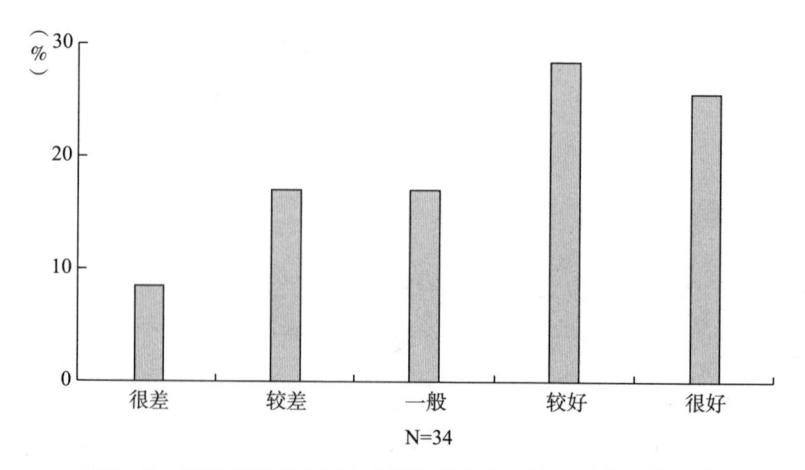

图 7-7 受访者对市区级人大网络信息公开和互动情况的评价

观评价。从图中可以看出，有 55.88% 的受访者认为市人大在网络信息公开和互动方面的情况较好或很好，有 17.65% 的受访者认为较差，8.82% 的受访者认为很差。由此可见，在地方人大受访者看来，市区级人大在网络信息公开和与网民互动方面有待进一步提高和改善。

（三）市区级人大助推乡村振兴的情况

在乡村振兴战略的实施中，人大发挥着规划、监督等至关重要的作用。人大与乡村振兴战略的衔接程度直接关系到战略能否顺利实施，以及实施的质量。图 7-8 描述了受访者对所在人大与乡村振兴战略衔接程度的评价情况，可以看出，在超过一半的受访者看来衔接程度是不错的，但是也有受访者认为较差。图 7-8 表明大部分人大都较好地理解了乡村振兴战略的目标与内容，并且予以重视，能够根据本行政区内的实际情况开展相关活动。这种衔接最直接的体现之一是人大是否出台了相关规划，以对本行政区内乡村振兴战略的实施进行指导。

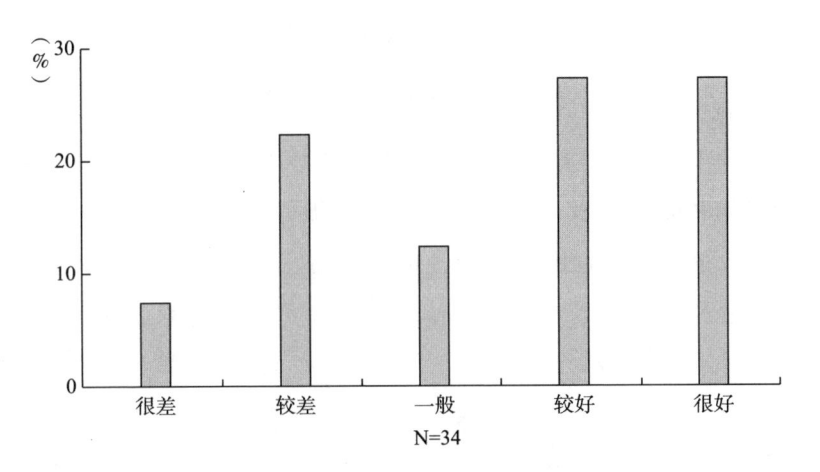

图 7-8 市区级人大与乡村振兴战略衔接程度

图 7-9 显示大部分受访者所在人大（83.87%）都出台了关于乡村振兴的规划。据受访者反映，规划成本从 50 万元到 200 万元不等。在课题组的调研中，很多受访者都表示非常重视规划，有的表示可以一村一

品，一村一策，一村一规划，实现乡镇的精细化管理。咸宁市咸安区人大的一名受访者就表示："乡村规划应该是不可复制的，要体现乡村的独特性。"阳新县人大的一名受访者也表示："乡村振兴中的重大事项要规划引领，科学编制，督促、监督好规划，规划中要定思路、方向、政策，因地制宜制订长远规划。只有规划做好，以后的建设才不是短期行为。"

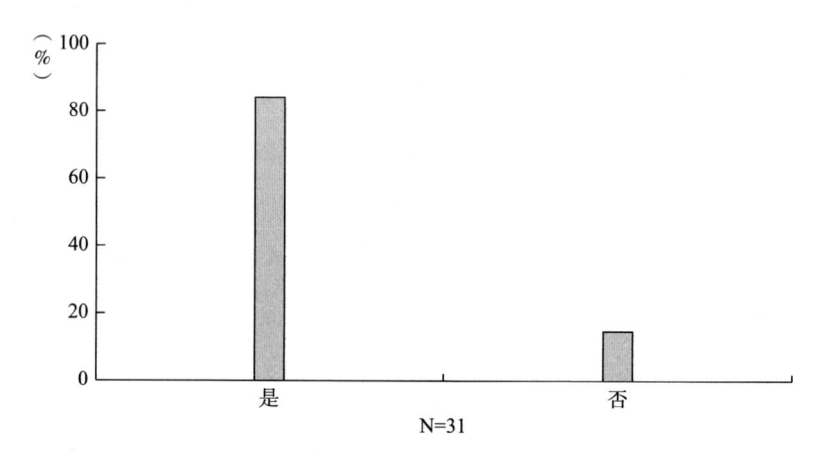

图 7-9 市区级人大是否出台有关乡村振兴的规划

党委作为一切工作的领导者，能够把握大局，统筹各方；政府作为乡村振兴战略的实施者，直接关系到乡村振兴战略实施的效果。党委、政府与人大的关系深刻影响当地各项工作的开展。因此，这三者在工作中保持良好的合作关系对于乡村振兴战略的实施至关重要。从图 7-10

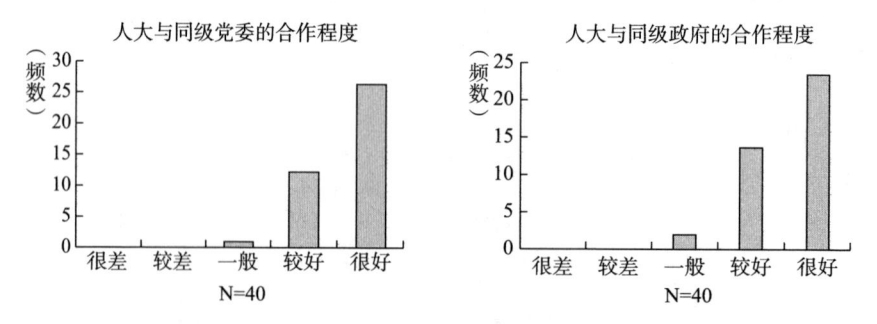

图 7-10 市区级人大与同级党委和政府的合作情况

可以看出，几乎所有受访者所在人大都与同级党委和政府有着比较好的合作。前文提到专委会与政府职能部门之间的接触也比较频繁，从这些可以看出，大部分市区级人大都比较注重与同级其他机关之间的合作。

接下来对市区级人大在乡村振兴战略实施方面的情况进行介绍。在地方人大对乡村"五大振兴"的重视程度上，从图7-11中左上边的图可以看出，87.5%的受访者认为地方人大对产业振兴的关注度最高，有7.5%的受访者认为对文化振兴的关注度最高，还有5.0%的受访者认为对生态振兴关注度最高。右上边的图表示大部分受访者认为人大关注度排名第二的工作是人才振兴和生态振兴。下边的图则表明生态振兴是大部分受访者认为人大关注度排名第三的工作，占比36.67%。事实上市区级人大确实非常注重乡村振兴中的产业振兴，希望通过挖掘本土资源、

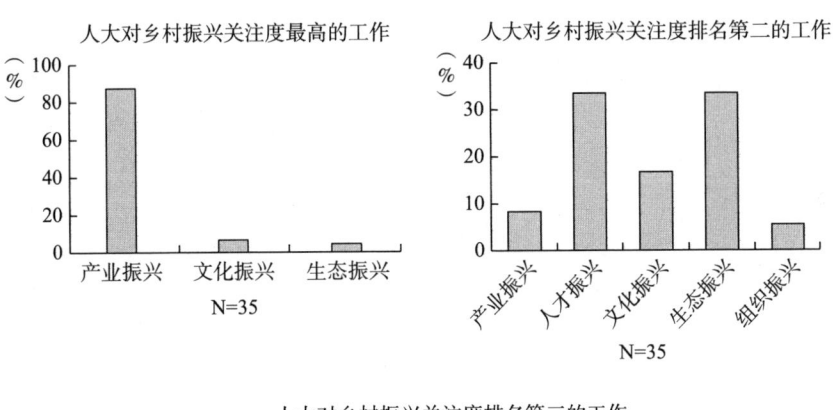

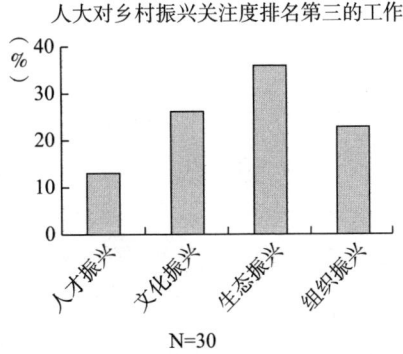

图 7-11 市区级人大对乡村"五大振兴"的重视程度

发展产业来促进乡村经济的持续性发展。例如随州的香菇形成了从生产、加工到销售、出口的一条产业链，较好地解决了几个村的就业问题。此外，地方人大在发展经济的同时也比较注重生态环境的保护，尤其是农村生活环境和自然环境的保护，完全不同于以往用牺牲生态环境换取经济发展水平提升的发展观念。多数受访者表示，当地政府在农村修建和完善了污水处理和垃圾处理的相关设施，加强了环保，营造了良好的人居环境。例如武汉市汉南区对全区所有湖泊实行退养，建立河湖长制，整个开发区投入74亿元治理26个湖泊，使水质从V类提升到了IV类。

图7-12展示了受访者对人大在乡村振兴中发挥的作用的评价。人大主要是通过"四个权力"以及代表的工作来发挥作用。图7-12表明，在监督工作、决定工作、任免工作和代表工作四个工作中，有

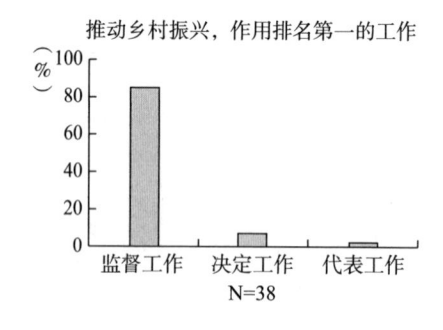

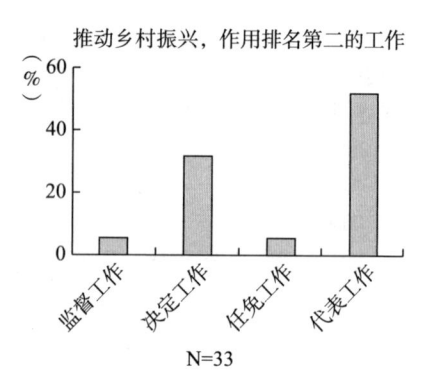

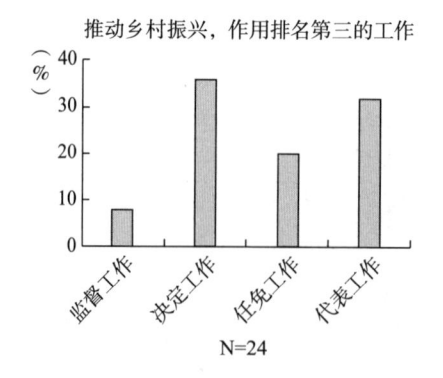

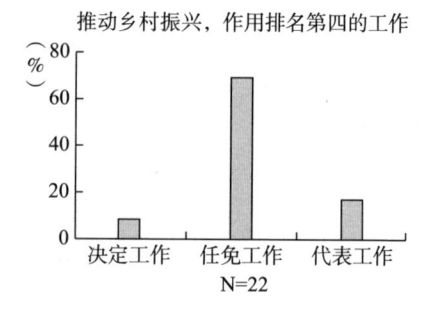

图7-12 市区级人大在乡村振兴中的作用情况

89.47%的市区级人大受访者认为人大在乡村振兴中最主要的是通过监督工作发挥作用，7.89%的受访者认为是通过决定工作发挥作用，2.64%的受访者认为是代表工作。在作用排名第二的工作问题上，有54.55%的受访者认为是代表工作，33.33%的受访者认为是决定工作。在作用排名第三的工作上，37.50%的受访者认为是决定工作，33.34%的受访者认为是代表工作。在作用排名第四的工作上，72.73%的受访者认为是任免工作，可见受访者认为相对于监督、决定、代表这三项工作，任免工作在乡村振兴中发挥的作用较小，作用排名第四。因此在乡村振兴战略的实施中，人大发挥作用的工作排序是监督工作、代表工作、决定工作、任免工作。

武汉市东西湖区的一名受访者向课题组比较仔细地介绍了人大代表工作：全区178名代表中，从事涉及农工和农业产业工作的有27名，占比15%。这27名代表在2017年底东西湖区第十届人大二次会议上，提出了20件涉及农业发展的建议，占比20%。这些建议主要涉及旧城改造、农田水利、网络、危房改造、还建房分配、农业企业、农业电商平台建设等问题。此外，这些农村代表对农业发展高度重视，发挥了代表的积极作用，听取了议案、建议的汇报，督促了办理，对其中涉及农业的进行100%的监督，督促办结率在80%以上。此外代表工作还体现在湖北省的"聚五"行动中，各市成立代表小组，例如鄂州市就成立了100多个代表小组，一季度开展一次活动。襄阳市有一支562人的代表队伍，从2018年开始，市人大组织这支代表队伍深入农村进行扶贫攻坚，围绕扶贫和振兴这两个方面的工作开展活动，宣传法律政策，开展执法检查，提出意见建议，尽可能参与到方方面面的工作中。2018年襄阳市代表队伍参与的工作有1100多件，工作成效明显。

由于监督工作在人大的作用发挥中排名靠前，因此笔者对人大在乡村振兴中发挥监督作用的情况稍作分析，主要包括对政府的监督和调研视察两部分。在对政府的监督上,课题组询问了受访者所在人大听取政府预决算报告、监督政府职能部门意见办理和执法检查的情况。从图7-13中左上图可以看出,有接近一半的受访者所在人大每年听取预决算报告2次,同样接近一半的受访者所在人大每年听取1次,少数人大会听取2次以上。右上图展示了受访者所在人大监督政府职能部门意见办理的情况。可以看出,大部分受访者所在人大每年监督次数在1~5次。下边的图显示了市区级人大执法检查的情况。大部分受访者所在人大执法检查的次数都在6次以下,其中次数为2次的人大最多。

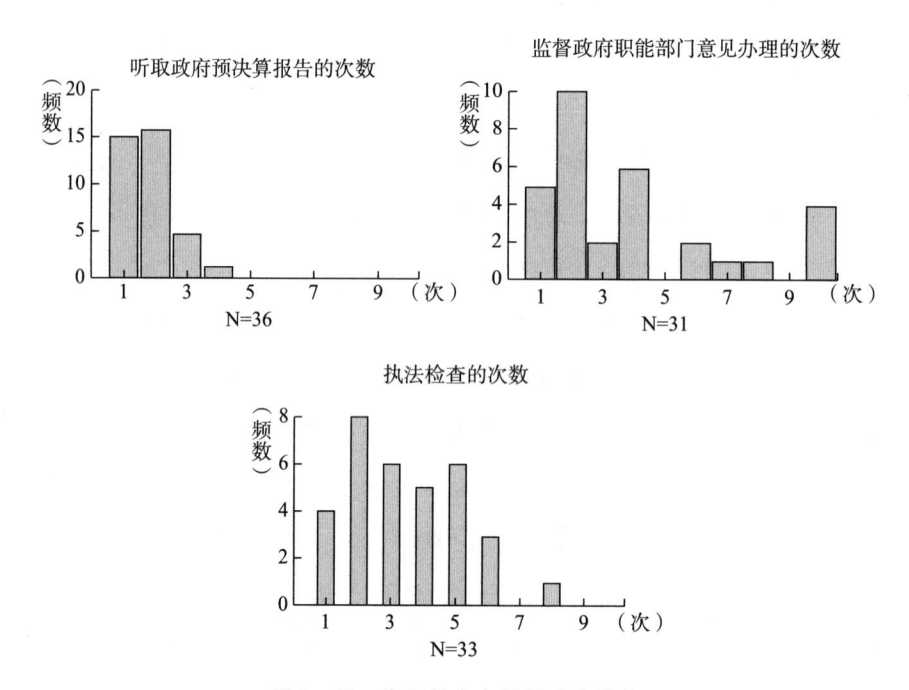

图7-13 市区级人大监督政府情况

图7-14展示了市区级人大调研视察的情况。从图中4个小图可以看出,大部分受访者所在人大调研视察的次数都在6次以下,其中较多的是2次和4次。平均来说,每年每个人大调研视察企业4.97次,调研视察基础设施3.53次,调研视察重大工程项目3.59次,调研视察生态环境4.59次。

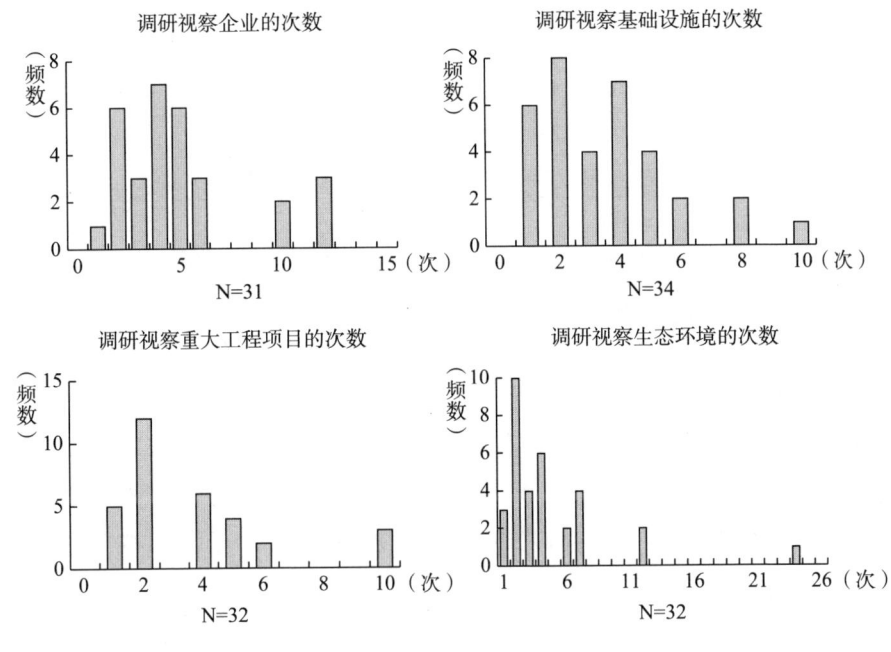

图 7 - 14　市区级人大调研视察情况

前面内容展示了人大在助推乡村振兴战略实施中的权力结构和作用模式，课题组还需要了解人大权力发挥的效果。因此课题组搜集了受访者对人大在乡村振兴战略中立法作用、监督作用、重大事项决定作用和任免作用等的效果的评价。表 7 - 1 和图 7 - 15 展示了调研结果。从图中可以看出，受访者对人大在乡村振兴战略中发挥这四种作用的效果的总体评价是好的，四种作用都有 60% 以上的受访者给予较好和很好的评价。表 7 - 1 显示了评价的具体数据，从百分比来看，四种作用中监督作用和重大事项决定作用的发挥效果相对来说更好。这与前面讨论的人大应如何发挥作用助推乡村振兴的问题的结果一致，即人大更多地通过监督工作和决定工作发挥作用，因此受访者对于人大这两方面的工作评价更好。

表 7－1　市区级人大权力发挥的情况

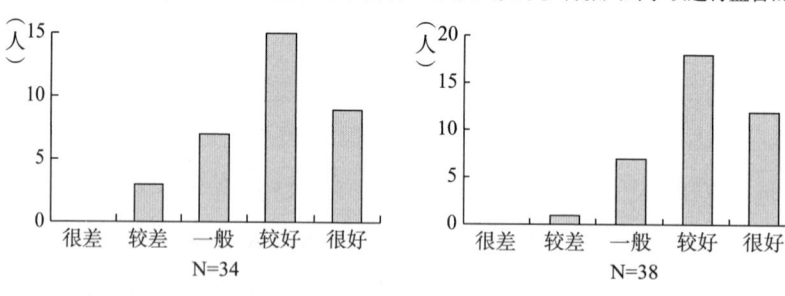

	效果					总计
	很好	较好	一般	较差	很差	
人大对关于乡村振兴的事项进行立法的效果	9 (26.47%)	15 (44.12%)	7 (20.59%)	3 (8.82%)	—	34
人大对关于乡村振兴的事项进行监督的效果	12 (31.58%)	18 (47.37%)	7 (18.42%)	1 (2.63%)	—	38
人大在乡村振兴中发挥重大事项决定作用的效果	10 (26.32%)	20 (52.63%)	6 (15.79%)	2 (5.26%)	—	38
人大在乡村振兴中发挥任免作用的效果	10 (27.03%)	15 (40.54%)	11 (29.73%)	1 (2.70%)	—	37

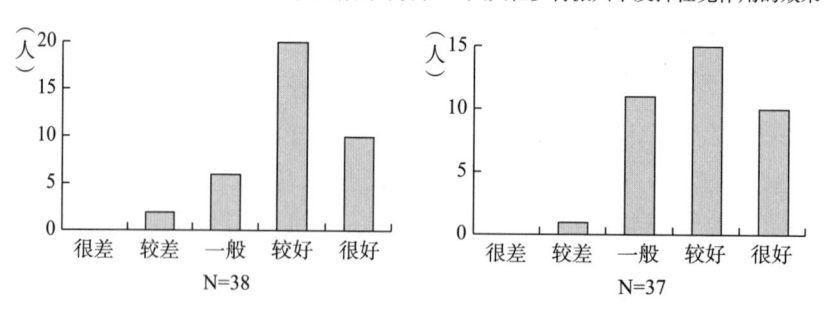

图 7－15　市区级人大权力发挥的情况

在前面的分析中可以了解到，代表工作在人大发挥的作用中仅次于监督工作，因此有必要了解市区级人大代表工作的情况。接下来介绍一下代表管理及代表工作情况。图 7－16 展示了每年市区级人大常委会成员联系代表和代表联系选民的次数。可以看出,在每年市区级人大常委会成员联系代表次数方面,有50%的受访者回答有2次,其余的回答比较分散,说明各个人大的情况差异比较大。在代表每年联系选民次数方面,占多数的是2次和4次,有54.55%的受访者表示在3次及以下,说明代表切实在履行联系选民的职责,但是大部分人大的代表需要更深入地联系选民,反映选民的利益和诉求。

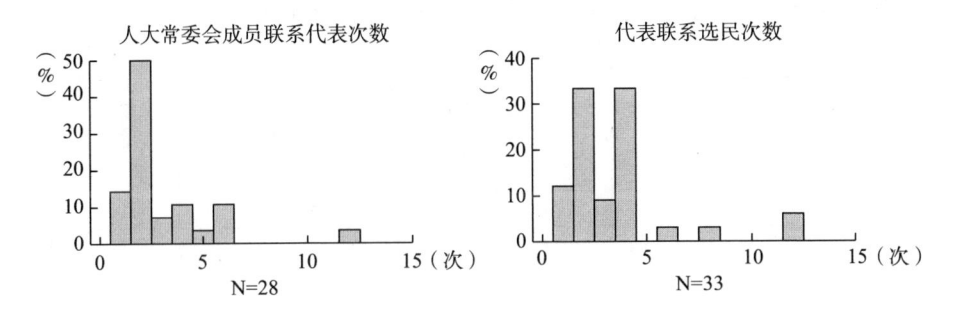

图 7-16 市区级人大常委会成员联系代表和代表联系选民情况

表7-2展示了市区级人大代表每年述职的情况。从表7-2中可以看出,有91.3%的受访者所在的人大每年组织代表述职的次数是1次。对于每次述职时的代表数和群众参与情况,在答题的受访者中大部分所在人大平均每次述职代表数量在10名以下,参与的群众数在3名以上。总体来说述职时群众的参与率比较高。

表 7-2 市区级人大代表每年述职情况

次数	频数	百分比(%)
0	1	4.35
1	21	91.30
2	1	4.35
总计	23	100.00

图7-17展示了市区级人大代表制度的实施效果。从图中可以看出,受访者对于各项有关代表制度实施效果的评价总体来说比较正面。可以

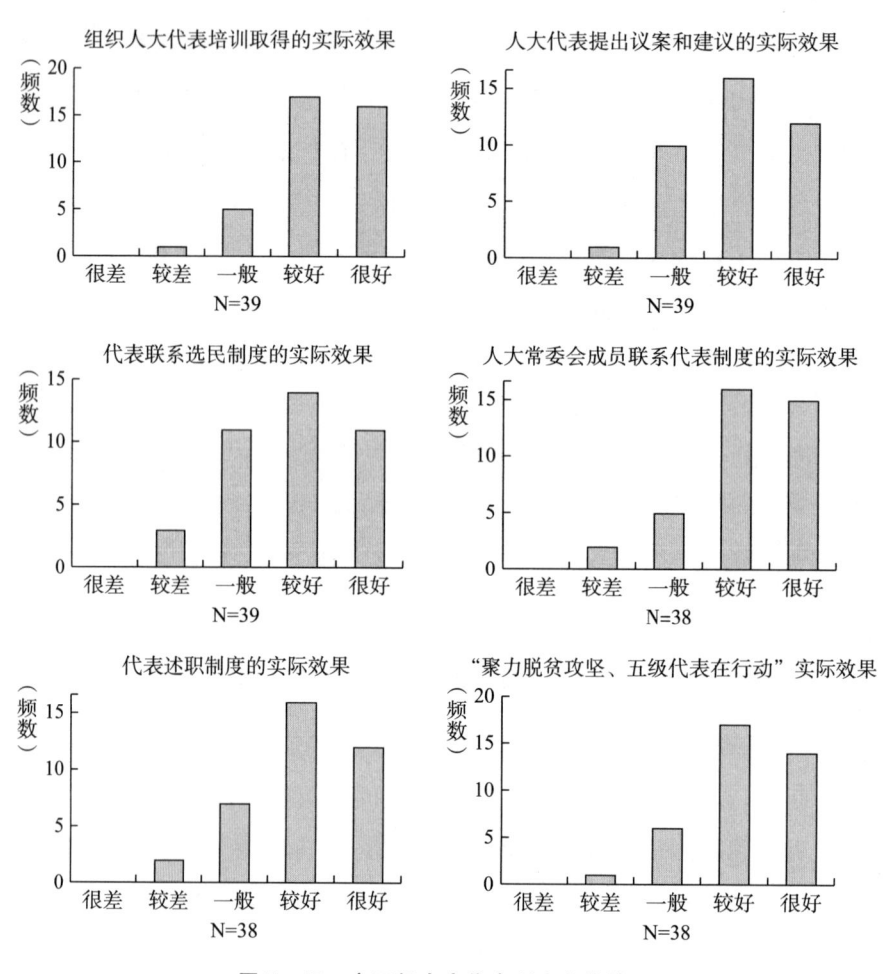

图 7-17 市区级人大代表制度实施情况

发现有84.62%（41.03%+43.59%）的受访者认为"组织人大代表培训"这一制度的实施效果在较好及以上。同时，"人大常委会成员联系代表"（给予较好及以上评价的受访者占81.58%）以及"聚力脱贫攻坚、五级代表在行动"（给予较好及以上评价的受访者占81.58%）这两项制度的开展也取得了不错的效果。但是，在"代表联系选民制度"和"人大代表提出议案和建议"这两项上分别有35.90%和28.21%的受访者表示效果一般和较差，这表明相比于其他几项制度，代表联系选民和代表提出议案、建议方面还存在较多问题。

课题组在问卷的末尾请受访者对市区级人大在促进乡村振兴战略实施中的作用进行评价，图 7-18 反映有 76.32%（29 人）的受访者认为人大对于促进乡村振兴战略实施的作用较大和很大。结合前面的分析，受访者认为市区级人大的促进作用主要是通过监督工作、代表工作和决定工作实现的，这点也在座谈会中得到了体现。

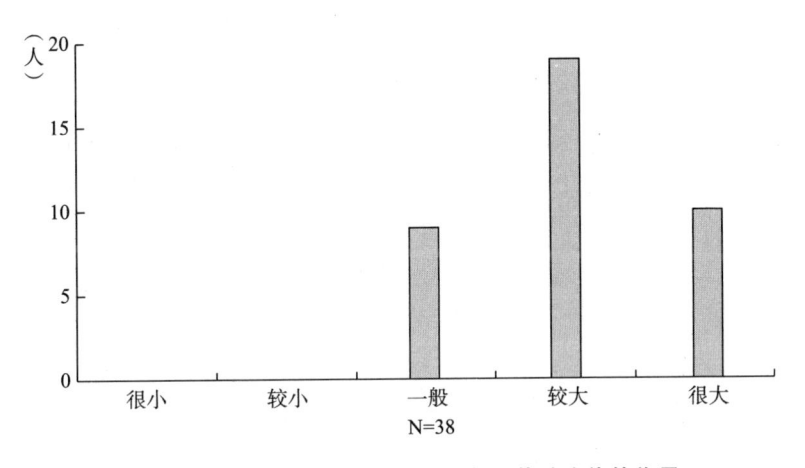

图 7-18　市区级人大对促进乡村振兴战略实施的作用

在座谈会中，当课题组问到"您认为人大在推动乡村振兴战略实施中做得比较成功的有哪些方面"时，受访者普遍表示市人大在监督和决定两方面的工作做得比较成功。例如，"人大经常对乡村振兴工作开展监督，听取市政府相关工作情况报告；作出相关规定，助推我市经济高质量发展、建设现代经济体系"等。在课题组进一步分析当地人大在推动乡村振兴中的代表案例和成功经验时，得到了更为鲜活具体的例子。一名神农架林区的人大常委会委员表示："一是林区人大出台乡村振兴战略实施的决定，代表积极行动，推动林区乡村水电路等基础设施大幅改善；二是人大通过生态环境监督工作，促进了城乡生态环境持续向好，生态保护方面监督力度很大；三是人大对涉及国计民生、社会关注度较大的事项监督力度大，效果好，客观上促进了乡村振兴战略实施。"另外一名武汉市汉南区的人大常委会委员则表示，人大结合本地受涝情况提交的建设泵站的议案，得到了通过，实现了本区域内三大泵站的建设，为本地农业产业发展提供了良好的设施保障。随州的一名人大常委会委员向课题组提供了发展本地特色农业产业的成功经验，市人大非常重视这些经验，作了充分的实地调研，然后向省人大提交议案，推动了随州香菇产业的发展。

二 乡镇人大助推乡村振兴的情况

（一）乡镇人大受访者的情况

图 7-19 和图 7-20 反映了此次调研中乡镇人大受访者的基本信息。

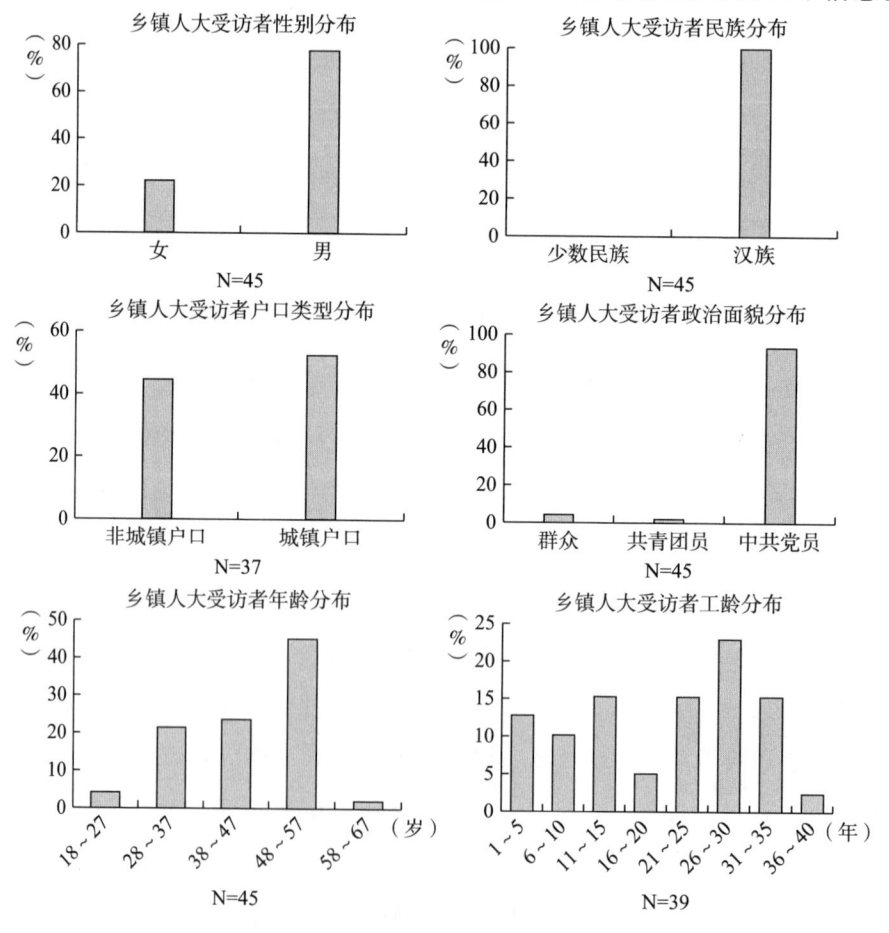

图 7-19 乡镇人大受访者基本情况 1

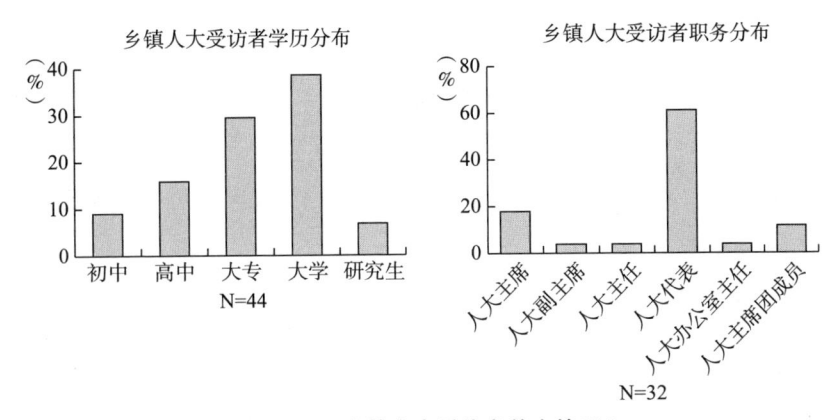

图 7-20 乡镇人大受访者基本情况 2

在性别上，有 77.8% 的受访者是男性；从民族来看，受访者全部是汉族；在户口类型上，有 54.1% 的受访者是城镇户口；就政治面貌而言，受访者中有 93.33% 的人是中共党员；在年龄分布上，有接近 50% 的受访者分布在 48~57 岁的年龄段；有 78.92% 的受访者工龄在 10 年以上；在学历方面，大多数受访者是高中以上学历。可见乡镇人大受访者中大部分是男性、汉族、党员、年龄为 48~57 岁、高中以上学历、工作年限较长的同志。在职务的构成中，乡镇人大受访者多数是人大代表和主席，分别占比 62.5% 和 18.75%。

（二）乡镇人大的基本情况

1. 人事配备和资金配备情况

根据《中华人民共和国地方各级人民代表大会和地方各级人民政府组织法》，乡、民族乡、镇的人民代表大会设主席，并可以设副主席 1 至 2 人；主席、副主席不得担任国家行政机关的职务。此外，《湖北省乡镇人民代表大会工作条例》第二十二条规定，乡镇人民代表大会应当配备工作人员，协助乡镇人民代表大会主席团及主席、副主席开展工作。

在地方人大的人员配备方面，从图 7-21 可以看出，有 53.33% 的乡镇人大受访者表示所在单位配备了专职人大副主席，有 71.11% 的受访者表示配备了专职干事或办公室主任；但是由于人才缺乏，还有接近一半的乡镇人大受访者所在单位没有配备专职人大副主席。这种情况使得乡镇人大主席的任务负担较重，很难兼顾各方面的工作，这在访谈中也有所反映。图7-21还反映了乡镇人大活动经费的配置情况，有91.30%的受访者表示所在人大的活动经费列入了本级财政预算，为乡镇人大活动提供了一定的经费保障。

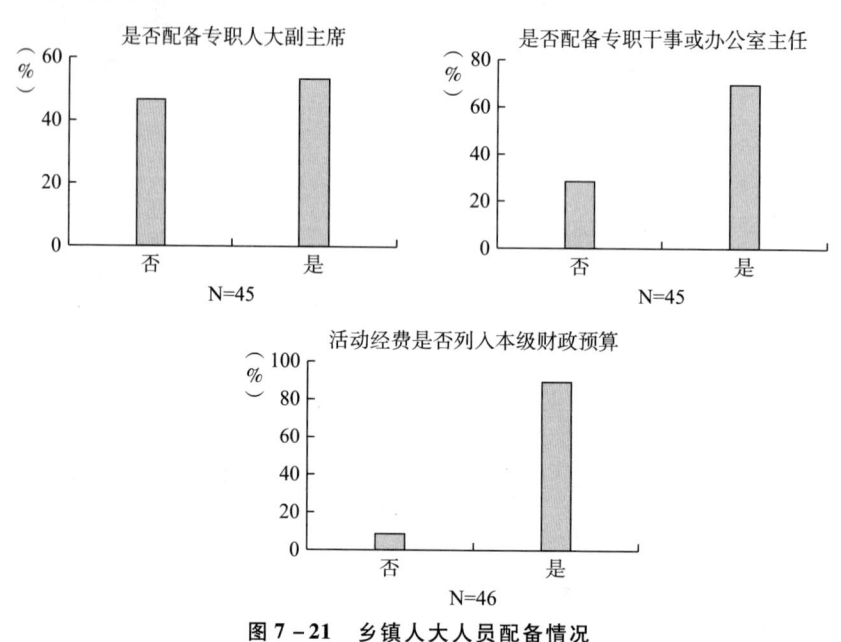

图7-21 乡镇人大人员配备情况

2. 会议召开情况

会议，尤其是乡镇人大主席团会议的召开大概反映了乡镇人大的活动情况。根据图7-22反映的会议召开情况，大部分乡镇人大受访者表示其人大每年召开2次人代会和4次主席团会议。

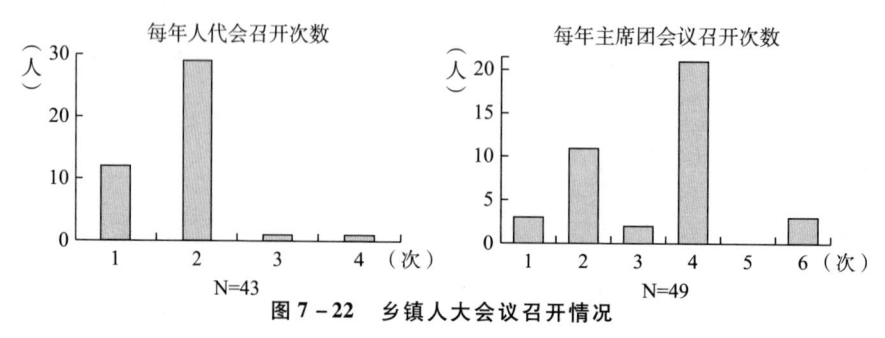

图7-22 乡镇人大会议召开情况

(三) 乡镇人大助推乡村振兴的情况

图 7-23 展示了乡镇人大与乡村振兴战略的衔接程度。从图中可以看出，大部分受访者认为所在乡镇人大与乡村振兴战略的衔接程度在较好及以上，只有约 17% 的人认为衔接程度一般。

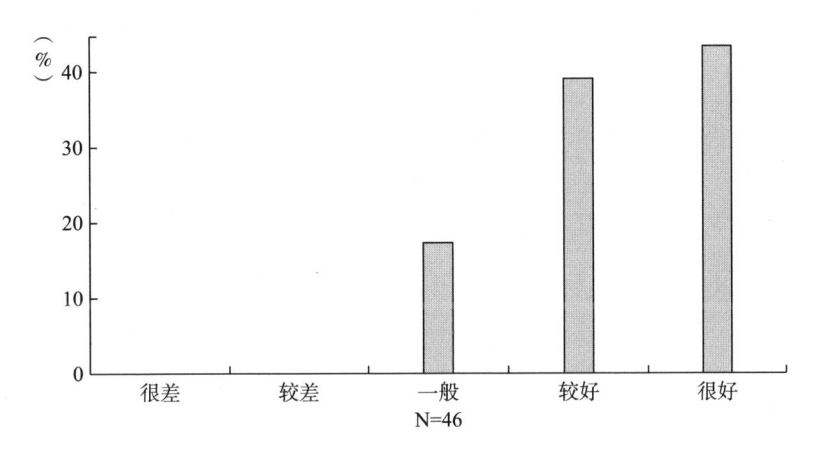

图 7-23　乡镇人大与乡村振兴战略的衔接程度

图 7-24 反映出在乡村振兴战略实施的过程中，受访者对所在人大与同级党委和政府之间的合作程度比较认可。可见，大部分乡镇人大与同级党委、政府有很好的合作关系。

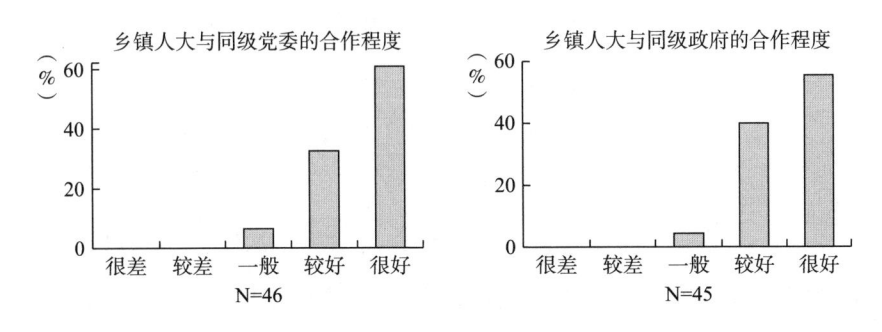

图 7-24　乡镇人大与同级党委和政府合作情况

在乡镇人大对乡村振兴战略"五大振兴"的重视程度上，从图 7-25 中左上边的图可以看出，大部分受访者认为产业振兴是乡镇人大关注度最高的工作，占比为 87.81%。从右上边的图可以看出，大部分受访者认为关注度排名第二的工作是人才振兴和生态振兴。下边的图则表明生态振兴是大部分受访者认为人大关注度排名第三的工作，占比为57.89%。可以看出，与市区级人大受访者一样，乡镇人大受访者最看重的也是产业振兴，其次是人才振兴和生态振兴，再次是文化振兴，最后是组织振兴。乡镇人大受访者作为乡村振兴最直接的实践者和感受者，他们的选择反映了当前乡镇发展的实际需求。

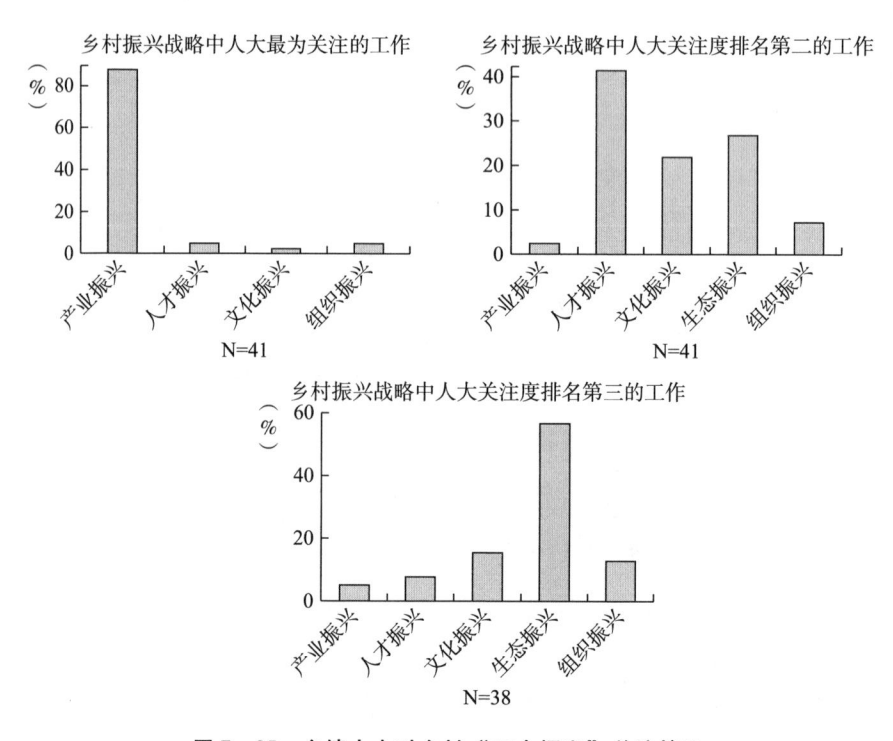

图 7-25 乡镇人大对乡村"五大振兴"关注情况

乡镇人大是如何在乡村振兴中发挥作用的呢？从图 7-26 可以发现，多数受访者认为乡镇人大在乡村振兴战略中发挥作用的工作依次为：第一是监督工作，第二是代表工作，第三是决定工作，第四是任免工作。具体来说，左上图反映出，有 84.09% 的受访者认为乡镇人大最主要的是通过监督工作发挥作用，9.09% 的受访者认为是通过代表工作发挥作用，6.82% 的受访者认为是通过决定工作发挥作用。这与市区级人大受

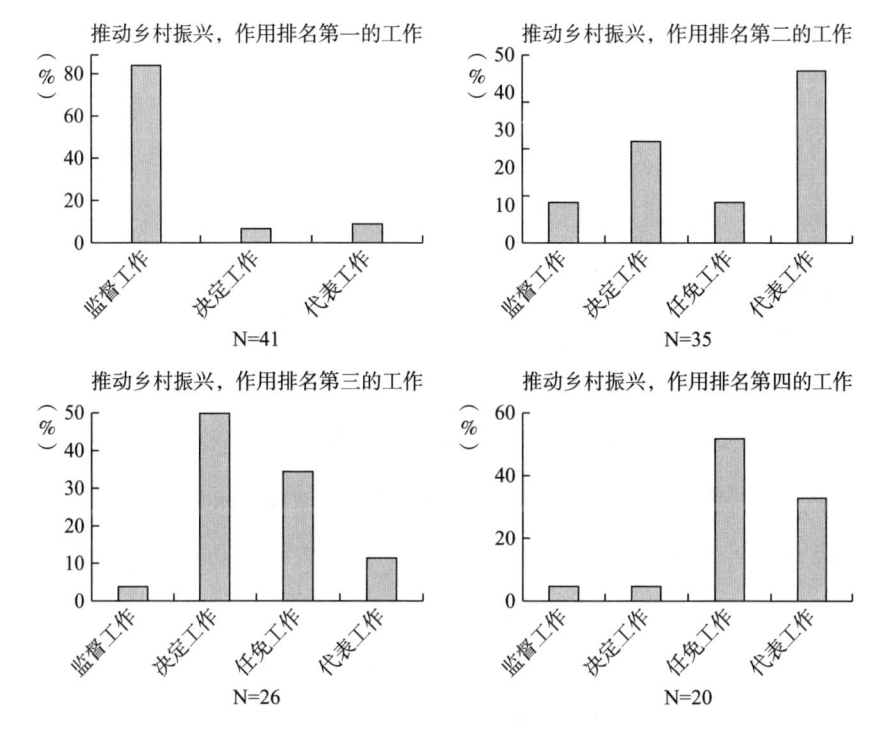

图 7-26　乡镇人大在乡村振兴中的作用情况

访者的结果高度一致。这反映了地方人大在助推乡村振兴战略中的作用机制,即地方人大在乡村振兴战略中主要是通过监督工作发挥作用的,其次是代表工作和决定工作,最后是任免工作。罗田县的一名受访者介绍说,乡镇人大的监督工作主要体现在乡镇人大对政府部门的监督和接待群众来访等。其中对政府的监督包括监督乡镇政府贯彻上级政府的政策、开展视察、审查政府报告、对政府部门进行评议等。接待群众来访包括乡镇人大对群众提出的问题、反映的意见和建议的处理等。

同样,课题组对乡镇人大在乡村振兴中发挥监督作用的情况进行了简要分析。在对政府的监督上课题组同样询问了受访者所在人大听取政府预决算报告和监督政府职能部门意见办理的情况。从图 7-27 中的左图可以看出,大部分受访者所在人大每年听取预决算报告 2 次,平均每个人大 1.5 次。图 7-27 右图展示了受访者所在人大监督政府职能部门意见办理的情况，可以看出绝大部分受访者所在人大每年监督次数1~6次，平均每个人大2.6次。

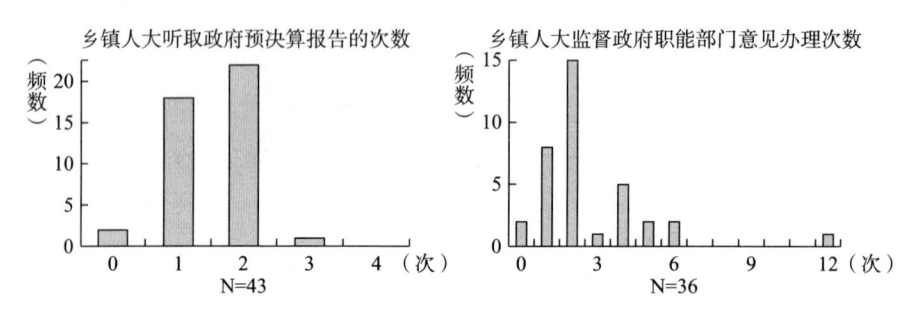

图7-27 乡镇人大监督政府情况

图7-28展示了乡镇人大每年的调研视察情况。左上图显示了每年调研视察企业的情况，右上图显示的是乡镇人大每年调研视察基础设施的情况，下图显示的是每年调研视察生态环境的情况。从图中可以看出，大部分调研视察次数都是在4次及以下，平均来说调研视察企业2.5次，调研视察基础设施2.8次，调研视察生态环境3次。

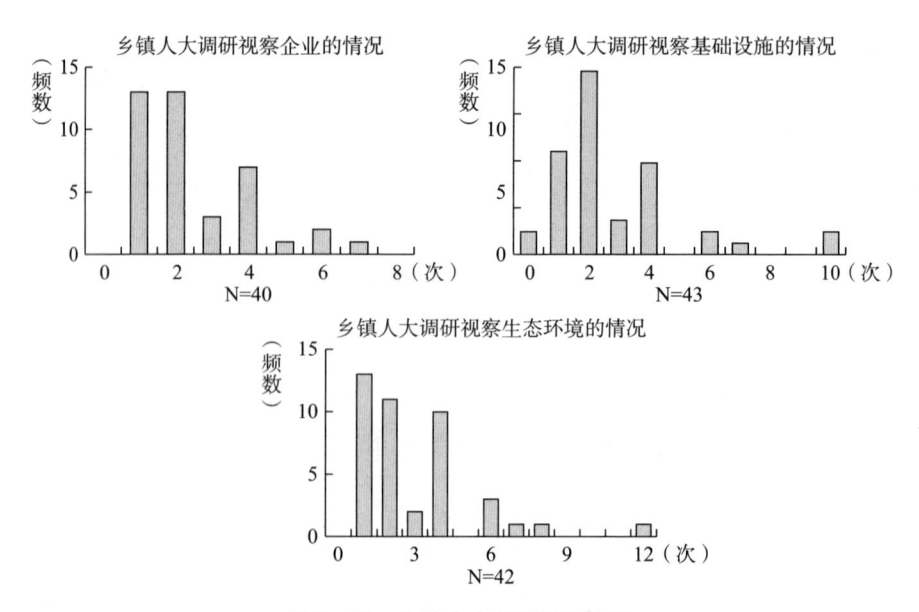

图7-28 乡镇人大调研视察情况

图 7-29 展示了民生项目票决制和乡镇人大在乡村振兴中发挥监督作用和重大事项决定作用的效果。从结果可以发现，这三项的总体效果比较好，其中监督作用的效果在 69.05% 的受访者中有比较好的评价。然而，有较多的受访者认为民生项目票决制和重大事项决定作用的实施效果一般或者较差，分别占比 38.09% 和 35.55%。因此乡镇人大在这两项制度上需要进一步优化和调整。

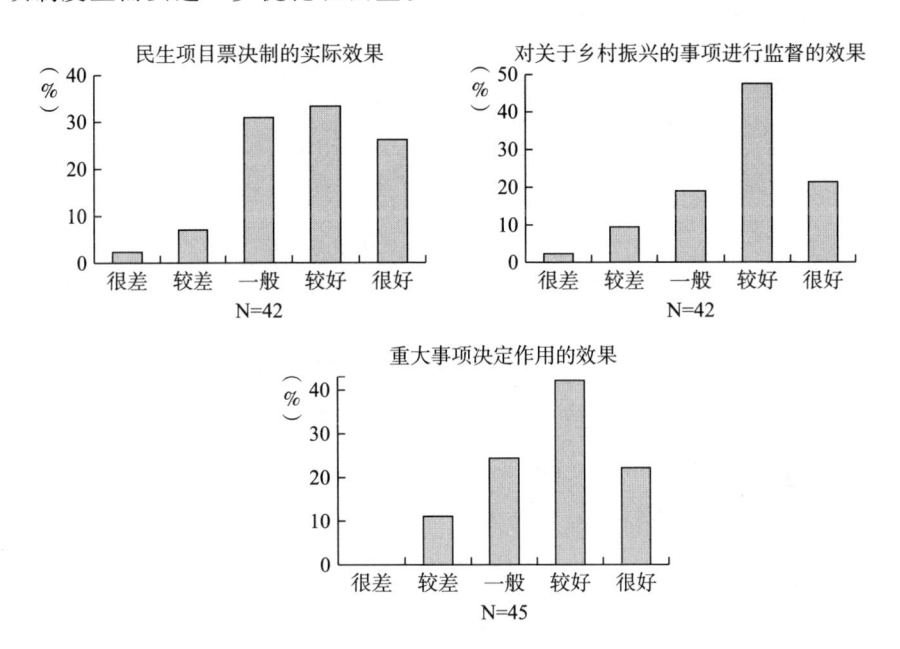

图 7-29 乡镇人大票决制、监督作用和重大事项决定作用的效果

乡镇人大发挥作用的关键是代表工作。在乡镇人大代表的管理和作用发挥上，从图 7-30 可以看出，乡镇人大主席团联系代表的次数以联系 2 次和 4 次的为多。此外，不同地区主席团的联系工作差异较大，最少的联系 1 次，最多的联系 12 次，表明各地乡镇人大主席团对于代表工作的重视程度不同。人大代表联系选民也以联系 2 次和 4 次的代表居多，有少数代表联系选民 6 次以上，个别联系 12 次。总的来说代表联系选民的次数并不算多。从问卷结果来看，代表联系选民的频次较低，乡镇人大代表较难全面和及时地反映群众的问题和意见。有关乡镇人大代表述

职的情况,从访谈中课题组了解到,乡镇人大代表基本上每年述职 1 次。大部分的受访者表示所在人大每次述职的代表数量在 5 人以下。述职时参与的群众数量从 1 到 100 人不等,其中比较多的是 10 人、30 人和 50 人,说明部分地区代表述职时群众参与度比较高。

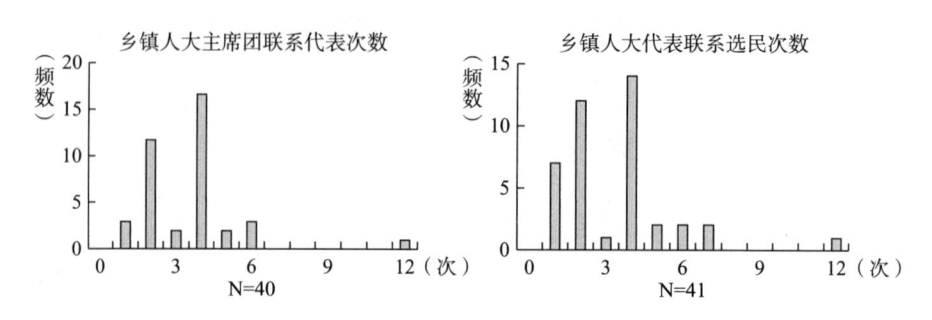

图 7-30 乡镇人大人大代表联系情况

图 7-31 直观地展示了乡镇各项人大代表制度的实施效果。相比于市区级人大受访者,乡镇人大受访者对实施效果的评价较低。从回答的结果来看,只有"聚力脱贫攻坚、五级代表在行动"(图中简称"聚五"行动)这一项有 75.56%(26.67%+48.89%)的受访者给予比较好的评价,其他六项的较好与很好的评价都在 70.00% 以下。其中有 46.66% 的受访者认为"代表小组活动室"效果一般、较差和很差。结果表明乡镇人大代表制度中还有很多制度的实施有待进一步改善。

从图 7-32 可以看出,总体来说受访者认为乡镇人大对乡村振兴战略实施的促进作用是比较大的。但是相对于市区级人大受访者反馈的结果,更大比例的乡镇人大受访者认为促进作用一般。

在对乡村振兴战略中乡镇人大作用讨论的最后,课题组结合对 49 名乡镇人大组成人员的访谈结果,对乡镇人大在推动乡村振兴战略实施中做得比较成功的方面进行了归纳(见表 7-3)。乡镇人大做得比较成功的方面从乡村振兴的角度来看是产业振兴,从人大发挥作用的角度看主要是监督作用。

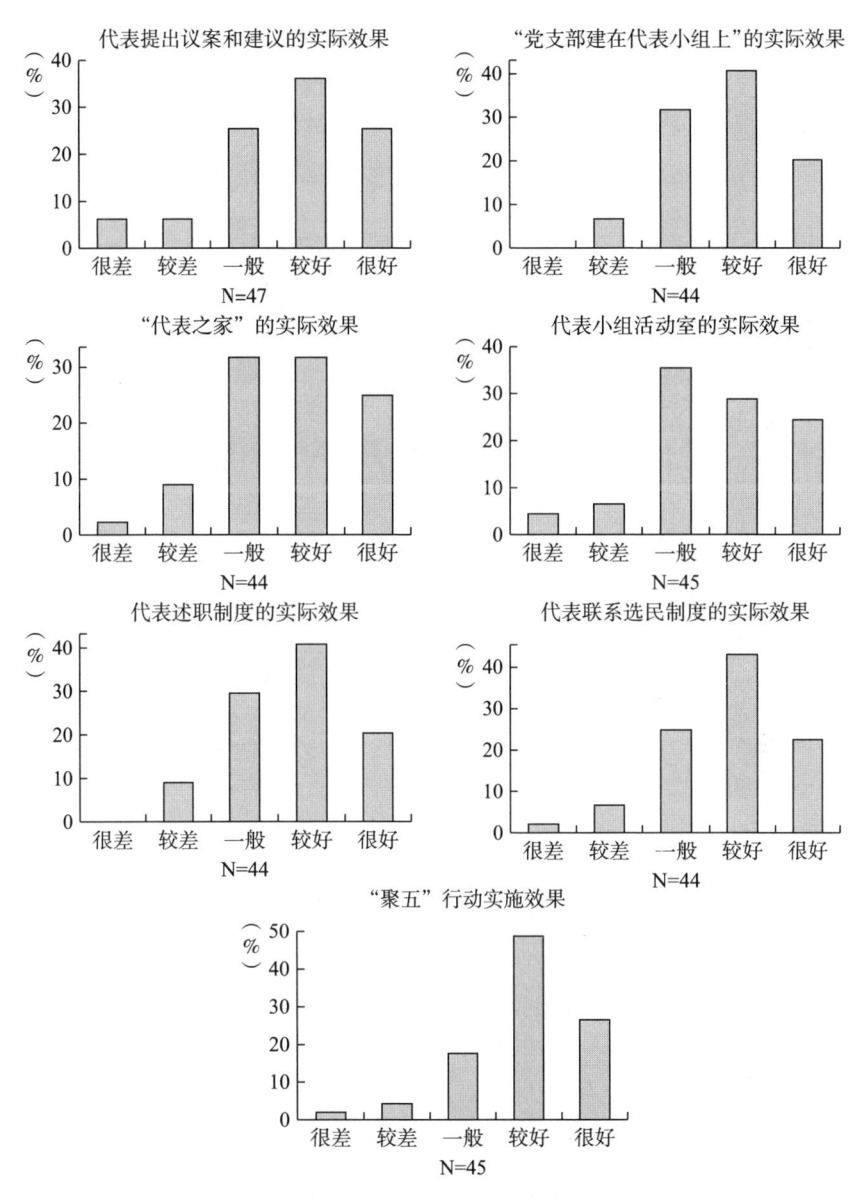

第七章 地方人大在湖北省乡村振兴中的角色 | 253

图 7-31 乡镇人大代表制度实施效果

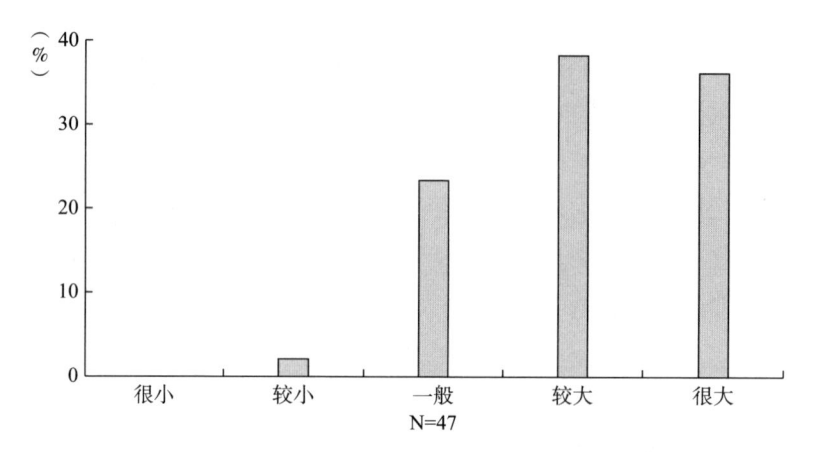

图 7-32　乡镇人大对促进乡村振兴战略实施的作用

表 7-3　乡镇人大在推动乡村振兴战略实施中做得比较成功的方面

(N=28)

	做得比较成功的方面	百分比（%）
乡村振兴	产业振兴	32.14
	生态振兴	14.29
	文化振兴	7.14
	组织振兴	10.71
人大作用	代表作用	35.71
	监督作用	39.28
	宣传	17.86

注：课题组梳理了对 49 名乡镇人大组成人员的访谈结果，归纳出 28 份回答，每份回答涉及多个方面，所以百分比总和不是 100%。

在乡村振兴方面，乡村发展、农民致富始终是乡村振兴中的首要问题，也是乡镇人大首要关注并且致力实现的方面，因此不少乡镇的产业振兴取得积极成效，产生了较多代表案例与成功经验。例如，一名随州代表表示，地方人大通过成立村企合作社推动了村内的产业发展。另一名随州代表则表示，省人大代表、洛阳镇党委书记在省人代会上推介洛阳镇的"印象乡村"建设，使得洛阳镇的乡村建设受到重点关注。还有一名代表表示，经过地方人大和政府的努力，当地创建了扶贫基地，发展香菇产业，2019年成功地建立了邱畈村香菇合作社，并带动了50户贫困户脱贫致富。此外，生态振兴已然成为乡村振兴的重点工作之一，因此人大生态振兴方面的工作也在各地取得进展。比如襄阳市人大便出台了《襄阳市农村生活垃圾治理条例》，以推动当地环境的治理与改善。

在落实乡村振兴战略的过程中乡镇人大主要是通过监督工作发挥作用，其次是代表工作。潜江市一名代表表示，人大在推动乡村振兴战略实施时，调研工作做得很仔细，了解比较深入，进而扎实推动监督工作，充分地体现了人大工作的职责。另外一名潜江市代表向课题组分享了他们的代表工作和监督工作案例：一是乡镇代表走访选民，发现一户农户缺乏养殖龙虾经验，将此情况反馈给政府后，镇政府相关部门送技术资料到农户家里，并上门讲授龙虾养殖知识；二是镇人大组织市镇两级代表视察"三农"工程项目，发现包括规划、监督、材料、施工质量等在内的5种问题，以此形成反馈材料，反馈给镇政府，镇政府沟通施工管理单位，加强了施工质量管理。

成功固然值得欣慰，但一些问题也有待解决。通过课题组对部分市人大常委会组成人员和乡镇人大组成人员的访谈，可以看出，乡镇人大作用有待加强的方面主要包括自身建设（人才缺乏）、监督作用和决定作用三方面（见表7-4）。自身建设方面主要包括人才的数量和质量。数量上乡镇人大人手不够，多数成员身兼数职，在乡镇人大工作上投入不够；质量上人大代表素质有待提升，部分代表缺乏代表意识，履职不到位。人大监督工作存在的问题主要在于发挥力度不够，在督促政府项目落实时，不少项目雷声大、雨点小，项目没有落到实处。决定工作的问题主要在于对重大战略规划的决定作用有待加强，乡镇人大决定权不能"形式化"。

表 7-4　乡镇人大发挥作用有待加强的方面

(N = 24)

有待加强的方面	百分比（%）
人才缺乏	37.50
代表履职	16.67
人大监督作用	29.17
人大决定作用	8.33
其他	8.33

针对这些问题，受访者在问卷中认为后续工作中需要加强的方面有：加强乡镇人大人才队伍建设，加强代表履职的经费保障；进一步强化乡镇人大的监督作用，多组织专题视察和调研，对项目实施全程监督，推进项目的落实；人大代表要提高自身思想素质，多深入基层倾听群众意见，以便向人大和政府提出切合实际的建议。

第二节　村民在乡村振兴战略中的基本情况

本节对村民问卷进行分析，目标是呈现村民对地方人大、乡村振兴战略以及地方人大为该战略实施所做的工作的认识。因此本节主要包括受访者基本情况、受访者对地方人大的认识和受访者对乡村振兴战略的认识这三部分。

一　受访村民的基本情况

图 7-33 反映了受访村民的基本情况。从图中可以看出，62.9% 的受访者是男性，受访者全部为汉族，7.8% 的受访者是城镇户口，受访者平均年龄为 43 岁。此外，大部分受访者的受教育程度为初高中学历，大部分受访者的政治面貌为群众。从数据中可以看出，受访村民大多年龄较大、学历较低。

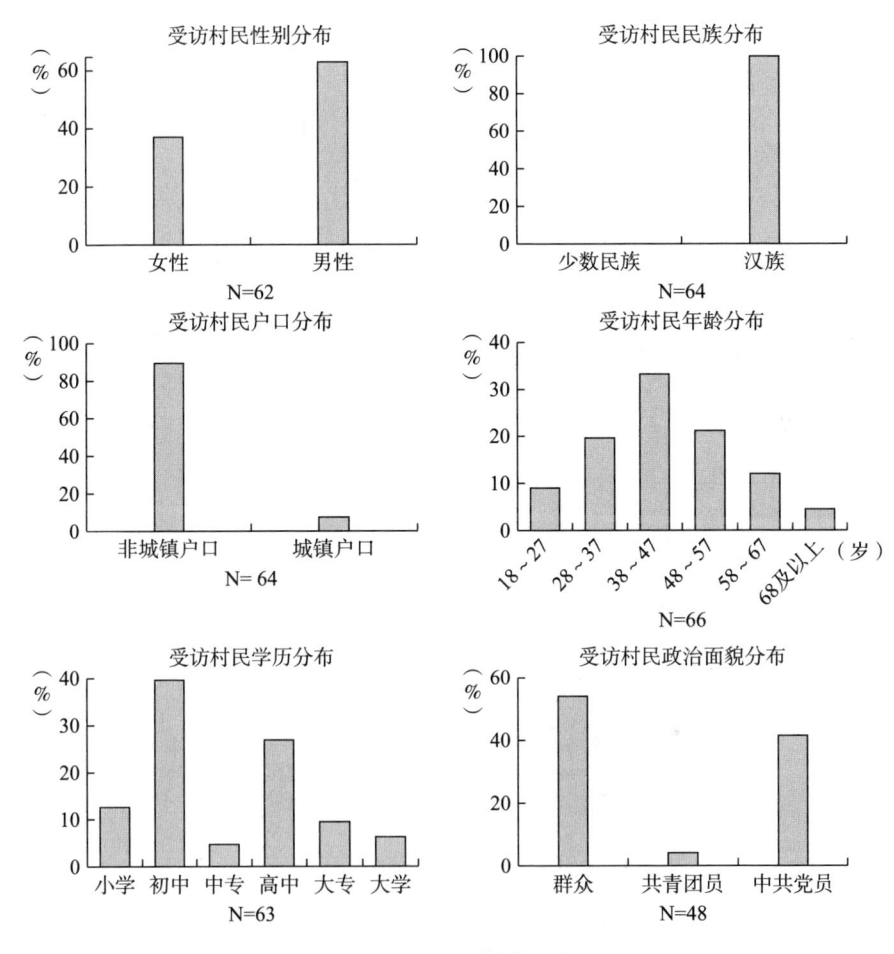

图 7-33 受访村民基本情况

二 受访者对地方人大的认识

相较于地方政府和基层自治组织，地方人大很少直接执行政策或者解决群众问题，更多地通过收集、反映问题，并监督政府办理的方式来间接维护群众利益，因此村民对于地方人大的认知水平是课题组需要了解的。

职权是地方人大作为权力机关维护和实现群众利益的手段和保障。在村民对地方人民代表大会的职权认知方面，从图 7-34 可以看出，村民最了解的地方人大职权是监督工作，了解此项职权的人占88.52%；其次是讨论和决定本行政区域内的重大事项的职权，了解此项职权的人占80.65%；再次是制定和颁布地方性法规的职权和选举、罢免本级国家机关领导人员的职权，了解此两项职权的人分别占62.71%和61.02%；最后是具体"执行"某项决议的职权，[①]了解此项职权的人占18.61%。总体来说，50%以上的村民了解地方人民代表大会的四项基本职权，其中了解监督和决定职权的最多，这与前面所述地方人大的作用机制一致。

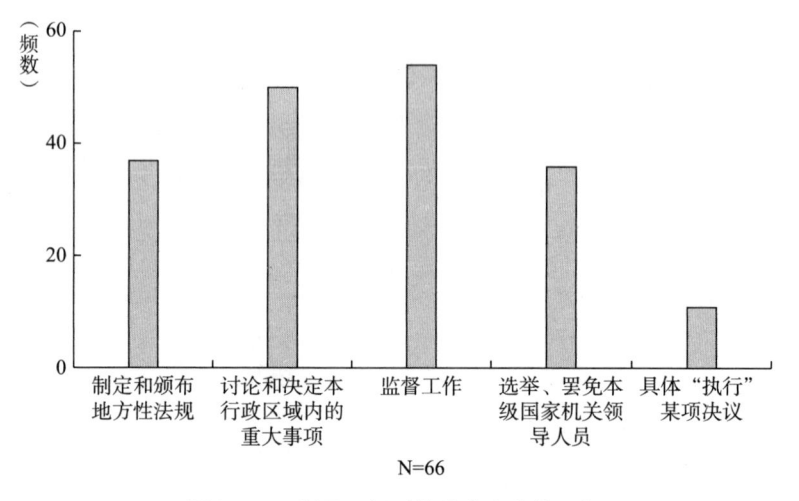

图7-34 村民了解到的地方人大的职权

村民对地方人大的作用的看法既反映了村民相关的知识水平以及对地方人大作用的期望，又反映了地方人大作用发挥给村民留下的印象。图7-35反映了村民对地方人大在实施乡村振兴战略中的作用的看法。由图可见，在村民眼中，乡镇人大在实施乡村振兴战略中的作用排序是收集群众意见、监督相关落实、提出相关议案、决定相关事项、"执行"有关决议[②]、进行相关立法。这与前面讨论的地方人大在乡村振兴战略

---

① 这里"执行"指的是人大机关的工作人员，参与到决议的执行过程中，而非指人大机构作为主体去执行决议。
② 这里"执行"指的是人大机关的工作人员，参与到决议的执行过程中，而非指人大机构作为主体去执行决议。

实施中发挥的作用排序，以及村民对地方人大职权的了解排序大致上一致。但是，村民对监督作用（监督相关落实）和代表作用（收集群众意见）的排序与地方人大受访者的观点有所不同。这可能由于在乡村治理中，村民更多地接触到地方人大的代表工作，因此对于村民来说地方人大的代表作用排在第一，监督工作排在第二。

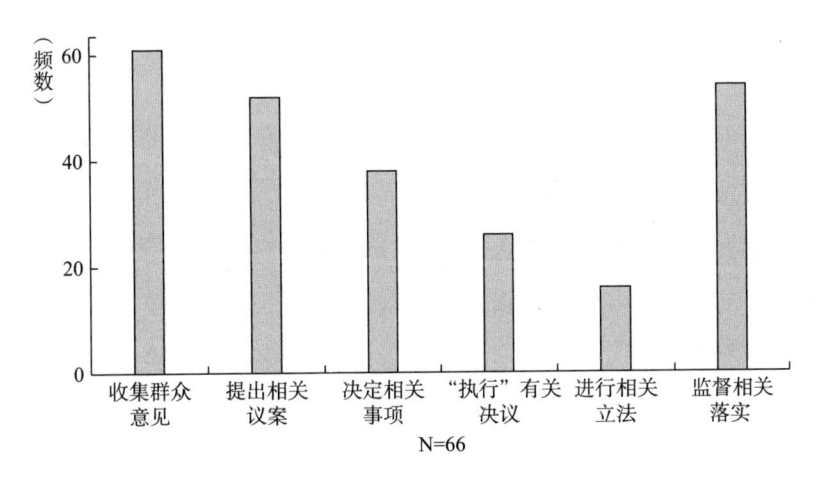

图 7-35　村民了解到的地方人大在实施乡村振兴战略中的作用

图 7-36 反映了村民对地方人大代表在实施乡村振兴战略中应当发挥的作用的看法。总的来看，对于人大代表应当发挥的各项作用，都有

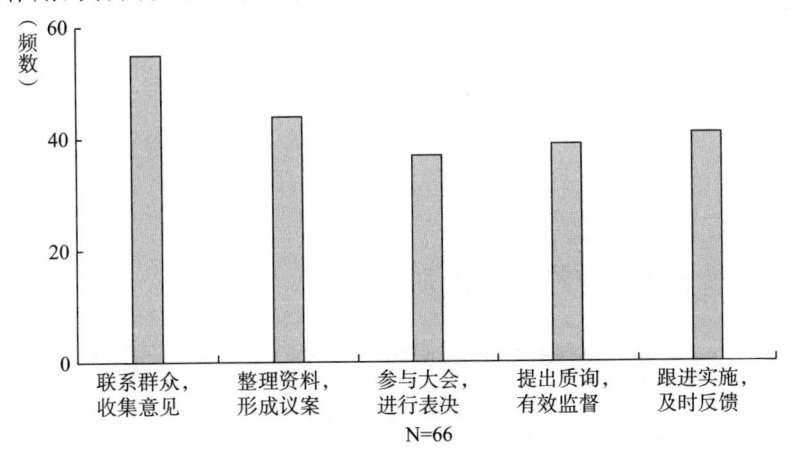

图 7-36　村民对地方人大代表在实施乡村振兴战略中应发挥的作用的看法

超过50%的受访者了解并认同。可能由于村民们更多地接触到人大代表,因此对于地方人大代表的职权更为了解。具体而言,认同人大代表应当发挥"联系群众,收集意见"的作用的村民受访者最多(87.3%),接着是"整理资料,形成议案"和"跟进实施,及时反馈"作用,与村民对地方人民代表大会的期望是一致的。此外"联系群众,收集意见"这一项的高度认同表明村民希望人大能够更多地深入基层与群众联系,将他们的意见及时反映。

根据图7-37,在村民是否联系过人大代表并反映问题方面,只有43.08%的受访者表示联系过。在是否认识乡镇人大主席方面,有71.21%的村民受访者表示认识乡镇人大主席。课题组在统计分析中发现,联系过人大代表的村民几乎都认识乡镇人大主席,不认识乡镇人大主席的村民几乎不联系人大代表。这也从另外一个角度印证了乡镇人大主席在乡村治理中的重要位置。如何选优配强乡镇人大主席是基层人大工作的重要课题。要加强乡镇人大主席和村民们之间的联系。

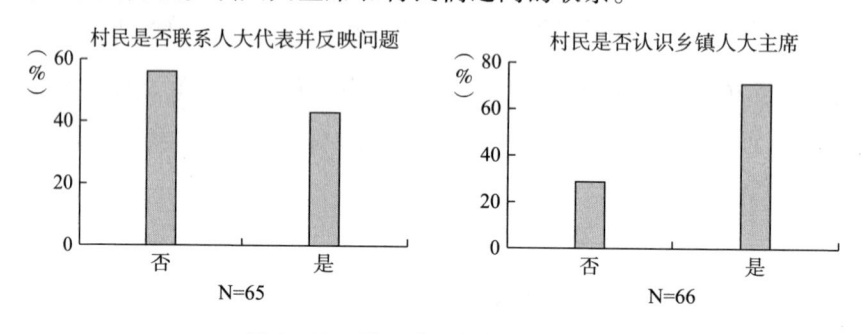

图7-37 村民联系乡镇人大的情况

三 受访者对乡村振兴战略的认识

根据图7-38,有68.25%的村民受访者表示对乡村振兴战略了解,12.70%的受访者非常了解,14.29%的受访者表示一般了解,4.76%的受访者表示完全不了解。可见村民对于关系自身发展的国家战略和政策是比较关注的。此外这也反映出基层政府、人大等对于国家政策的宣传比较到位。

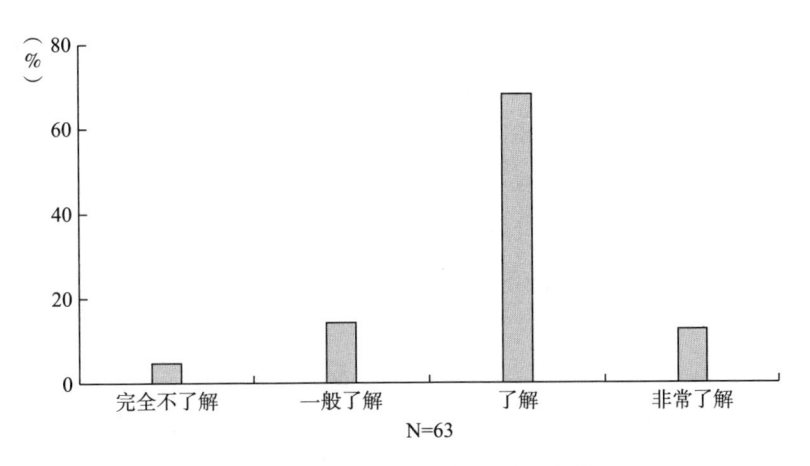

第七章 地方人大在湖北省乡村振兴中的角色 | 261

图 7-38 村民对乡村振兴战略的了解情况

从图 7-39 可以看出，村民对乡村振兴战略的主要了解途径是收听、观看新闻等相关媒体报道，接着是浏览政府有关部门官方网站和通过他人讲述。还有 29.8% 的人通过其他渠道，主要是村级会议，来获得信息。可见媒体在乡村振兴中发挥着主要的宣传作用，同时其他的宣传渠道也发挥着一定的补充作用。

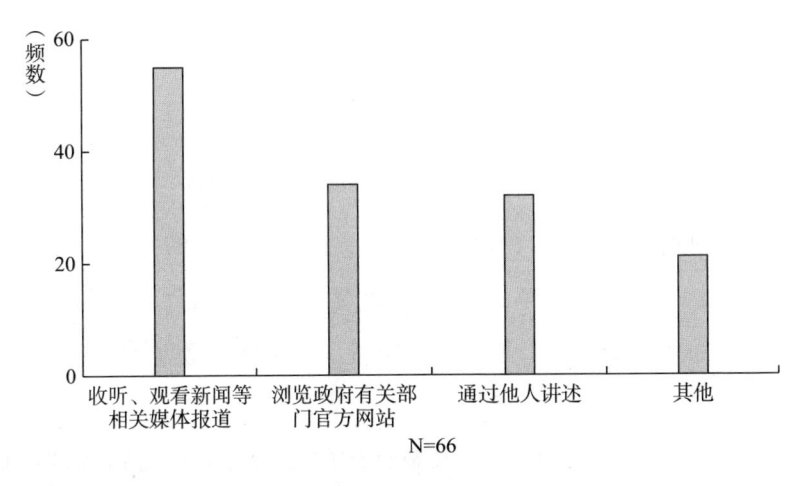

图 7-39 村民了解乡村振兴战略的途径

图 7-40 展示的是村民对乡村振兴战略总要求的看法。大部分村民认为产业兴旺是最重要的，生态宜居和乡风文明是第二重要的，生活富

裕是第三重要的。从结果中可以看出,村民普遍意识到产业兴旺对于乡村振兴的作用,与此同时也比较重视居住环境和乡村文化建设,而生活富裕是排在末尾的。这反映出新时代的村民不仅是从微观上追求生活上的富裕,而且是更多地从整体上看乡村的发展以及发展的可持续性。

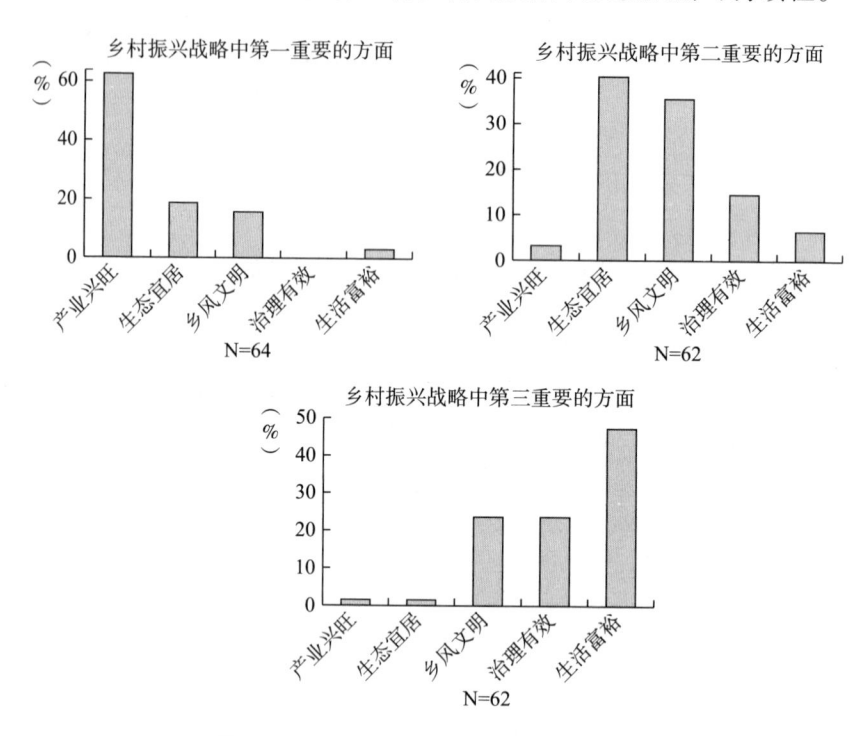

图 7-40 村民对乡村振兴战略工作的看法

在村民对地方人大出台的落实乡村振兴战略的决议的了解上,图 7-41 反映出有一半以上(52.38%)的受访者表示了解。潜江市的村民受访者表示对"美丽乡村建设""基础设施完善""农村环境整治""发展农村产业"等方面的决议有所了解。随州市的受访者表示了解"印象乡村""脱贫攻坚"等方面的决议。神农架林区的受访者对乡村振兴战略的内容有所了解,同时表示当地已经出台了具体的决议,正待落实。武汉市汉南区的受访者对汉南区建设泵站、集并留用地等具体决议有所知晓。这都表示地方人大对关于乡村振兴战略的政策决议的宣传比较到位,同时村民也确实从决议的落实中看到了变化和享受到了福利。

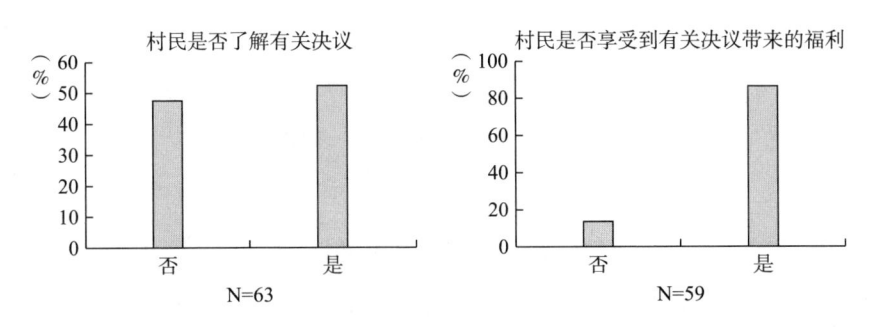

图7-41 村民对乡村振兴战略有关决议的了解情况

图7-41表明有86.44%的村民受访者表示从地方乡村振兴战略的有关决议中享受到了福利。例如，潜江市的很多村民表示当地通过农村基础设施建设，包括乡村路面硬化、亮化和农村环境治理，为村民打造了出行方便、环境优美的宜居空间，提高了农民的生活质量。随州市的村民则表示"印象乡村"项目的实施为村民们带来了诸多好处，包括"环境整治，农户房前屋后卫生状况改善，村内变美变整洁，游客变多，农家乐生意好起来"；"读书有生活费补贴"和"通村、通湾公路便利了出行"等。当地还通过脱贫攻坚战使大部分农户摆脱贫困，极大提高了当地农户的生活水平。武汉市汉南区的村民认为，在当地人大的推动下当地取得了诸如"改扩建了区域内的泵站，进行了农村电网改造，对社区提档升级，建设了高标准农田，污水进行了集中处理"等看得见的成效。这反映出湖北省乡村振兴战略的实施在一些地区取得了比较好的成效。

在被问到"对当地人民代表大会推进乡村振兴战略的实施还有哪些建议"时，村民回复说，建议主要涉及地方人大职能和乡村发展两个方面。在地方人大职能方面，相当一部分村民对当地人民代表大会提出了监督相关政策落实的建议，例如"建议当地人民代表大会对乡村振兴战略推进加强监督""监督地方政府把乡村振兴战略落到实处"等。这说明上层规划设计是符合乡村发展需求的，但是在村民看来政府落实还存在问题。

在乡村发展的问题上，有一部分村民表示应该因地制宜，结合本地区实际来开发。地方要充分利用本地资源发展乡村产业，壮大集体经济。"授人以鱼不如授人以渔"，有受访者认为要多向村民传授种植、养殖等创收技术，发展乡村生产力，调动村民积极性，提高乡村发展的内生动力。有受访者在生产中感受到了当前土地制度的不适用问题，提出要"加快农村产权体制改革，完善土地流转法规""盘活农场土地资源"等。此外，乡村环境整治也成为村民们关注的问题，有受访者表示要从娃娃开始培育环保理念，动员全民参与环境保护，"保护青山绿水"。还有部分村民则提出乡镇代表要多深入基层，倾听民声，多关注失地农民等各项问题。

第三节　调研发现

为更全面了解受访者对地方人大和乡村振兴战略的认识，课题组在问卷末尾询问了地方人大受访者关于地方人大当前取得的成就、存在的问题和在助推乡村振兴战略实施过程中的经验等方面的问题。课题组还向村民受访者询问了他们感受到的乡村振兴战略的成果和对地方人大未来工作发展的期望。接下来课题组将从地方人大和村民两个角度对问卷末尾获取的信息进行分析。

一　地方人大

（一）经验

1. 地方人大建设成效

（1）合理的权力结构。在地方人大的权力结构上，市、县（区）和乡镇这三级人大在立法权、监督权、决定权、任免权这四项权力的行使上与全国人大和省级人大有所不同。地方人大更多地通过监督权和决定权的行使发挥作用,这与权力行使的成本、周期有关。任免权的行使有一定的周期而且人事变动也并不频繁,所以行使较少;此外市县(区)乡这三级人大也没有太多的立法空间,一般是根据省级人大的立法出台相应的地方法规或者决定。因此充分发挥监督权和决定权是市县(区)乡三级地方人大的优先事项。

(2)有效的作用机制。地方人大在乡村振兴战略的落实中首先是通过监督工作发挥作用,其次是代表工作和决定工作,最后是立法工作和任免工作。监督工作在地方人大的工作中发挥着最重要的作用,发挥空间大,形式多样而且效果好。地方人大可以通过开展执法检查和工作监督等各种形式监督政府,并及时发现区域内乡村振兴战略实施中的问题。执法检查主要包括对本区域内宪法、法律、地方法规等的执行和遵守情况进行检查;工作监督是指人大通过听取和审议"一府两院"的工作报告、审查和批准预算、听取地方发展规划等方式对"一府两院"的工作进行全方位的监督,确保乡村振兴战略顺利实施。代表工作和决定工作紧随其后,代表工作极大地支撑和丰富了地方人大的工作,正如课题组在调研结果中所展现的,地方人大通过代表制度建设和"聚五"行动、"代表小组"等活动完善了地方人大的代表工作。大部分人大代表不负重托深入乡镇一线联系当地村民,既体察村民个体的难处,同时又能从大局出发针对乡镇实际情况提出相应的建议和意见,因此村民们对人大代表是最熟悉的,对代表联系群众,收集意见并提出相关议案抱有非常大的期望。决定作用主要体现在重大事项决定权,是人民当家作主的重要体现。

(3)地方人大组织建设由虚变实。不管是市人大常委会主任、区人大常委会主任还是乡镇人大主席,都实现了专职化,尤其是乡镇人大主席以前由党委书记或副书记兼任,现在则已全部实现专职化。他们除了不得兼任国家行政机关职务外，一般也不得兼任同级党委的职务。大部分乡镇人大还配备了专职副主席、干事。有条件的地方还设立乡镇人大的办公室，有专人理事。乡镇人大的活动经费、会议经费、选举经费实报实销，代表的误工补贴也依标准得到保障。

（4）地方人大会议制度更加规范化。乡镇人民代表大会会议每年举行两次的规定基本落实，开会时间和会期大致固定下来。新设立的代表小组每季度举行一次会议。以上各种会议在省人大常委会的指导下，健全了议事规则，创新了议事形式，完善了审议程序，会议质量明显提高。

2. 乡村振兴经验

（1）产业、生态是重点振兴的方面。乡村振兴战略涵盖经济、政治、文化、社会、生态文明等方方面面，是一个长期战略，是一个环环相扣、层层递进的过程。尤其是与乡村振兴战略总要求一脉相承的乡村"五大振兴"，任务繁重，要明确主攻方向才能有效实现。根据调研，地方人大对"五大振兴"发展顺序的共识是产业振兴、生态振兴、人才振兴、文化振兴和组织振兴。产业振兴是基础，只有推动乡村产业发展，让农业成为有效益、有奔头的产业，让农民成为有发展、有吸引力的职业，才能让农村留得住人，使农村成为产业兴旺、生活富裕、人人向往的家园。生态振兴是内在要求，自然生态是乡村最宝贵的资源和最天然的优势。实现生态振兴包括开发和保护两方面，一方面几乎所有地方人大都开始采用保护、整治、教育等多种方式来实现乡村生态的保护和优化、改善；另一方面地方人大也注重开发，推动资源增殖。课题组的调研发现，几乎所有乡村振兴工作做得比较好的地方都注重本地资源的开发利用，只有根植于乡土的乡村振兴才是真正的乡村振兴，依靠财政拨款的乡村振兴只是阳光下的泡沫，短暂且脆弱，难以避免乡村返贫的问题。"香菇龙虾茶叶村，乡愁记忆古村落"是调研中利用乡土资源培植发展优势的典型。

（2）规划先行。乡村振兴，规划先行是地方人大的共同主张。各乡有各情，自然资源、风土人情既是乡村振兴的优势也是制约因素，要结合实际制定规划，扬长避短创造机会。根据调研，规划应当具有独特性、专业性、可行性和持续性。在独特性上，咸宁市咸安区的一名受访者就表示："乡村规划是不可复制的，应该体现乡村的独特性，规划要由人大审议、批复，特别注重过程，不能程序化，也不能乱批，应该严肃。"如果一村一品的要求略显高的话，那么一乡一品应当是标配。专业性指专人做专事，规划的制定应当由专业机构和人员来负责，避免盲目发展。武汉市东西湖区在制定规划的过程中就请了武汉市规划院和上海市某集团进行规划，投资180亿元，打造了3个特色小镇和7个美丽乡村。可行性指规划的可操作性，规划一旦制定必然付诸实施。持续性指规划的可持续性，乡村振兴是一个长期的战略过程，规划的制定必然要立足全局、眼光长远，避免"一朝干部一规划"现象。总之，市级人大、县（区）级人大、乡镇人大不同程度地行使着决定权和监督权，对规划的制定和实施进行把关。

（二）存在的问题

1. 人大作用发挥程度有限

地方人大虽然探索出了比较合理的权力结构和作用机制，但是在结构和机制的作用发挥上受到以下几个方面的制约。

一是监督难。监督工作虽然在地方人大的工作中发挥主要作用，也能够取得比较好的效果，但是依然存在监督难的问题。地方人大监督主要是对资金和工作的监督。在资金方面，由于政府一般年底才做资金使用情况的报表，因此很难实现人大对财政资金的跟踪监督。在对工作的监督上，人大主要是通过会议、调研等方式来进行，对于很多周期长、涉及部门较多，并且分阶段实施的工作很难实现具体的监督。

二是决定难。首先，地方人大的决定范围有限，根据法律规定，地方人大的决定权指"对区域内国家生活中的重大事项做出具体的规定并对行为做出明确规定的一种权力,这种权力具有法律约束力"。① 可见地方人大只是对地方重大事项作出决定。其次,地方人大经常面临要维护群众利益但执行困难的难题,地方人大的决定有时候涉及群众呼声极高,要求执行,但是落实困难的事项。最后,地方人大决定工作的专业性,导致地方人大决定难。很多决定工作涉及专业的领域,对工作人员有很高的专业要求,这对人才资源稀缺的地方人大尤其是乡镇人大来说比较困难。

三是代表履职难。乡镇人大代表不仅仅是联络员,更是战斗员,既要做群众和机关的沟通桥梁,又要奋战在乡村建设的第一线。在课题组调研中,部分受访者表示代表没有意识到代表身份所承担的责任,履职不积极、不到位,具体体现在以下几个方面。首先,人大代表联络群众不积极,由于代表一般是兼职,平时很忙,因此联络次数不够多。其次,有的代表水平有限,难以从表象中洞察问题的本质和根源,提出的建议、意见和议案的质量不够高,办理的效率比较低。最后,代表在实际中更多地承担着传达者的角色,缺乏带头人应该做到的对乡村建设的全身心投入。

2. 振兴的实现面临困难

乡村振兴不是纸上谈兵,实施起来有不少困难,地方人大助推乡村振兴中主要面临以下几个难点。

一是规划持续难。在调研中,有很多区县和乡镇都表示,人大根据当地情况制定了相应的发展规划,规划实施后却出现新的问题,导致规划难以继续实施。例如有的地方为了发展集体经济进行乡镇集并,让村民聚居在楼房,但是由于村民的生活习惯难以改变,村民不适应楼房生活,劳作需求得不到满足,出现了小区难管理,村民返回老屋居住的情

---

① 刘昆章等编著《地方人大制度建设研究》,湖南人民出版社,1998,第127页。

况。此外规划还受到资金限制。

二是产业振兴难。乡村振兴的问题很大程度上是产业振兴的问题。乡村的可持续发展依托于乡村的产业发展。很多受访者反映,当前乡村产业发展项目虽然在短期内取得了诸多成效,但是大都依赖于政府财政拨款。如果产业不能激活并实现市场化运转,乡村产业发展将难以持续。首先,乡村产业的振兴主要靠发展旅游业和特色产业,而这两项产业发展往往依赖于先天的自然地理条件,如果没有这些条件则发展困难。其次,农业发展资金需求量大但是见效慢,因此融资困难。

三是人才振兴难。人才振兴是乡村振兴的保障和动力,但是几乎所有受访者都表示农村人才振兴难。人才振兴与当地经济发展互相依赖,经济发展好更能够吸引人才,然而没有人才经济发展好不了,因此农村人才振兴与产业振兴陷入了一个怪圈。课题组整理调研材料得出结论,乡镇人才问题表现在两个方面。首先是本地人才少。具体体现在很多乡镇的党和国家机关人不够、能人少。乡镇国家机关尤其是政府、人大是乡村振兴的领导者和排头兵,但是乡镇国家机关很难引进领导型和专业型的高素质人才,这影响了乡村工作积极有效地开展。此外由于缺乏高素质人才,很多乡村工作只能按部就班开展,当地解决问题的自主性和能动性不够。另外,人才振兴乏力还表现在缺乏愿意投身到乡村建设中的专业人才,本土能人少并且乡镇人才外流现象依然比较严重,乡村出现"空心化"。课题组在调研中发现一个反映突出的问题,就是乡镇村干部的待遇问题。乡村干部肩负着带领村民发家致富的重任,但是现有的省内村干部待遇条件缺乏激励性,哪怕吸引了青年人才也留不住。罗田县的一名受访者就提到贫困农村人才的普遍现状:"本村的年轻人不愿留在村里,同时又缺少条件吸引人才下乡。"其次是从外引进人才难。由于乡镇经济水平、基础设施建设水平普遍低于城市,发展前景也不如城市,人才引进困难,这进一步导致乡村建设者积极性难以提高,因此哪怕一些乡镇有资源、有项目，也因为缺乏相关的专业人才，资源得不到有效利用，项目的开展也难以持续。

（三）发展方向

1. 进一步加强自身建设

地方人大自身建设包括三个方面的内容，首先是权力机关建设。地方人大要强化监督权、决定权的发挥。监督权是地方人大参与乡村治理和助推乡村振兴战略实施的一大利器，在工作中要强化地方人大的监督作用，重视对生态环境、产业发展、政府部门工作的调研视察；要做好前期调研，加强与"一府两院"的沟通，通过传统媒体与新媒体公开工作评议实施情况，增强人大监督的透明度，提升民众对地方人大的信任度。决定权也是地方人大权力建设的重点。地方人大除了强化对规划、预算等重要文件的决定监督，还可以通过实施民生实事项目人大代表票决制等，真正做到反映民意，以人为本。

其次是代表机关建设，地方人大尤其是乡镇人大要高标准建立代表之家，根据不同条件，落实"八有""十有"标准，明确代表之家的职责、制度和计划，规范受理、落实、跟踪、反馈的工作步骤，增强代表活动的计划性，落实人大代表的履职管理。此外，地方人大要重视并规范代表联系群众制度，要把代表联系群众工作列入重要日程，结合乡镇人大实际，制定代表联系选民制度细则、述职制度细则。地方人大代表可利用微信等新型社交平台，及时了解民情民意。

最后是队伍建设，按要求配齐班子，实现地方人大常委会委员或乡镇人大主席的专职化、专业化、年轻化。队伍建设细化为思想建设、队伍建设和能力建设三部分。思想建设旨在通过讲座、会议等各种形式，提高地方人大队伍思想素质。队伍建设指要配备专职人员，改变一人多职的现象，配备具有专业知识背景和相关经验的人员，摒弃把到人大机关任职当作临退休干部提高职务级别的途径的做法。能力建设包括增强学习能力、专业能力、执行能力和改革创新能力，为此地方人大要完善培训和考核制度。地方人大要积极开展培训，组织代表进行技能学习，提升代表的履职能力和专业素质。此外，地方人大还要进行有效考核，针对岗位要求和培训内容设计科学公正的考核制度，既要能反映人大工作人员的学习成果，又要能提高人大工作人员的执行积极性、创新性。

2. 助力乡村振兴

地方人大助力乡村振兴要做到内外结合，对内要充分掌握区域内乡村发展的优势和短板，对外要密切结合国家政策，积极接触、联系外部资源。围绕对内对外两个方面，地方人大要做到以下几点。

一是深入基层，重视实地调研，发现问题，反映问题，解决问题。一方面，地方人大要通过组织调研小组等从上到下的形式到实地调查，摸清区域内乡镇政治、经济、文化、社会和生态的实际情况，确保规划的制定能够贴合实际，具有可行性。另一方面，地方人大要充分发挥代表作用，利用乡村"熟人"优势让人大代表走到田间地头，走到房前屋后来收集第一手的资料，整理资料并通过意见、建议的形式进行反映。地方人大深入基层要切忌形式化、片面化。

二是挖掘本土资源，厚植产业发展优势。乡村产业要取得长足发展有两个选择：根植乡土，从乡村中获取坚实的发展基础；承接产业转移，享受城市发展成果。但是承接产业转移不具有普遍性，因此挖掘本土资源是大部分乡村进行产业振兴的选择。地方人大要充分了解乡村资源，然后对接市场，根据实际进行产业发展定位。乡村发展的模式各式各样，地方人大不能拘泥于自己的"一亩三分地"，局限了思维和方法，而是应该通过组织会议、学习等形式积极学习其他地区的先进经验。此外，地方人大还要重视对其他地区和对市场的调研，结合实际将调研成果适当转化应用。

三是培育本土人才。乡村振兴人才难的问题在乡村经济水平低、待遇低的情况下很难通过引进人才来解决。因此乡村要重视对本土人才的培养，建立本土人力资源库，并可以挨家挨户了解人力资源情况。根据人力资源情况组织培训，培训内容包括但不限于种养殖技术、手工技术、电商和新媒体运营；同时结合相关支持政策开展就业指导。此外，乡村要在财力可承受范围内继续吸引外部人才，在吸引人才方式上除了提高物质待遇外，更要打造良好的人文自然环境来吸引外部人才。

二 村民的反馈

村民作为乡村振兴的重要参与主体，对目前地方人大工作和乡村振兴的看法和意见是地方人大工作改进和规划调整的依据。因此，在问卷末尾课题组就地方人大在乡村振兴和发展上的具体举措等方面的问题询问了村民，问题主要包括地方人大工作取得的成效和有待加强的方面以及目前当地乡村发展取得的成就和需要加强的方面。

（一）积极成效

1. 地方人大工作成效

代表、监督作用突出。村民认为在乡村振兴中地方人大在代表和监督工作方面发挥着主要作用。在代表工作上，随着《湖北省乡镇人民代表大会工作条例》的颁布和实施，地方人大代表履职平台建设得到全面推进。代表活动小组的成立和代表小组活动室、代表之家、代表联络室等代表联络机构的设立，使得闭会期间的代表活动有场地、有组织。另外，地方人大进一步规范代表活动的开展，要求代表视察、调研、执法检查等履职活动提前拟定活动方案，制作专门记录文档，对代表工作进行痕迹化管理。地方人大加强了对代表履职活动的监督，建立了代表履职档案，使代表考核有依据，代表工作有压力。地方人大履职活动的各项制度基本实现规范化，管理逐步精细化。在监督作用上，地方人大首先要对政府工作、地方经济社会建设等各方面常规工作进行监督，确保政府工作高效便民，地方社会建设有序开展，民主法治建设稳步进行。其次，地方人大要有重点地对脱贫攻坚、实事工程、民生问题、环保工程等年度重要事项的进展和落实进行督查，组建工作小组，组织各种监督视察活动。最后，地方人大要督促政府抓代表建议、议案的落实工作，选择群众关心的热点、难点、焦点问题，组织代表开展调查，督促政府提高办事效率。

2. 乡村发展成效

基础设施建设不断完善。在调研中，有75%~80%的村民受访者表示享受到了基础设施建设带来的好处，这些建设包括乡村道路、水电、灌溉等基础生活设施和农业设施的改造升级等。"要想富，先修路"，完善的基础设施是农村取得长足发展的基础支撑，因此地方人大一直将推动农村基础设施的建设和完善作为工作重点。随着社会主要矛盾的变化，农村基础设施也不再是简单的道路建设，除了包括污水管网、人行步道等在内的基础设施建设，还要配齐便民设施和文娱设施，并建立健全垃圾收运体系等。例如武汉市汉南区"投了一亿多元人民币到6个社区，完善农村新社区配套设施，如新建室内活动室、集中垃圾处理站、污水处理厂等"。

环境治理成效显著。课题组的问卷结果反映，有90%左右的村民受访者享受到了环境治理带来的好处。在过去，农村垃圾一直得不到有效处理，普遍是通过掩埋和焚烧甚至是扔在地表交由自然分解等简单粗暴的方式处理。这些垃圾长此以往不仅影响村容村貌，还会破坏土质水质，进而对环境造成更大的危害。十八大以来地方普遍开始重视农村环境治理，地方人大专门针对农村环境问题开展调查研究，对包括农村污水、垃圾、厕所、化肥农药残留等在内的环境问题进行集中讨论。地方一方面要通过基础设施建设来改善现存设施的问题，并通过宣传教育增强村民的环保意识；另一方面在未来发展中要尽量兼顾发展与环境，就像武汉东西湖区那样，吸引投资建立生态公园，将产业发展与生态保护相结合。

（二）存在的问题

1. 地方人大工作存在的问题

一是监督落实不够。课题组在与村民的沟通中发现，村民在决策、政策、规划等的制定上对人大工作抱有很正面的看法，但是在执行和落实上看法比较负面。很多村民在对地方人大工作提出改进意见时希望"加强对政策落实的监督"。这个问题的产生可能有两方面的原因，一是刻板印象，"上有政策，下有对策"，一些民众对地方政府的执行力存在质疑，对地方政府执行形式化、片面化的新闻报道早已司空见惯。此外，部分群众对某些国家机关的消极看法会推及全体。二是现今媒体发达，村民能够通过移动媒体、电视报道等多个途径了解国家和地方的政策、决定，并在生活中观察政策和决定的落实情况。由于政策落实往往需要时间等条件，村民在不了解的情况下会认为政策、决定的落实情况较差。

二是代表工作存在的不足。问卷结果反映，村民希望地方人大能够粗中有细，在重视战略规划等宏观问题的同时也能够关注到诸如土地、失地农民权益保护等具体且直接关系到村民利益的问题。地方人大和村民的视角存在差异，前者更关注影响大、覆盖广且突出的问题，后者更关注在日常生活中遇到的问题。村民们的大部分问题可以向基层自治组织反映，或由地方政府解决，而地方人大主要集中于宏观层面的问题，这也可能导致村民认为问题没有得到反映和解决。此外，尽管人大代表是政府和民众之间缩小认知差异的关键，但是部分地方人大代表存在思想态度不端正或业务水平不高的问题。这导致部分村民认为地方人大的代表工作不足，体现为代表与群众联系不紧密，问题反映不及时、不全面、停留在表面等。

2. 乡村发展存在的问题

在村民看来，乡村发展存在很多问题，但经济发展困难是主要的方面。经济发展滞后始终是实现乡村振兴和共同富裕的最大的制约因素，体现在村民收入上不去、乡村建设不完善等。经济发展困难有以下几个原因。一是自然资源匮乏。俗话说"靠山吃山，靠水吃水"，自然资源决定了乡村经济发展的起点，丰富的自然资源能够使乡村快速找到致富渠道，匮乏的自然资源会导致乡村发展艰难。二是乡村急缺高素质人才，农村经济要实现产业化发展需要管理型和技术型人才，这些人才能够把握市场需求，而人才恰是乡村发展的短板之一。三是乡村产业规模有限，能够生产特色产品但是产量有限，农产品总体销路窄、产品价值低。总之，农村产业经济发展存在较大困难。

（三）发展方向

1. 推进地方人大工作

（1）加强监督，落实政策。行使监督权是地方人大最有效的履职手段，政策落实是村民最关切的问题之一。村民对政策落实存在质疑，对政府负有监督职能的地方人大被村民寄予厚望，希望地方人大能够进一步发挥监督作用，让政府将纸上的政策规划变现。结合前面提出的问题，地方人大对政策落实的监督可以从两方面加强，一方面地方人大要切实强化对地方政策规划落实的监督，另一方面地方人大要使监督工作透明化。前一个方面可以从三个阶段进行全面监督，一是政策落实的前期准备，地方人大要根据国家或上级的政策文本制定或督促执行方制定本区域的落实细则；二是政策落实过程，地方人大可以通过调研视察、审查工作报告等形式来密切跟踪和监督政策规划的落地，把握政策落实的进展情况；三是政策落实成效验收，地方人大要根据政策的目标对政策落实的实际成效进行验收，确保本区域政策落到实处。实际上前一个方面的落实工作在地方人大的工作中占据了大量时间，但是部分村民却认为地方人大政策落实监督不到位，原因之一是没有"看到"。针对这一点，地方人大可以通过公开监督和落实的情况、吸纳群众加入监督流程中等方式来加强村民对地方人大监督落实情况的了解，尤其是要考虑充分应用移动新媒体技术使地方人大工作公开、透明、接地气。

（2）加强代表作用，关注百姓问题。地方人大的代表工作作为连接群众和地方政府的桥梁，是村民最为关注的。地方人大代表工作的开展对乡村的民主政治建设有着重要的、积极的促进作用。地方人大可以从以下几个方面着手加强代表作用。一要不断提高乡镇人大代表的素质，包括政治思想素质和履职能力。地方人大要做好代表的培训工作，要组织代表学习《代表法》等相关法律法规，学习相关方针、政策，进一步提高代表对人大性质、地位、作用的认识，使他们熟知代表的权利和义务，努力提升代表的素质和能力。二要充分发挥代表作用，拓宽联系渠道。可以考虑充分应用社交新媒体来倾听民声，例如在建立群众联系微信群时邀请地方人大代表加入。三要提高村民联系代表的积极性，一方面要向村民宣传地方人大的作用和职能，公开人大代表身份和联系方式，公开意见建议收集和处理的情况，提高村民对地方人大的信任度；另一方面要鼓励村民通过微信、电子邮件等方式与地方人大代表进行沟通，反映问题。

2. 乡村经济发展

乡村经济发展归根到底是要实现产业振兴，只有产业振兴才能最大范围和最大程度实现乡村经济的发展，解决乡村共同富裕的问题。这一点在课题组的问卷中也得到了体现，有62.5%的村民认为产业兴旺是最重要的，与地方人大在乡村振兴的优先事项上认识一致。然而，乡村产业发展不是一蹴而就的。首先，乡村产业发展不可一概而论，要因地制宜，地方人大和政府要根据当地资源禀赋制定相应的发展策略，利用地理优势发展特色产业。其次，乡村产业发展亟待破解的瓶颈问题是资金缺乏问题，乡村可通过整合财政资金、撬动金融资金、引入众筹等新型融资模式鼓励社会资本进入。再次，在发展产业过程中地方要避免把简单的农产品销售当作产业发展，应尽量延长产业链，增加产品附加值。此外，乡村发展产业要格外重视产品的质量和服务水平，要打造品牌，树立口碑。最后，课题组在调研中观察到，有两个问题在乡村普遍存在：一是劳动力外流，二是由劳动力外流导致的土地大面积抛荒。这两个问题也都是乡村产业发展的主要障碍。针对这两个问题，乡村可以进行土地外包、村民分红，或者发展大规模种植养殖产业。此外，乡村产业发展可以充分借助互联网，利用电商手段来实现乡村产品的大面积推广。对村民而言，一方面要积极配合地方人大和政府的行动，参与诸如新型职业农民培训等提升村民劳动力素质的活动；另一方面要发挥主动性，配合相关政策，为乡村发展出谋划策，贡献力量。

第四节　结语

乡村振兴作为我国新时代农村发展的国家战略，事关我国五亿多农民的生存和发展，受到了广泛关注。湖北省位于我国中部，集平原、山地等多种地形地貌于一省，独特的地理特征使得湖北省乡村振兴战略的实施具有与众不同的意义。而人大作为权力机关，具有立法、监督、决定和任免等权力，人大代表则肩负深入基层联系群众的重任，应当在乡村振兴战略中发挥应有的作用。调研中课题组发现，在地方人大的工作中，监督工作最为重要。不同于立法、任免和决定，监督工作涉及范围广，工作形式丰富，是地方人大开展日常工作的重要抓手。然而从村民的角度看，地方人大的代表工作往往是最重要的。地方人大代表活跃在乡村之中，是村民对地方人大最直观的感知。代表工作是地方人大工作中村民接触最多，也是最为关注的。村民希望人大代表能够真实全面地反映他们的诉求、想法和问题，同时希望他们监督政府对相关政策和项目的落实。正是由于地方人大与村民在"宏观"和"微观"视角上的差异，在村民缺乏对地方人大监督工作的全面了解时，会对地方人大监督作用的发挥效果作出片面化和局部化的结论。而地方人大对于自身"代表联系群众"和"人大代表提出议案和建议"两项制度的实施效果评价也稍低。这也要求地方人大在工作中，应让代表工作更加规范化、精细化、接地气，应让村民更加直观有效地感受到地方人大的存在和效能。

国家治理体系和国家治理能力现代化建设正在如火如荼地进行中，地方政府和村民都是乡村治理体系和治理能力现代化建设的重要主体力量。从课题组的调研来看，地方人大应当充分发挥自身的桥梁纽带作用，重点发挥监督决定作用，提升代表作用，形成监督并推动政府、代表联动村民的地方治理体系机制；同时立足"五位一体"总体布局，以产业振兴作为主攻方向，同时兼顾生态、组织等四个振兴，集人大、政府和村民之合力按计划有步骤地实现"五大振兴"。

此外，课题组的问卷调查也有有待改进的方面。一是问卷的发放范围尚未覆盖所有地级市。由于问卷发放主要是在课题组调研的第三阶段，因而并未覆盖湖北省所有地级市，这也间接影响了问卷的样本量。二是问卷的回收情况也有待改善，尤其是针对村民的问卷，填答率不高。对未来针对乡村振兴的问卷调查，课题组也建议对具体题项的设置应更加细化，从而更加全面、更加清晰地反映地方人大在乡村振兴中所发挥的作用。

附录

人大助推乡村振兴调查问卷

附录7-1 市级人大问卷[①]

调查问卷

您好,我们是来自武汉大学的"乡镇人大助推乡村振兴研究"课题组,欢迎您参加我们的调查!问卷采取无记名方式,回答结果保密,仅供研究分析,不做他用,敬请放心作答。衷心地感谢您的参与!

性别:_____　　年龄:_____

民族:_____　　学历:_____

户口类型:_____　　政治面貌:_____

单位:_____　　工龄:_____

人大职务:_____

1. 您所在单位的人代会每年召开_____次,人大常委会主任会

[①] 课题组调研的第一站为市级人大,因此课题组也向市级人大发放了问卷。

议召开_____次，人大常委会会议召开_____次；其中，人大常委会会议_____（是/否）有固定会期，人大常委会会议_____（是/否）邀请人大代表列席或旁听。人大常委会成员专职和兼职的比例是_____。

2. 您所在单位的活动经费是否列入了本级财政预算？

　　A. 是。　　　　　　　　B. 否。

3. 您所在专委会的委员和工作人员总数为_____，其中专职委员_____人，兼职委员_____人，工作人员_____人。

4. 过去1年里，您所在专委会与对应的政府职能部门接触频次是？

　　A. 平均1个月不到1次。

　　B. 平均1个月1~3次。

　　C. 平均1个月4次及以上。

5. 您所在单位的人大活动和频次是？（如无，可不填）

　　(1) 代表联系选民，1年_____次。

　　(2) 人大常委会成员联系代表，1年_____次。

　　(3) 调研视察企业，1年_____次。

　　(4) 调研视察基础设施，1年_____次。

　　(5) 调研视察重大工程项目，1年_____次。

　　(6) 调研视察生态环境，1年_____次。

　　(7) 监督政府职能部门意见办理，1年_____次。

　　(8) 听取政府预决算报告，1年_____次。

　　(9) 执法检查，1年_____次。

　　(10) 代表述职，1年_____次，平均每次_____名代表述职，_____名群众参与。

　　(11) 人民来信，1年_____件，群众来访_____人次，其中涉及乡村振兴的比例是_____。

6. 您认为市人大网站、微信公众号平台在信息公开、网民互动等方面的情况如何？

  A. 很好。   B. 较好。

  C. 一般。   D. 较差。

  E. 很差。   F. 不适用。

7. 您认为市人大与乡村振兴战略的衔接程度怎么样？

  A. 很好。   B. 较好。

  C. 一般。   D. 较差。

  E. 很差。

8. 您所在单位是否出台了关于乡村振兴的规划？规划所花费的成本大概是？

  A. 是。   B. 否。

  _____

9. 您认为在实施乡村振兴战略中，人大与同级党委的合作程度怎么样？

  A. 很好。   B. 较好。

  C. 一般。   D. 较差。

  E. 很差。

10. 您认为在实施乡村振兴战略中，人大与同级政府的合作程度怎么样？

  A. 很好。   B. 较好。

  C. 一般。   D. 较差。

  E. 很差。

11. 您认为人大对乡村振兴的以下哪项工作较为关注？（1）_____（2）_____（3）_____（多选，按照关注程度从最高到最低排序，最多选择三项）

  A. 产业振兴。   B. 人才振兴。

C. 文化振兴。 D. 生态振兴。

E. 组织振兴。

12. 据您所知，其他专委会与政府职能部门的接触很频繁。

A. 非常同意。 B. 比较同意。

C. 比较不同意。 D. 很不同意。

13. 您认为人大在乡村振兴中所能发挥的主要作用有（请按重要程度从最高到最低排序）：_____。

A. 监督工作。 B. 决定工作。

C. 任免工作。 D. 代表工作。

下面 14~23 题，请您根据实际情况作出回答：

		此项不适用	效果很好	效果较好	效果一般	效果较差	效果很差
14	您认为组织人大代表培训取得的实际效果如何？						
15	您认为人大代表提出议案和建议的实际效果如何？						
16	您认为代表联系选民制度的实际效果如何？						
17	您认为人大常委会成员联系代表制度的实际效果如何？						
18	您认为代表述职制度的实际效果如何？						
19	您对"聚力脱贫攻坚、五级代表在行动"实施效果的看法是？						
20	您认为人大对乡村振兴的事项进行立法的效果如何？						
21	您认为人大对乡村振兴的事项进行监督的效果如何？						
22	您认为在乡村振兴中人大发挥重大事项决定作用的效果如何？						
23	您认为在乡村振兴中人大发挥任免作用的效果如何？						

24. 您认为人大对促进乡村振兴战略实施的作用是怎样的？

A. 很大。 B. 较大。

C. 一般。 D. 较小。

E. 很小。

25. 您认为人大在推动乡村振兴战略实施时做得比较成功的有哪些方面？

26. 您认为人大在推动乡村振兴战略实施时发挥作用比较薄弱的有哪些方面？

27. 您认为人大在推动乡村振兴战略实施时还应该加强哪些方面？

28. 请您列举所在单位在人大工作推动乡村振兴方面的代表案例与成功经验。

附录 7-2　基层人大问卷

调查问卷

您好，我们是来自武汉大学的"乡镇人大助推乡村振兴研究"课题组，欢迎您参加我们的调查！问卷采取无记名方式，回答结果保密，仅供研究分析，不做他用，敬请放心作答。衷心地感谢您的参与！

性别：＿＿＿＿＿＿＿＿　　年龄：＿＿＿＿＿＿＿＿

民族：＿＿＿＿＿＿＿＿　　学历：＿＿＿＿＿＿＿＿

户口类型：＿＿＿＿＿＿　　政治面貌：＿＿＿＿＿＿

单位：＿＿＿＿＿＿＿＿　　工龄：＿＿＿＿＿＿＿＿

人大职务：＿＿＿＿＿＿＿＿＿＿＿＿

1. 您所在单位是否配备了专职人大副主席？

　A. 是。　　　　　　　B. 否。

2. 您所在单位是否配备了专职干事或者办公室主任？

　A. 是。　　　　　　　B. 否。

3. 您所在单位的活动经费是否列入了本级财政预算？

　A. 是。　　　　　　　B. 否。

4. 您所在单位的人代会每年召开＿＿＿＿＿次，主席团会议每年召开＿＿＿＿＿次。

5. 您所在单位的人大活动和频次是？（如无，可不填）

（1）代表联系选民，1年＿＿＿＿＿次。

（2）主席团成员联系代表，1年＿＿＿＿＿次。

（3）调研视察企业，1年＿＿＿＿＿＿次。

（4）调研视察基础设施，1年＿＿＿＿＿＿次。

（5）调研视察生态环境，1年＿＿＿＿＿＿次。

（6）监督政府职能部门意见办理，1年＿＿＿＿＿＿次。

（7）听取政府预决算报告，1年＿＿＿＿＿＿次。

（8）代表述职，1年＿＿＿＿＿＿次，平均每次＿＿＿＿＿＿名代表述职，＿＿＿＿＿＿名群众参与。

6. 您认为人大与乡村振兴战略的衔接程度怎么样？

　　A. 很好。　　　　　　　B. 较好。

　　C. 一般。　　　　　　　D. 较差。

　　E. 很差。

7. 您认为在实施乡村振兴战略中，人大与同级党委的合作程度怎么样？

　　A. 很好。　　　　　　　B. 较好。

　　C. 一般。　　　　　　　D. 较差。

　　E. 很差。

8. 您认为在实施乡村振兴战略中，人大与同级政府的合作程度怎么样？

　　A. 很好。　　　　　　　B. 较好。

　　C. 一般。　　　　　　　D. 较差。

　　E. 很差。

9. 您认为人大对乡村振兴的以下哪项工作较为关注？（1）＿＿＿＿＿＿（2）＿＿＿＿＿＿（3）＿＿＿＿＿＿（多选，按照关注程度从最高到最低排序，最多选择三项）

　　A. 产业振兴。　　　　　B. 人才振兴。

　　C. 文化振兴。　　　　　D. 生态振兴。

E. 组织振兴。

10. 您认为人大在乡村振兴中所能发挥的主要作用有（请按重要程度从最高到最低排序）：＿＿＿＿＿＿＿＿＿＿＿＿＿＿＿。

  A. 监督工作。   B. 决定工作。

  C. 任免工作。   D. 代表工作。

下面 11～20 题，请您根据实际情况作出回答：

		此项不适用	效果很好	效果较好	效果一般	效果较差	效果很差
11	您认为代表提出议案和建议的实际效果如何？						
12	您认为代表之家的实际效果如何？						
13	您认为代表小组活动室的实际效果如何？						
14	您认为"党支部建在代表小组上"的实际效果如何？						
15	您认为民生项目票决制的实际效果如何？						
16	您认为代表述职制度的实际效果如何？						
17	您认为代表联系选民制度的实际效果如何？						
18	您对"聚力脱贫攻坚、五级代表在行动"实施效果的看法是？						
19	您认为人大对乡村振兴的事项进行监督的效果如何？						
20	您认为在乡村振兴中人大发挥重大事项决定作用的效果如何？						

21. 您认为人大对促进乡村振兴战略实施的作用是怎么样的？

  A. 很大。   B. 较大。

  C. 一般。   D. 较小。

  E. 很小。

22. 您认为人大在推动乡村振兴战略实施时做得比较成功的有哪些方面？

23. 您认为人大在推动乡村振兴战略实施时发挥作用比较薄弱的有哪些方面？

24. 您认为人大在推动乡村振兴战略实施时还应该加强哪些方面？

附录7-3 村民问卷

关于地方人大在乡村振兴中作用发挥的调查问卷

您好，我们是来自武汉大学的"乡镇人大助推乡村振兴研究"课题组，欢迎您参加我们的调查！问卷采取无记名方式，回答结果保密，仅供研究分析，不做他用，敬请放心作答。衷心地感谢您的参与！

性别：_____ 年龄：_____

民族：_____ 学历：_____

户口类型：_____ 职业：_____

政治面貌：_____

1. "乡村振兴战略"是习近平总书记于2017年10月18日在党的十

九大报告中提出的战略。请问您了解乡村振兴战略吗？（单选题，必答）

  A. 非常了解。   B. 了解。

  C. 一般。   D. 完全不了解。

2. （若第1题答案为"完全不了解"则跳过本题）您是通过哪些途径了解该战略的呢？（多选题，必答）

  A. 收听、观看新闻等有关媒体报道。

  B. 浏览政府有关部门官方网站。

  C. 通过他人讲述得知。

  D. 其他：_____。

3. 乡村振兴的总要求为：产业兴旺、生态宜居、乡风文明、治理有效、生活富裕。您认为其中较为重要的是？（请按照重要程度从高到低排序，限选三项）（多选题，必答）（1）_____ （2）_____ （3）_____

  A. 产业兴旺。   B. 生态宜居。

  C. 乡风文明。   D. 治理有效。

  E. 生活富裕。

4. 您了解到的地方人民代表大会的职权有哪些？（多选题，必答）

  A. 制定和颁布地方性法规。

  B. 讨论和决定本行政区域内的重大事项。

  C. 监督本级人大常委会、人民政府、人民法院、人民检察院的工作。

  D. 选举、罢免本级国家机构领导人员。

  E. 具体执行[①]某项决议。

  F. 其他：_____。

5. 您认为地方人民代表大会对乡村振兴战略在本地的实施有哪些具

[①] 这里"执行"指的是人大机关的工作人员，参与到决议的执行过程中，而非指人大机构作为主体去执行决议。

体作用？（多选题，必答）

　　A. 收集群众意见。

　　B. 提出相关议案。

　　C. 决定有关事项。

　　D. 执行①有关决议。

　　E. 进行相关立法。

　　F. 监督相关落实。

　　G. 其他：_____。

6. 您是否联系过人大代表反映问题？（单选题，必答）

　　A. 是。　　　　　　　　B. 否。

7. 您是否认识乡镇人大主席？（单选题，必答）

　　A. 是。　　　　　　　　B. 否。

8. 您认为在乡村振兴事业中人大代表应该发挥哪些作用？

　　A. 联系群众，收集意见。

　　B. 整理资料，形成议案。

　　C. 参与大会，进行表决。

　　D. 提出质询，有效监督。

　　E. 跟进实施，及时反馈。

　　F. 其他：_____。

9. 您是否了解过地方人大出台的关于落实乡村振兴战略的决议？据您了解，有哪些决议？（多项填空题，必答）

　　是否了解：_____

　　具体决议：_____

---

① 这里"执行"指的是人大机关的工作人员，参与到决议的执行过程中，而非指人大机构作为主体去执行决议。

10. 您或您身边的人是否享受过地方的乡村振兴战略的有关决议带来的福利？请问是哪项或哪几项决议？它（们）为您带来了怎样的好处？（多项填空题，必答）

是否享受：_____

哪（几）项决议：_____

_____

_____

哪些好处：_____

_____

_____

11. 您对当地人民代表大会在乡村振兴战略的实施方面还有哪些建议？（填空题，必答）

_____

_____

_____

参考文献

一 经典著作

[1]《胡锦涛文选》第 3 卷，人民出版社，2016。

[2] 习近平：《在庆祝全国人民代表大会成立 60 周年大会上的讲话》，人民出版社，2014。

[3] 习近平：《决胜全面建成小康社会 夺取新时代中国特色社会主义伟大胜利——在中国共产党第十九次全国代表大会上的报告》，人民出版社，2017。

[4]《习近平谈治国理政》第 3 卷，外文出版社，2020。

[5] 中共中央文献研究室编《江泽民论有中国特色社会主义（专题摘编）》，中央文献出版社，2002。

[6] 中共中央文献研究室编《习近平关于全面建成小康社会论述摘编》，中央文献出版社，2016。

[7] 中共中央文献研究室编《习近平关于社会主义政治建设论述摘编》，中央文献出版社，2017。

二 其他中文著作

[1] 蔡定剑:《中国人大制度》,社会科学文献出版社,1996。

[2] 蔡定剑:《中国人民代表大会制度》,法律出版社,2003。

[3] 蔡定剑、王晨光:《人民代表大会二十年发展与改革》,中国检察出版社,2001。

[4] 陈国荣:《决定权的实证分析》,载张牢生主编《地方国家权力机关决定权研究》,中国民主法制出版社,2004。

[5] 陈洪波、陈国荣:《总结经验 探索前进——2003年度中南六省区人大常委会主任座谈会综述》,载张牢生主编《地方国家权力机关决定权研究》,中国民主法制出版社,2004。

[6] 陈明明、何俊志主编《中国民主的制度结构——复旦政治学评论》(第6辑),上海人民出版社,2008。

[7] 陈穗雄:《地方人大及其常委会行使重大事项决定权初探》,载冼庆彬主编《依法行使重大事项决定权》,广州出版社,2010。

[8] 杜立夫:《权力监督与制约研究》,吉林人民出版社,2004。

[9] 范宇红:《谈谈决议》,载冼庆彬主编《依法行使重大事项决定权》,广州出版社,2010。

[10] 冯健鹏:《地方人大监督权的行使》,中国民主法制出版社,2016。

[11] 郭福成、江舒:《决定权制度化中的几个认识问题》,载冼庆彬主编《依法行使重大事项决定权》,广州出版社,2010。

[12] 〔美〕汉娜·费尼切尔·皮特金:《代表的概念》,唐海华译,吉林出版集团有限责任公司,2014。

[13] 河北省人大常委会研究室:《庆祝全国人民代表大会成立六十周年理论研讨会论文汇编》,河北人民出版社,2015。

[14] 湖北省人大常委会法规工作室课题组:《"互联网+"背景下地方

立法听证制度研究》，载乔余堂主编《湖北省人大常委会理论研究课题集》2016年卷，中国民主法制出版社，2017。

［15］黄学贤：《中国行政程序法的理论与实践》，中国政法大学出版社，2007。

［16］〔日〕加茂具树：《人民代表大会：角色与功能的变迁》，载陈明明、何俊志主编《中国民主的制度结构——复旦政治学评论》（第6辑），上海人民出版社，2008。

［17］李凤军：《论人大的监督权》，中国政法大学出版社，2015。

［18］李高协：《地方立法工作研究》，甘肃人民出版社，2015。

［19］梁漱溟：《乡村建设理论》，商务印书馆，2015。

［20］林伟果：《完善程序促进重大事项讨论决定权的有效行使》，载冼庆彬主编《依法行使重大事项决定权》，广州出版社，2010。

［21］刘昆章等编著《地方人大制度建设研究》，湖南人民出版社，1998，第127页。

［22］刘文忠、李文华等：《地方立法的民主性与科学性研究专论：地方人大及其常委会行使重大事项决定权立法的个案研究》，法律出版社，2009。

［23］刘一纯：《人大监督的实效考察与优效机制研究》，中国社会科学出版社，2014。

［24］〔美〕罗伯特·A.达尔、爱德华·R.塔夫特：《规模与民主》，唐皇凤、刘晔译，上海人民出版社，2013。

［25］〔法〕孟德斯鸠：《论法的精神》，欧启明译，译林出版社，2016。

［26］潘国红：《国家治理现代化与人大权力行使》，中国社会科学出版社，2016。

［27］浦兴祖：《当代中国政治制度》，复旦大学出版社，1999。

［28］乔余堂：《与时俱进的湖北人大监督工作》，中国民主法制出版社，

2017。

[29] 乔余堂主编《湖北省人大常委会理论研究课题集》2015年卷，中国民主法制出版社，2016。

[30] 乔余堂主编《湖北省人大常委会理论研究课题集》2016年卷，中国民主法制出版社，2017。

[31] 任喜荣：《地方人大监督权论》，中国人民大学出版社，2013。

[32] 汤唯、毕可志：《地方立法的民主化与科学化构想》，北京大学出版社，2006。

[33] 汪在祥：《论人大决定权的监督》，载张牢生主编《地方国家权力机关决定权研究》，中国民主法制出版社，2004。

[34] 吴宗金、敖俊德：《中国民族立法理论与实践》，中国民主法制出版社，1998。

[35] 冼庆彬主编《依法行使重大事项决定权》，广州出版社，2010。

[36] 肖巧平：《地方人大与其常委会立法权限划分研究》，法律出版社，2015。

[37] 徐平主编《人大职权研究》，法律出版社，2017。

[38] 应奇编《代表理论与代议民主》，吉林出版集团有限责任公司，2008。

[39] 张牢生主编《地方国家权力机关决定权研究》，中国民主法制出版社，2004。

[40] 赵文源：《依法行使重大事项决定权的实践与思考》，载张牢生主编《地方国家权力机关决定权研究》，中国民主法制出版社，2004。

[41] 邹平学：《人大代表专职化问题研究》，上海人民出版社，2008。

三　中文论文

[1] 蔡定剑：《论代议机关权力的特性》，《中国人大》2000年第4期。

[2] 蔡小红:《民生项目代表票决制的"导墅实践"》,湖北省人大常委会,http://www.hppc.gov.cn/2018/0726/27631.html,最后访问日期:2020年9月10日。

[3] 蔡玉龙:《地方人大监督权研究》,博士学位论文,河北大学政法学院,2015。

[4] 陈长雄:《构筑"四大机制"推进乡镇人大工作》,《人民代表报》2013年5月18日。

[5] 陈德寿:《对如何发挥好代表主体作用的思考》,《人民代表报》2018年7月5日。

[6] 陈洪波:《湖北人大史上的十件质询案》,《楚天主人》2018年第5期。

[7] 陈亮:《人大司法监督的困境与突破》,《人民政坛》2016年第3期。

[8] 陈美球、廖彩荣:《农村集体经济组织:"共同体"还是"共有体"?》,《中国土地科学》2017年第6期。

[9] 陈润羊:《美丽乡村建设研究文献综述》,《云南农业大学学报》(社会科学版)2018年第2期。

[10] 陈小君:《人大主导立法的路径选择与制度保障——基于地方立法实践》,《人大研究》2015年第11期。

[11] 陈晓芸、刘传喜:《行动者网络视角下新乡贤推动新乡村建设研究》,《老区建设》2019年第8期。

[12] 陈艳斌:《打造人大预决算审查监督升级版》,《楚天主人》2017年第3期。

[13] 程同顺、王虹:《人大代表履职保障机制研究》,《广西师范学院学报》(哲学社会科学版)2017年第3期。

[14] 崔英楠、王柏荣:《地方人大重大事项决定权制度再认识》,《行政

管理改革》2017年第8期。

[15] 董长海、张楠:《地方立法调研规范化建设探析》,《人大建设》2017年第8期。

[16] 杜艳洁:《高效推动基层人大工作和建设的新途径》,《中国人大》2018年第22期。

[17] 樊清华:《浅论我国乡村法治权力的构建》,《求实》2005年第4期。

[18] 范勇鹏:《人民要论:中国特色社会主义民主为什么富有生命力》,《理论导报》2018年第12期。

[19] 封丽霞:《人大主导立法的可能及其限度》,《法学评论》2017年第5期。

[20] 冯健鹏:《地方人大常委会"重大事项决定权"的程序机制》,《人大研究》2011年第11期。

[21] 付翠莲、黎文宇:《城乡发展一体化面临的机遇、瓶颈及对策——基于舟山城乡一体化的调查》,《通化师范学院学报》2017年第7期。

[22] 付雅梦、陆洲:《论农民立法话语权的实现路径——以我国农村宅基地立法为例》,《政法学刊》2019年第3期。

[23] 甘肃省人大常委会研究室课题组:《对政府提请人大讨论决定重大事项"年度清单"问题研究》,《人大研究》2016年第8期。

[24] 高松林、王东海:《人大监督工作针对性实效性的实现路径》,《中共郑州市委党校学报》2018年第1期。

[25] 高志宏:《关于地方人大重大事项决定权之"重大事项"的判断——以"厦门PX事件"为例》,《理论月刊》2009年第3期。

[26] 龚宏龄:《人大代表的代表性内涵探析》,《人大研究》2011年第7期。

［27］顾爱平：《公众参与地方立法的困境与对策》，《江苏社会科学》2017年第6期。

［28］关保英：《论立法法中的民族立法与湖北民族立法》，《湖北民族学院学报》（哲学社会科学版）2002年第1期。

［29］管兵、岳经伦：《立法过程中的公众参与——基于〈物权法〉和〈就业促进法〉立法参与的研究》，《政治学研究》2014年第4期。

［30］郭晓鸣、张克俊、虞洪、高杰、周小娟、苏艺：《实施乡村振兴战略的系统认识与道路选择》，《农村经济》2018年第1期。

［31］何海：《设区的市地方人大立法公众参与制度研究》，硕士学位论文，山西大学法学院，2017。

［32］何俊志：《中国地方人大代表构成的变化趋势——对东部沿海Y市的考察》，《天津人大》2015年第4期。

［33］何俊志：《中国地方人大的三重属性与变迁模式》，《政治学研究》2016年第5期。

［34］贺雪峰：《关于实施乡村振兴战略的几个问题》，《南京农业大学学报》（社会科学版）2018年第3期。

［35］贺雪峰：《论农村基层组织的结构和功能》，《天津行政学院学报》2010年第6期。

［36］洪开开、王钢：《完善人大代表构成划分的若干思考》，《人大研究》2019年第10期。

［37］侯选明、李青：《基层人大在乡村社会治理中应开拓民间法的政治资源》，《人大研究》2006年第11期。

［38］后震、宛大勇、龚高峰：《谷城县紫金镇实施民生实事项目人大代表票决制》，湖北省人大常委会，http://www.hppc.gov.cn/2019/0611/30239.html，最后访问日期：2020年9月10日。

［39］胡雪、项继权：《乡村治理转型中基层政权公共性的重构》，《云南

社会科学》2018 年第 4 期。

[40]《湖北省各级人民代表大会常务委员会规范性文件备案审查工作条例》2013 年 9 月 26 日湖北省第十二届人民代表大会常务委员会第五次会议通过，https://baike.so.com/doc/25708288-26796077.html，最后访问日期：2020 年 11 月 26 日。

[41]《湖北省民族概况》，湖北省政府网，http://www.hubei.gov.cn/zwgk/zcsd/ztjd/jddyq_55207/ysyd/201711/t20171115_1222909.shtml，最后访问日期：2020 年 9 月 10 日。

[42] 黄冬娅、陈川慜：《县级人大代表履职：谁更积极？》，《社会学研究》2015 年第 4 期。

[43] 黄少安：《改革开放 40 年中国农村发展战略的阶段性演变及其理论总结》，《经济研究》2018 年第 12 期。

[44] 黄学贤、朱中一：《完善人大代表的代表性》，《浙江人大》2006 年第 2 期。

[45] 黄祖辉：《准确把握中国乡村振兴战略》，《中国农村经济》2018 年第 4 期。

[46] 蒋和平：《实施乡村振兴战略及可借鉴发展模式》，《农业经济与管理》2017 年第 6 期。

[47] 蒋劲松：《论党委与人大关系之理顺》，《法学》2013 年第 8 期。

[48] 金明涛、胡冬梅：《县乡人大建设阔步迈进新时代》，《楚天主人》2018 年第 1 期。

[49] 金太军、董磊明：《近年来的中国农村政治研究》，《政治学研究》1999 年第 4 期。

[50] 雷广元、范志宏、韩芳：《乡村有效治理面临的困境及对策——基于山西省 Y 县乡村治理规划调研工作的思考》，《河北农业科学》2019 年第 2 期。

[51] 李红星：《基层人大"检阅记"——阳信县人大常委会开展人大规范化建设现场观摩见闻》，《山东人大工作》2017年第8期。

[52] 李家贵：《浅议县人大代表视察与代表专题调研》，《楚雄日报》（汉）2020年第3期。

[53] 李晓波：《刍论我国人大代表履职制度的完善——以人大代表"个体履职制度"为视角》，《理论导刊》2017年第3期。

[54] 李燕、彭超、何沁芸：《现代预算制度下人大预算监督能力提升探讨》，《财政监督》2018年第9期。

[55] 李正斌：《人大代表结构的优化及民主意义》，《前线》2013年第4期。

[56] 《利川千余名各级人大代表助力精准脱贫》，恩施州人大常委会，http://www.esrd.gov.cn/2017/1211/607610.shtml，最后访问日期：2020年11月26日。

[57] 《栗战书：长期坚持不断完善人民代表大会制度》，中国人大网，http://www.npc.gov.cn/zgrdw/npc/xinwen/2018-03/22/content_2052440.htm，最后访问日期：2020年11月24日。

[58] 《栗战书：加强学习增强本领 为做好新时代人大工作筑牢思想基础提高能力水平》，百家号新华网客户端，https://baijiahao.baidu.com/s?id=1598618350594685089&wfr=spider&for=pc，最后访问日期：2021年4月27日。

[59] 栗战书：《在纪念地方人大设立常委会40周年座谈会上的讲话》，中国人大网，http://www.npc.gov.cn/npc/c30834/201908/bac44a501a3344c79c4c7baab6df541e.shtml，最后访问日期：2020年11月24日。

[60] 廖雄军：《人大重大事项决策科学化的内涵与实现路径》，《人大研究》2017年第12期。

[61] 林柏海：《人大监督权威缺失的传统政治文化探析》，《政治与法律》2002年第5期。

[62] 林德生：《理性认识代表述职》，《人大研究》2013年第11期。

[63] 刘海洋：《乡村产业振兴路径：优化升级与三产融合》，《经济纵横》2018年第11期。

[64] 刘锐：《我国市场经济法治的短板：法律责任》，《国家行政学院学报》2011年第4期。

[65] 刘霞：《让"人大代表之家"在群众中火起来、亮起来》，《人大建设》2018年第11期。

[66] 刘义臣、史冉、孙文博：《供给侧改革背景下农村人才的管理创新研究》，《经济问题》2016年第8期。

[67] 刘永福：《积极开展代表活动　不断推进乡镇人大工作创新发展》，《吉林人大》2017年第8期。

[68] 龙太江、龚宏龄：《论人大代表的利益冲突》，《同济大学学报》（社会科学版）2010年第6期。

[69] 卢鸿福：《乡镇人大重大事项决定权之争引起的反思》，《民主与法制时报》2011年8月1日。

[70] 吕德文：《基层政权机构改革要义》，《长春市委党校学报》2018年第2期。

[71] 罗春燕：《矛盾博弈中的"草根民主"——浅析村民自治与乡镇政府的矛盾及建议》，《东南大学学报》（哲学社会科学版）2008年第1期。

[72] 苗光新：《正确处理党的决策权与人大决定权的关系》，《科学社会主义》2011年第4期。

[73] 欧阳雪梅：《振兴乡村文化面临的挑战及实践路径》，《毛泽东邓小平理论研究》2018年第5期。

[74] 潘国红:《国家治理现代化与人大民主发展》,《学术论丛》2014年第3期。

[75] 潘磊:《论人大及其常委会对人民政府的监督——以听取和审议工作报告为中心》,《法制博览》2012年第8期。

[76] 秦前红、曾德军:《地方立法的主要问题及其反思》,《江汉大学学报》(社会科学版)2007年第2期。

[77] 邱家军:《人大监督现状及前景——"监督法与人大监督的未来走向"研讨会综述》,《人大研究》2007年第3期。

[78] 饶世权:《论公众参与视野中的地方立法调研》,《西北大学学报》(哲学社会科学版)2011年第6期。

[79] 《"人大代表行动"督查专报(45)》,湖北省人大常委会,http://www.hppc.gov.cn/2017/1103/23521.html,最后访问日期:2020年11月26日。

[80] 《人大行使重大事项决定权研究》,青海人大网,http://www.qhrd.gov.cn/html/2106/15402.html,最后访问日期:2020年9月10日。

[81] 《人民论坛》评论员:《优化人大代表结构》,《人民论坛》2006年第9期。

[82] 任斌:《我国人大代表履职问题》,《人大研究》2008年第3期。

[83] 《省人大常委会要求发挥代表作用》,湖北省人大常委会,http://www.hppc.gov.cn/2018/1011/28323.html,最后访问日期:2020年11月26日。

[84] 《十二届全国人代会代表名单公布 一线工人农民代表大增》,中国青年网,news.youth.cn/gn/201302/t20130227_2916621.htm,最后访问日期:2021年4月27日。

[85] 孙超:《农业农村立法要善用六种思维》,《农村工作通讯》2019年第22期。

[86] 孙述洲：《控制立法数量　提高立法质量》，《上海人大月刊》2018年第8期。

[87] 田大甲：《发挥人大职能作用　助推生态文明建设》，《楚天主人》2019年第6期。

[88] 田自勇：《完善人民代表大会重大事项决定权制度的思考》，《河北法学》2014年第3期。

[89] 田自勇、蔡玉龙：《人大重大事项决定权研究的时代价值与发展方向》，《河北学刊》2014年第1期。

[90] 佟德志、漆程成：《人民代表大会制度的复合优势与合力效能》，《理论与改革》2020年第1期。

[91] 王春光：《新生代农村流动人口的社会认同与城乡融合的关系》，《社会学研究》2001年第3期。

[92] 王东华：《完善地方人大重大事项决定权行使制度的三点建议》，《中国党政干部论坛》2010年第12期。

[93] 王海娟、胡守庚：《新时期下乡与双层治理结构的形成》，《南京社会科学》2019年第5期。

[94] 王利民：《关于南京市人大代表履职情况的调研报告》，《中共南京市委党校学报》2007年第3期。

[95] 王启华：《乡镇人大不宜提"重大事项决定权"》，《检察日报》2004年7月3日。

[96] 王石山：《地方人大代表结构优化与素质提高之我见》，《唯实》2003年第5期。

[97] 王卫星：《美丽乡村建设：现状与对策》，《华中师范大学学报》（人文社会科学版）2014年第1期。

[98] 王雅林：《农村基层的权力结构及其运行机制——对黑龙江省昌五镇的个案研究》，《中国社会科学》1998年第5期。

[99] 王亚华、苏毅清：《乡村振兴——中国农村发展新战略》，《中央社会主义学院学报》2017年第6期。

[100] 吴帮胜：《自治县自治立法权研究——以长阳土家族自治县为例》，硕士学位论文，湖北民族学院法学院，2012。

[101] 吴理财、方坤：《地方立法体制机制创新：现状、问题和出路——基于湖北省地方立法实践的研究》，《江西行政学院学报》2016年第1期。

[102] 吴蓉、施国庆、江天河：《乡村振兴战略下"新乡贤"治村的现实困境与纾解策略》，《宁夏社会科学》2019年第3期。

[103] 《习近平：奋力谱写新时代湖北发展新篇章》，中国共产党新闻网，http://www.cpc.people.com.cn/n1/2018/0430/c64094-29958290.html，最后访问日期：2021年4月8日。

[104] 席盘林：《漫议人大监督的刚性》，《人民代表报》2015年第3期。

[105] 项继权、周长友：《"新三农"问题的演变与政策选择》，《中国农村经济》2017年第10期。

[106] 肖蕾：《浅议当前人大监督的存在问题及实践创新》，《法制与经济》（下半月）2008年第3期。

[107] 肖子策：《论地方立法起草方式改革》，《法学》2005年第1期。

[108] 谢安民：《人大监督程序建设现状及建议》，《人大研究》2011年第7期。

[109] 谢家银、曹平、罗华权：《我国地方政府立法创新若干问题研究》，《社会科学家》2016年第5期。

[110] 徐理响、黄鹂：《人大代表结构与代表身份选择合理性问题探析》，《中南大学学报》（社会科学版）2016年第1期。

[111] 许安标：《监督法的特点与创新》，《国家行政学院学报》2007年

第 1 期。

[112] 闫然、毛雨:《设区的市地方立法三周年大数据分析报告》,《地方立法研究》2018 年第 3 期。

[113] 杨光斌、尹冬华:《我国人民代表大会制度的民主理论基础》,《中国人民大学学报》2008 年第 6 期。

[114] 杨维立:《地方立法准备阶段民意参与机制之思考》,《人大研究》2011 年第 4 期。

[115] 杨雪冬:《地方人大监督权的三种研究范式》,《经济社会体制比较》2005 年第 2 期。

[116] 杨阳:《浅析乡镇人大工作存在问题》,江苏省人民代表大会常务委员会官网,http://www.jsrd.gov.cn/llyj/gztt/201805/t20180531_497770.shtml,2018 年 5 月 31 日。

[117] 叶兴庆:《新时代中国乡村振兴战略论纲》,《改革》2018 年第 1 期。

[118] 殷焕举、胡海、李毅弘:《民主合作制:中国农村基层民主建设的制度创新》,《马克思主义研究》2010 年第 2 期。

[119] 尹福泉:《规范乡镇人大建设应把握三个关键》,《人民代表报》2013 年 8 月 7 日。

[120] 尹中卿:《三十年来中国人大立法制度不断充实》,《中国人大》2008 年第 19 期。

[121]《勇立潮头服务社会发展——省人大常委会 2018 年立法工作回顾》,湖北省人民政府网,http://www.hubei.gov.cn/zhuanti/2019/rdzd/201901/t20190128_1380187.shtml,最后访问日期:2020 年 9 月 10 日。

[122] 于玉宏:《使乡镇人大有效运转起来——"平凉经验"研究》,《人大研究》2017 年第 1 期。

[123] 余跃进:《设区的市行使地方立法权的几点思考》,《人大研究》

2015 年第 10 期。

[124] 岳茂良：《县乡基层人大代表在推进社会主义新农村建设中的作用》，《毛泽东思想研究》2006 年第 6 期。

[125] 曾庆辉：《地方人大重大事项决定权实践探索及完善路径》，《新视野》2017 年第 1 期。

[126] 张丙宣、华逸婕：《激励结构、内生能力与乡村振兴》，《浙江社会科学》2018 年第 5 期。

[127] 张建民：《论人大代表的法理定位》，《岭南学刊》2004 年第 6 期。

[128] 张锦莉：《浅谈乡村振兴地方立法的相关问题》，《人大建设》2018 年第 10 期。

[129] 张军：《乡村价值定位与乡村振兴》，《中国农村经济》2018 年第 1 期。

[130] 张立：《乡村活化：东亚乡村规划与建设的经验引荐》，《国际城市规划》2016 年第 6 期。

[131] 张强：《中国城乡一体化发展的研究与探索》，《中国农村经济》2013 年第 1 期。

[132] 张荣：《准确把握"党政分工"概念》，《北京日报》2017 年第 14 期。

[133] 张天科：《为人大执法检查引入第三方评估叫好》，《人大研究》2019 年第 6 期。

[134] 张婷：《论地方立法的立项论证》，《江汉大学学报》（社会科学版）2017 年第 3 期。

[135] 赵超：《加强县级人大监督工作的调查与思考》，《人大建设》2019 年第 2 期。

[136] 赵庆海、费利群：《国外乡村建设实践对我国的启示》，《城市问

题》2017 年第 2 期。

[137] 浙江省人大常委会机关课题组:《协商民主及其在人大工作中的应用》,《人大研究》2009 年第 12 期。

[138] 《中共中央关于坚持和完善中国特色社会主义制度 推进国家治理体系和治理能力现代化若干重大问题的决定》,《人民日报》2019 年 11 月 6 日。

[139] 《中共中央关于全面深化改革若干重大问题的决定》,《人民日报》2013 年 11 月 16 日。

[140] 《中共中央关于全面推进依法治国若干重大问题的决定》,中国政府网,http://www.gov.cn/zhengce/2014 - 10/28/content_2771946.htm,最后访问日期:2020 年 11 月 26 日。

[141] 《中共中央 国务院关于实施乡村振兴战略的意见》,新华网,http://www.xinhuanet.com/politics/2018 - 02/04/c_1122366449.htm,最后访问日期:2020 年 9 月 10 日。

[142] 《中共中央 国务院印发〈乡村振兴战略规划（2018—2022 年）〉》,《人民日报》2018 年 9 月 27 日。

[143] 《中国共产党第十八届中央委员会第四次全体会议公报》,中共中央党校（国家行政学院）,https://www.ccps.gov.cn/xytt/201812/t20181212_123251_1.shtml,最后访问日期:2021 年 4 月 21 日。

[144] 中共山东省委理论学习中心组:《推动"五个振兴" 全力打造乡村振兴齐鲁样板》,《求是》2018 年第 11 期。

[145] 钟继军、田屹:《加强地方立法促进乡村振兴》,《民主与法制》2018 年第 33 期。

[146] 钟丽娟:《地方人大常委会重大事项决定权行使状况研究》,《中共中央党校学报》2013 年第 4 期。

[147] 钟钰:《实施乡村振兴战略的科学内涵与实现路径》,《新疆师范

大学学报》（哲学社会科学版）2018年第5期。

［148］周洋洋、林柏海：《监督法颁布后省（区、市）级人大常委会制定监督法律法规的统计与分析》，《人大研究》2012年第12期。

［149］朱虹：《充分发挥地方人大在乡村振兴中的积极作用》，《时代主人》2018年第12期。

［150］朱仰民、刘涛：《完善人大监督机制和方式方法研究》，《山东人大工作》2018年第11期。

［151］邹平学、刘海林：《论人大重大事项决定权的规范内涵及制度完善》，《四川师范大学学报》（社会科学版）2018年第1期。

［152］邹绍平：《建立地方人大及其常委会讨论决定重大事项清单的思考》，《人大研究》2016年第1期。

四 英文论文

［1］Blomgren L. Amsler, "Collaborative Governance: Integrating Management, Politics, and Law," *Public Administration Review* 76, No. 5 (2016): 700–711.

［2］Christian H. Gladwin, Burl F. Long, Emerson M. Babb, Lionel J. Beaulieu, A. Moseley, David Mulkey and D. J. Zimet, "Rural Entrepreneurship: One Key to Rural Revitalization," *American Journal of Agricultural Economics* 71, No. 5 (1989): 1305–1314.

［3］David H. Rosenbloom, "Public Administrative Theory and the Separation of Powers," *Public Administration Review* 43, No. 3 (1983): 219–227.

［4］Thomas G. Johnson, "Entrepreneurship and Development Finance: Keys to Rural Revitalization: Discussion," *American Journal of Agricultural Economics* 71, No. 5 (1989): 1324–1326.

后　记

　　在中共湖北省委宣传部、湖北省人大常委会、湖北省委农村工作部等课题主管部门的支持下，课题组有机会访问了湖北省所有的地级市。课题组乘坐过火车、大巴，也曾自驾、包车，沿着蜿蜒的山路，在颠簸数小时之后到达目的地，而到达时间，有时是正午，有时是深夜，有时是黎明。

　　只有在踏上这一片广袤的土地之后，课题组对湖北的乡村和乡村振兴才有了更多的认识。湖北地形地貌多样，物产丰富。课题组所到之处，民风淳朴，生机勃勃。在这里的田野上，既有上古的传说，也有新中国成立之前的光荣革命历史，还有1949年以来中国乡村所经历的曲折发展，更有在精准扶贫工作、美丽乡村建设和乡村振兴战略等背景之下当代农村的新发展和新业态。

　　在这里生活的人们与你我没有太多不同。只是，他们和中国的现代化之间相较于城市多了一步的距离，他们对于发展也多了一分渴望。

　　和中国的城市相比，中国乡村在发展上的确存在差距。一个古老的农业大国，一个正迈向全面建设社会主义现代化国家新征程的国家，没有农业农村农民的稳定发展，几乎是不可想象的。

中国的乡村振兴战略，也许正是这个时代唤醒这片古老土地的一声正当其时的号角。

在了解了许多乡村的先进做法，召开了数十场座谈会，参观了多地的乡村振兴示范点，和数百名湖北省内各级政府工作人员和人大代表就乡村振兴的问题座谈之后，课题组对于湖北省的乡村振兴工作渐渐有了一些认识。

发展得好的乡村颇有一些共性，包括比较好的产业基础、随之而来的就业机会、一定规模的集体经济基础，以及近几年来有所增加的返乡人员等。湖北省乡村振兴也是一项庞大的系统工程。一个地区的经济社会发展的水平往往也会成为当地乡村振兴发展的重要基础。在调研中，课题组观察到不少城郊县往往有着比较有效的治理制度供给，干群关系比较和谐有效，且有一定的产业基础。

课题组听到的乡村振兴中需要破解的难题也很多。比较突出的有土地和融资方面的政策供给、一二三产业如何更好融合发展、"七站八所"改革带来的历史遗留问题，以及农村如何在富裕的基础上实现乡风文明等。

同时，也是在这里，课题组看到了湖北省各级政府对于乡村振兴战略的重视和夙夜在公的敬业精神。课题组也遇到了一大批心系乡村、扎根乡村、服务乡村的人大干部和人大代表。

这片古老的土地上的人民正在寻觅着新的发展机会。

这里记叙一下一个课题组曾经去过，并至今令课题组印象深刻的市郊县。

这是湖北省内一个较大地级市附近的郊县，距离该地级市大约有两个多小时的车程。课题组在高铁站换乘汽车前往。前往县城的高速公路通畅，景色优美宜人。

在该县的调研中，课题组了解到，当地有自己的特色农产品，且在农产品加工方面做得不错，不少农户的年收入超过了当地平均水平。此地海拔较高，风景秀丽，县政府也在考虑发展旅游康养产业，项目正在具体开发过程之中。由于风物和经济条件都不错，该县实施的人才计划颇有成效。配合省里的政策，该县实施的"一村一名大学生"计划吸引了不少本县大学生返乡，他们在家乡取得了不错的成绩。国家的基础设施建设也给这里的发展带来了好处。国家规划兴建的高铁即将通过该县，为这个县未来的发展打下了基础。

调研结束之后，课题组返回城市。在大巴驶入市区之后，课题组成员们开始想念这个山地县城。她优美的自然风光、良好的空气、淳朴的民风、高品质的特色农产品、具备潜力的现代化产业、为当地人才提供的发展空间，都令人印象深刻，她在国家发展战略中的前景也让人充满期盼。

这个县城散发着独特的魅力，在国家乡村振兴战略的大背景下焕发着光彩。这一份光彩不属于城市，只属于乡村，是独特的、扎根于乡土的光彩。

这一份光彩向课题组展示了湖北省乡村振兴所应该具有的前景和风貌。这一份光彩也让课题组好奇，湖北省全面实现乡村振兴的那一天，湖北省各地农村应有怎样的面貌？

只是，像这样在乡村振兴的大道上阔步前行的县市尚属少数。在课题组在湖北省的调研中，这样条件的县可能只占20%。

此外，课题组在调研中也了解到这样的一组数据：城郊县的农户有60%以上对乡村振兴具备信心，但远离城市的农户大约只有40%相信中国会在既定时间内实现乡村振兴的目标。在调研中，课题组也的确发现湖北省农村的发展比较不平衡，靠近大城市的县乡因为资源要素聚集，往往有较好的发展基础，乡村振兴工作也往往进展得较为顺利。

国家对乡村振兴战略规划实施的愿景是到2050年，乡村全面振兴，农业强、农村美、农民富全面实现。如果湖北省每七到八年，就有一批这样的县跨入乡村振兴的行列，那么到2050年，湖北省的乡镇和农村都将迎来美好的一天。这样的愿景值得期待。湖北省的乡村振兴，既前途可期，也任重道远。

作为湖北省乡村振兴的观察者、记叙者与推动者，课题组将同湖北省乃至全国的乡村一起，期盼着那一天。

我们也相信，与那一天一并到来的将会是一个散发着独特光彩且又现代化的中国。

楼笛晴　陈刚

2020年7月20日

图书在版编目(CIP)数据

地方人大与乡村振兴：基于湖北省的经验观察 / 楼笛晴，陈刚著. -- 北京：社会科学文献出版社，2022.2
 ISBN 978 - 7 - 5201 - 9658 - 1

Ⅰ.①地… Ⅱ.①楼…②陈… Ⅲ.①地方各级人民代表大会 - 工作 - 概况 - 湖北②农村 - 社会主义建设 - 研究 - 湖北 Ⅳ.①D624.63②F327.63

中国版本图书馆 CIP 数据核字（2022）第 023264 号

地方人大与乡村振兴
——基于湖北省的经验观察

著　　者 / 楼笛晴　陈　刚

出 版 人 / 王利民
责任编辑 / 刘同辉　岳梦夏
责任印制 / 王京美

出　　版 / 社会科学文献出版社·政法传媒分社（010）59367156
　　　　　 地址：北京市北三环中路甲29号院华龙大厦　邮编：100029
　　　　　 网址：www.ssap.com.cn

发　　行 / 社会科学文献出版社（010）59367028
印　　装 / 三河市尚艺印装有限公司

规　　格 / 开　本：787mm×1092mm　1/16
　　　　　 印　张：20.25　字　数：268千字
版　　次 / 2022年2月第1版　2022年2月第1次印刷
书　　号 / ISBN 978 - 7 - 5201 - 9658 - 1
定　　价 / 128.00元

读者服务电话：4008918866

版权所有 翻印必究